科学技術の倫理学 II

SEIRIKI NOBUMASA
勢力尚雅　編著

梓出版社

まえがき
――「科学技術」をめぐって「バランスをとる」とは何をすることかを考え実践を試みることへの招待――

私たちを思考にかりたてることばがある。「なぜ」、「何のために」、「どのようにして」、「どんな意味か」、そして、「その結果何が生じるのか」などといったことばである。これらのことばは、答えがあるかどうかわからない探求へと私たちを誘う。気の利いた表現で解決したつもりになっても、しばらくすると、これらのことばに導かれて、新たな問いが再来してくる。幸福、義務、正義などといった倫理学が伝統的に探求してきたテーマに劣らぬ切実さを伴って再来する問いの一つに、「科学技術といかに関わるべきか」という問いがある。この問いは、倫理学が探求する他の問いと同様、研究者だけの関心事ではない。科学や科学技術についてどう考え、実際にどのような態度で日々の消費や生活を営むのか。それは、倫理学者や、科学や科学技術の専門家や、行政担当者だけでなく、現代を生きるすべての消費者や市民が否応なく巻き込まれ、根拠ある判断を下せるか試されている問いである。

二〇一一年三月一一日、東日本大震災と大津波、そして福島第一原発の事故は、多くの人にとって、科学や科学技術を当事者として再考させられる機会となった。未来世代をはじめとした多くの人を巻き込むリスクを前提とする原子力発電というものに対する自分の無関心を恥じたり、電力会社や監督機関、政府、マスコミなどの「専門家」の責任を追及しようとしたり、非常時は無用な混乱をきたさぬようにと黙って当局の指示にしたがおうとしたりなど、さまざまな感情と思考を体験した人は少なくないだろう。そして、今も心の奥底でその複雑な思いが鬱積しているかもしれない。また、二〇一四年五月八日、理化学研究所は、「ネイチャー」誌に掲載されたＳＴＡＰ細胞の論文に用いられたデータに改ざんや捏造があったとして、この論文をめぐる不正認定を確定した。この事件は、この論文だけの問題にとどまらず、原発事故にまつわる諸問題ともあいまって、科学技術立国を支えるこの国の専門家たちへの不信感が広まるなどといった瑕疵とその影響を今なお残している。科学と科学技術に依存して動いている私たちの社会や経済、そしてライフスタイルを再考するよう迫る、不協和な通奏低音の響きを心の奥で感じ続けている人は少なくないだろう。

問いはさまざまなかたちで何度も再来する。科学や科学技術とはどういう営みで、それらとどのように関わっていくべきなのか。「バランスの問題。バランスをとればよいのだ」という声も聞く。しかし、「バランスをとる」という概念ほど、難解な概念はない。一人の人間の中での知情意のバランスだけでなく、さまざまな格差が生むアンバランスの是正、利便性とそれに付随する正体不明なリスクとのバランス、多様な価値観や倫理観をもつ人々が共生するバランス、理想と現実のバランスなど、「バランスをとる」というときに話題となる領域とテーマは極めて巨大である。

そもそも「バランスをとる」という人間の能力とは何なのか。私たちがバランスをとろうとするテーマは、自分自身の心や体から社会や歴史の諸問題に至るまで、どれも、その全体が完全には見通せず、常に変化の様相を呈している。そのようなものを相手に「バランスをとる」能力をもっているとすれば、それはどのような能力なのだろうか。そして、どのようにすれば、その能力を発揮して、豊かな文化と文明をかたちづくっていけるというのだろうか。

このような問題意識は、わが国でも、明治維新や第二次世界大戦後など、繰り返し問い直されてきた。たとえば、編者が勤める日本大学の学祖、山田顕義もまた、明治の創成期にこの問題にとり組んだ人物の一人である。山田は岩倉使節団に兵部省理事官として随行し、帰国後の明治六年に提出した報告書の中で、法律の整備や教育の充実に先立って徴兵令の実施を急ぐことの問題点を指摘する。その報告書の中で、山田は次のように述べている。人間が万物の「最タルモノ」になるためには、「権衡」を「治術」に用い、「慣習」を「行儀」に用い、「精神」を「実義」に用いることである、と。「権衡」とは、バランスよく判断することであり、「精神」とはなにがしかの知性の行使であろう。このような条件を満たし、その能力の発揮を促すことが政府の役割であり、そのためには法律の整備と教育こそ急務であると山田は考えるのである。そのような「天然の治療」をめざさず、「事物道理」を知らずに、拙速に「千年の国典を改革」し、「古来慣習の礼節廃止」によって困難を打破しようとする人為は、「猿猴（伝説の生きもの）の療創」のようなものだと山田はいうのである。また、明治二三年、日本法律学校の開校式でも、「自然のものは決して人為を以て廃絶することは出来ず又慣習は自然進化に依るに非ざれば変更できぬことは古来の歴史を逐つて見れば決して間違ひ無い所の事実であります」と述べている。なるほど「バランスをとる能力」を育て発揮させるために法律や教育の整備は重要であるにちがいない。では、新たな時代に出てくる諸問題に対処するためには、古来の習俗や慣習と、新たな法律や教育をどのように取り合わせてバランスをとることが「自然進化」に適うのか。つまり、私たちの「バランスをとる能力」を涵養するための仕組みをつくる際、何をどのようにバランスをとって行えば「天然の治療」に適うのかという問題が、待ち受けている。

現代は、科学や科学技術が量産する新たな選択肢と諸問題へのバランスのとれた対応を迫られる時代である。たとえば、予防接種を受けて深刻な副反応が生じる確率、数年後にガンになる確率など、多様な確率についての予測のもとに選択や対応が求められる。ＩＣＴ技術や生命操作技術など数々の先端テクノロジーがもたらす利便性やリスクがライフスタイルと価値観にもたらす変化の予測、景気動向と金利変動が家計などに及ぼす影響の予測、老後のさまざまな困難についての予測、リスクに備えをすることにともなう新たなリスクの予測など、さまざまな予測に基づいた適切な対応が求められる。さまざまな科学と科学技術によって生み出される変化やリスクと、科学理論や科学技術を媒介として語られるそれらが実現する確率や世界像などをまえに、私たちは選択などの対応をする際、「バランスをとる」能力を否応なく試される。そして、今後ますます、前の世代にとって「想定外」ですんだことへの想定と対応が、専門家のみならず多くの消費者に求められることになるだろう。「バランスをとる」ということの意味を再考したり、科学技術にまつわる選択をすることから離脱したくても、他者の動向に巻き込まれながら、否応なくバランスのとれた選択と対応をするよう迫られる。

このように、科学や科学技術という営みは、ことばやお金などと同様に、私たちの思惑を超えて私たちの環境を形づくり、私たちに影響を与える。いまや私たちは、自分の五感や感覚よりも、科学理論や、科学技術が表現するデータのほうをよりリアルな現実と信じるほど、科学と科学技術は、世界とそれへの対応を試みる私たち自身を形づくっている。そのような科学や科学技術との関わりにおいて適切な「バランスをとる」とはどういうことか。このような問いは、ことばを使いながらことばを使うとはどういうことかを考えたり、私たちの認識能力とは何かを認識しようとしたりするような、不自然さと困難をはらんでいる。しかし、困難だからといって、科学や科学技術との関わり方について思考せずに生活しようとは割り切れない日常を私たちは生きている。

この本は、以上のような問題意識をもつ編者が、倫理学を専門とする研究者などに協力を依頼してできあがった本である。編者を含む六名は、前著『科学技術の倫理学』の著者でもある。前著は、日本大学理工学部で開講されている「技術者倫理」で使用される教科書として用いられることを主たるねらいとして編まれた。したがって、語りかける読者として第一に想定されたのは、科学者や科学技術者の卵である理工系の大学生であった。しかし、前著執筆時（二〇一〇年八月）から四年ほどの年月を経て、編者や共著者のなかには、より多くの人々とともに考えたいテーマが蓄積されてきた。そこで、今回、「技術者倫理」の教科書という枠組みに縛られずに、多様で切実なテーマをめぐる倫理学的思考に多様な人々を誘うことをねらいとして、『科学技術の倫理学Ⅱ』を広く世に問うこととした。科学と科学技術という巨大なテーマをめぐって、問いと思考が複雑に錯綜連関するすじみちをできるかぎり率直に読者に示すことにより、読者をより本格的に「倫理学する」ことへ誘うことを、それぞれの著者が試みた。その結果、前著のなかのいくつかの論点にしぼって論じた者もいれば、前著では背景に退いていたテーマや、前著の論述の理論的根拠となる考え方を検討する者もいる。私たちが、語りかけ、ともに考えることに誘いたい読者は、各種の専門家だけでなく、現代を生きるすべての市民、つまり、ほとんどの分野に関しては非専門家であるすべての人々である。

今回の企画が動き始めた直接のきっかけは、前著を読んで編者を訪ねて来た田中基寛さんとの交流であった。電機メーカーに勤務されている田中さんは、メーカーに期待される社会的要請に応答する責任を果たす実務家として多忙な日々を送っている。田中さんは、科学を考える学が、科学技術の制御をめざす社会的制度と歩調を合わせて、専門分化と専門依存という対症療法を推し進めることに一役買っている現状への当惑を、私たちに吐露してくれた（本書第二章に掲載）。その後、私たちは、田中さんの話を念頭に置きつつ、科学や科学技術との関わり方における「バランスのとり方」について、さまざまな角度からの思考を試みるべく執筆に取りかかった。その成果が、この本である。

近年の出版事情もあり、この本が刊行されることで、前著の再版は難しくなることが予想される。したがって、前著のなかでとりわけ重要な論点は、各著者が整理してこの本の思考の中に組み入れることとした。そのため、この本には、一見すると前著と同じような論述が散見されるかもしれない。しかし、それらの大半は、この本の中で新たに試された倫理学的思考の中で、新たな意味を帯びている。また、この本においては、倫理学の専門家である著者たちがふだんテーマとして探求している諸問題や、何度も読み返している古典的なテキストと、科学や科学技術にまつわる諸問題とを「出会わせる」という試みが、前著以上に意識されている。そのため、ふだんは聞きなれない人文科学の概念などが多数出てくることに当惑されるかもしれない。そこで、私たちは、とくに重要と考える専門的タームについては、本文やコラムで詳しく解説するよう心がけた。私たちが思考に誘いたい読者は、「技術者倫理」を受講する理工系の大学生だけではない。倫理学をはじめとする人文社会系の思考に親しんでいる人も、そうでない人も想定し、可能なかぎり多様な読者を、このテーマをめぐる思考に誘うよう努めた。各章の流れを簡単に紹介しておこう。

第一章では、近代的な科学と科学技術を支える「知性」についてのある種の考え方と、それが育む文化が、「偽べテラン」を量産し、専門家不信を蔓延させてしまう状況が描かれる。そして、それと対比して、科学についての別の考え方や関わり方と、それが育み、それを支える「懐疑派のエートス」の可能性が探られている。

第二章では、科学技術の制御という問題が、科学技術者の「倫理観涵養」や、「社会的制御」や「経済の内部化」によって解決を図られてきた結果、ますます専門分化と専門依存を深めている現状への当惑が描かれる。そして、科学が、このような状況に対し、自らを問い直し、より直接的な克服を図るためのアプローチの存在も示唆される。

第三章と第四章では、第二章の当惑の背景となる構造が洞察されている。第三章では、科学と技術と社会の相互の関係性を描くとともに、責任を負う対象の間接化と抽象化、そして、責任を負う主体の拡大と曖昧化という事態が洞察され、無責任や自己欺瞞からの脱却の方途が探られている。第四章では、生老病死を含むあらゆる自然的領域をリスク化する科学技術社会の特徴と、「信頼」概念の行方が、ルーマンや和辻の議論を検討しながら探られている。

第五章では、前著で科学技術者が学び備えるべき「徳」とその学びを検討した著者が、私たちの「弱さ」を傍証するいくつかの社会心理学実験の知見をふまえ、科学技術倫理教育に資する制度や工学のかたちを探っている。

第六章では、科学技術が「人間によって生み出され、何らかの目的のために使用されるもの」である以上、それは

「人と人との間柄の問題」とされ、科学技術を「人と人との間柄の地平に取り戻す」ことが課題であるとされる。そして、「人と人との間柄の問題」を専門とする倫理学が、この課題を遂げるために何をするのかが論じられる。

第七章では、「技術は自然を模倣する」と考えるアリストテレスの世界観の検討を通じて、技術と自然の関係が論じられる。複雑さや動揺を内に含みつつ永遠にありつづける自然のうるわしさを観想し、それに驚き、あこがれ、みずからもそれを模倣しようとするときに、人の技術の「持続可能性」といった目標が意味をもつと論じられる。

第八章では、ウェーバーやヤスパースの議論を検討しながら、近代自然科学や科学技術の成立・進展を歴史の中で俯瞰し、ウェーバーの「計算する」ということばを手がかりとして、近代社会の諸相について考える。そして、福島の原発事故をうけドイツが脱原発に踏み切ったことをめぐって、その背景としての思想にも踏み込みながら考察する。

第九章では、第一章で素描された知性のあり方が「ポスト・ノーマルサイエンス」の適切な形を制作する活動の拡大持続として定式化される。専門分業化とリスク社会化が進む中で待望される「対話」とは何か。それが拡大持続するためには知性についてのどのような考え方と、どのような活動が必要となるのか。アーレント、ヒューム、三木らの議論を検討しながら、ポスト・ノーマルサイエンスの適切な形を制作するファシリテーションの形が探られる。

科学や科学技術は私たちをどこに連れていくべきか。そして、私たちは科学や科学技術とどのように関わっていくべきか。九名の著者の論考がたどった思考のすじみちと、眺望は、多種多様なものとなった。読者もまた、著者たちの思考のすじみちを精査しながら、この謎めいたテーマをめぐる思考に参加していただきたい。読者自身が、パトスとロゴスのぶつかりあいを糧として思考を紡ぎ、肥沃な眺望に至りそうな錯綜したすじみちを他人まかせにせずに探し、切り拓いていく道行きを励ます「伴侶」として、この本がささやかな一助となれば、幸いである。また、興味を持っていただけたなら、ぜひ前著『科学技術の倫理学』も手にとって、そこに掲載された論考も検討していただきたい。紙幅の都合もあり、前著のすべての論点をこの本で発展継承しているわけではないからである。

最後に、出版事情の厳しい時代に、このような巨大なテーマをめぐる二冊目の本の企画、編集、出版を忍耐強く見守り、力強くサポートしてくださった、梓出版社の本谷さんに、執筆者を代表して、心からの御礼を申し添える。

二〇一四年　一〇月

執筆者を代表して　勢力尚雅

目次

第二章　科学技術を用いる者が今から考えるべきことは何か……田中基寛　35

科学技術の倫理学Ⅱ

第一章

科学技術をめぐる知性とエートス

勢力尚雅

●本章のキーワード
要素還元主義、機械論、パラダイム、パターナリズム、誠実さ、責任、失敗は伝わらない、予防原則、費用便益計算、トランスサイエンス、事前行動原則、自立共生、偽ベテラン、等身大の科学、新しい博物学、懐疑派のエートス、寛容

第一節　近代的な科学技術を生む知性の特徴

要素還元主義とは何か

環境に働きかけ、自然の力や、先人たちの知識と技術に新たな工夫をつけ足して、新たな現象を実現することは、端的に楽しい。制作をよろこぶ私たちの知性が、原子力発電やインターネットを生み、遺伝子工学、人工知能、ロ

ボット工学、ナノテクノロジー、神経科学など、今後ますます多くの科学理論や科学技術を発達させ、多くの産業と雇用を生むと同時に、私たちのライフスタイルや価値観そのものを大きく変容させようとしている。もはや科学技術なしの生活、社会は考えがたく、貧困、疾病、介護、過疎、教育、資源配分などをめぐる倫理的含意をもつさまざまな困難も、科学技術がそれらの問題を緩和してくれることに向けられる期待は大きい。しっかりと管理され、新たな問題を糧に進化していく科学理論と科学技術なしには、私たちの文明は支えられないといってもよいだろう。そして、科学理論や科学技術は人間の知性がつくってきたという意見に異論をもつ人は少ないだろう。では、それは、どのような知性によってつくられてきたのだろうか。

近代の科学と科学技術は、**要素還元主義**の方法に基づいて大きな成果を上げてきた。そこで、この発想に基づく知性の特徴と、その産物を確認することから、科学技術の倫理学の探求を始めよう。要素還元主義は、現象を要素（部分）に分解していけば、要素間の一対一の因果法則が見つかるにちがいないと想定する。そして、それら要素間の因果法則を寄せ集めれば、複雑な現象の全体が理解できるにちがいないと想定し、実行する。「全体は部分の総和にすぎない」というこの全体観は**機械論**と呼ばれることもある。公共的に検証可能な仕方で、現象を、数値や化学式などの不変項で表現できるデータへと分解し、そのデータの中から繰り返しの法則性を探すときに、観察者は、主観的感情や想像力を可能なかぎり排して、観察対象から距離をとり、他の専門家が検証可能な概念と方法を用いてデータを収集し、そのデータを、恣意的に捏造したり、改ざんしたりせずに、合理的に解釈することを可能にする仮説を発見し、定式化しようとするのである。

要素還元主義の影響力はきわめて大きい。それは、医療や理工系分野だけでなく、多くの分野で採用され、要素への分解の仕方の相違に応じて、無数の専門家を生んできた。それは、現実を各種の専門的で因果的なモデルに置き換えて理解、予測することを促し、効率性や合理性の観点から不合理な諸部分を操作改変することを可能にしてきた。そのようなやり方は、効率性と合理性を追求する私たちの価値観に応じるものであるとともに、私たちにさらなる効率性や合理性への服従を強いるという結果をもたらしてきた。要素還元主義は、分解した際の要素の数が少ない場合には、明快な連関分析を可能にする強力な手法であるが、要素が相互に錯綜して働きあい、「部分が全体のために、全体が部分のために働く」有機体のような複雑な現象については、無力な手法となってしまう。しかし、めざすべき目的を限定し、限定された目的を効率的に実現するために、分解した諸部分を操作改変して全体を再構築しようと企てることへの支持と期待は、今なお絶大である。このような知的態度はどのような文化や風潮を生んできただろうか。

要素還元主義が生む文化の特徴

第一に、要素還元主義は、専門的な科学的知見を唯一の「真実」と混同する態度を誘発しがちである。専門家は、自分の知見や技術を理論化することを求められる。その際、要素間の因果関係をデータで明快に裏づけられるよう、理論が再現できるための条件を厳密に限定しなければならない。そこで、「〜と……の条件のもとでは――である」というかたちの、厳密に限定された世界、いわば実験室の中でつくられたような、モデル化された世界にのみ適応可能な理論が量産されることになる。そして、**モデル化された世界に適用可能な理論**（以下、机上の仮説）が、要素の複雑にからみあう私たちの現実についての理解や、現実への働きかけにとって、どの程度有効に機能するかは、それを現実に投下して得られるデータを収集してみなければわからない。たとえば、多くの人に効果のある薬が目の前の患者に効くかどうか、副作用がどうなるかは、やってみなければわからない。

しかし、私たちは、科学的な専門知がもたらす利便性とリスクについての専門家の判断の科学的根拠や倫理的根拠をよくよく聞き出し、自分自身の考えをつくったうえで選択するというプロセスを必ずしも徹底しない。むしろ、専門家の科学的知性や倫理的理性を、保護者や神のごとき権威ある立派な理性と想定して、非専門家が決定に参与せずに専門家の判断に身をゆだねようとし、専門家がそれに応じようとするところから、**パターナリズム**という共依存的間柄が、専門家と非専門家の間で定着、拡大する。その結果、専門知の科学的根拠や倫理的含意を非専門家が問い直すところから生まれるはずの「対話」の機会は拡大せず、自らが望まない結果を招いた際、それまでの対話不全が、専門家不信に直結するということになりがちである。

第二に、要素還元主義は、専門家どうしの間にも、**対話不全**をもたらしがちである。専門的分析手法や用いる概念がますます細分化し、隣接する分野ですら、相互の対話不全による秘教化、秘術化が起きてしまう。そのため、机上の仮説や、異なるパラダイムに閉じこもりがちな個々の専門家の提言をもとに部分を改変し、それを寄せ集めてみても、必ずしも全体が最適化しない。その結果、科学的知見よりも政治的思惑や妥協によって、関係者や有力者の目先の都合や、そのときどきに優勢な「空気」が事柄を決めていくという事態が起きやすくなってしまう。

第三に、要素還元主義は、研究者やエンジニアに短期間で明確な成果を求める成果主義の風潮とあいまって、専門家を、既存のパラダイムに縛りがちとなる。専門家と認められるためには、先行研究と同じパラダイム基づいて要素に分解・分析して観察・実験と理論化を試行錯誤し、同僚専門家に評価、承認される必要があるからである。その結果、既存のパラダイムでは理解困難な現象に挑戦し、先行するパラダイムへの違和感を糧として探求方法やそれを把握する概念自体を創り出すような、科学のもっている破壊的＝創造的でエンジニアリング的な側面が育ちにくくなってしまう。同僚専門家が是とするパラダイムやマニュアルに即して、それをマイナーチェンジしながら理論や技術を探求するほうが、短期間での論文の量産や、技術の手堅い改善を約束してくれるように見えるためである。

第四に、要素還元主義は、私たちをとりまく現象を身体や五感では感知できないような要素へと分解し、「極」や「超」といったスケールの現象を利用して、世界をより便利に改変するという技術を、専門家にもたらしてきた。専門家は、より利益が見込まれる技術開発をめざし、企業や国は多額の経済的支援と知的財産権の保護によって彼らの知的労働を励ます。かくして、いわゆる**ビッグサイエンス**こそが科学の最も重要な使命であるという予断が蔓延しはじめる。専門家の知性は、利益を生みだす科学理論や科学技術に結びつく見込みの高い研究開発であると評価されるための宣伝力や、各方面の専門家からの被引用率を高め、スポンサーを獲得するための戦略として知見の一部を演出する広報力と一体化する。その知見の科学的根拠や倫理的含意についての非専門家との対話や、他の専門家との対話などは、科学者や科学技術者の正規の責務ではないという考えが広まる。かくして、科学的知見や技術の価値は、産業界や狭い専門家集団が評価すればよく、是非を争うとすれば法に基づく争いに限定し、非専門家や他の専門家との対話は、科学者や科学技術者にとって非本来的、非正規の業務であり、できればあまり関わりたくないという風潮が助長されることになる。このような各種の対話不全を蔓延させる諸原因を、さらに検討していこう。

第二節　社会的分業と合意至上主義が生む対話不全

対話を阻害する態度と促進する態度①――「誠実さ」の履き違えによる呪縛のコミュニケーション

たとえば私たちは、医者に、診断や治療法の根拠を問いただすことをほとんどしない。聞いてもわからないからだけではない。科学技術をマネジメントする人に問いを投げかけ続けること自体を非倫理的と考えがちであるからだ。しかし、専門家の判断には黙って従うべきであるという態度は、前節でみたパターナリズムと、科学理論や科学技術をめぐる対話不全を助長してしまうということを思い起こす必要があろう。記憶に新しいところでは、イタリアのラクイラでの群発地震を受けての専門家の早すぎた「安全宣言」や、福島第一原子力発電所の事故後の専門家の言説をめぐる混乱と、その後に続く専門家不信である。安全性やリスクについて、要素還元主義的方法ではなく、複雑に連関する環境と、複雑系そのものである私たちの身心や社会への通時的な影響の全てを正確に把握できる、いわば「複雑な全体の専門家」などどこにもいない状況下で、それでも「安心してください」といち早く宣言して、専門家相互や、専門家と非専門家の対話の芽を摘むことが専門家の役割ではない。

私たちが専門家に期待する態度は、第一に、専門的観点からは何がどのようにわかっているのか。そして、専門的観点からわからないことは何かを、時機を逸さずに発信しようとする誠実さと勇気であろう。そして、第二に、自分たちの専門的アプローチが複雑系の真相を解明するのに不十分だと自覚するならば、自分たちの仮説が現実に対応するために不十分かもしれないと疑問を感じる理由は何か、そして、その疑問を少しでも解きほぐしてくれそうな知見をもっていそうな人たちは誰か、知見のリンク先と今後の探求課題についての意見を表明する**率直**さである。

非専門家のたどたどしい素朴な疑問を受けて、ふだんは交流のない専門家が相互にネットワークを形成し、可能なかぎり合理的な推定とその根拠を誠実かつ工夫して表明してくれることで、その推定をもとに、どのような選択をしたいか、質問と熟慮と選択のチャンスを与えられることを、私たちは期待する。そのような間柄においてはじめて、専門家相互や、専門家と非専門家の間に、**信頼**というものが育つのであり、一方が他方の質問、熟慮、選択の機会を奪う効果をもつ言葉で、相手を安心＝思考停止させる**呪縛のコミュニケーション**は、知と選択を共創するパートナーから、非専門家や他の専門家を排除しようとする点で、不誠実なコミュニケーションといわねばならない。

対話によって最悪のシナリオを有事に表明すると、憶測やデマなどで風説被害や社会的パニックが生じるから、情

（A個人主義と「生産&利潤」競争文明……工業型社会）
目先の利益の追求と、要素還元主義と分業による環境の操作・改変

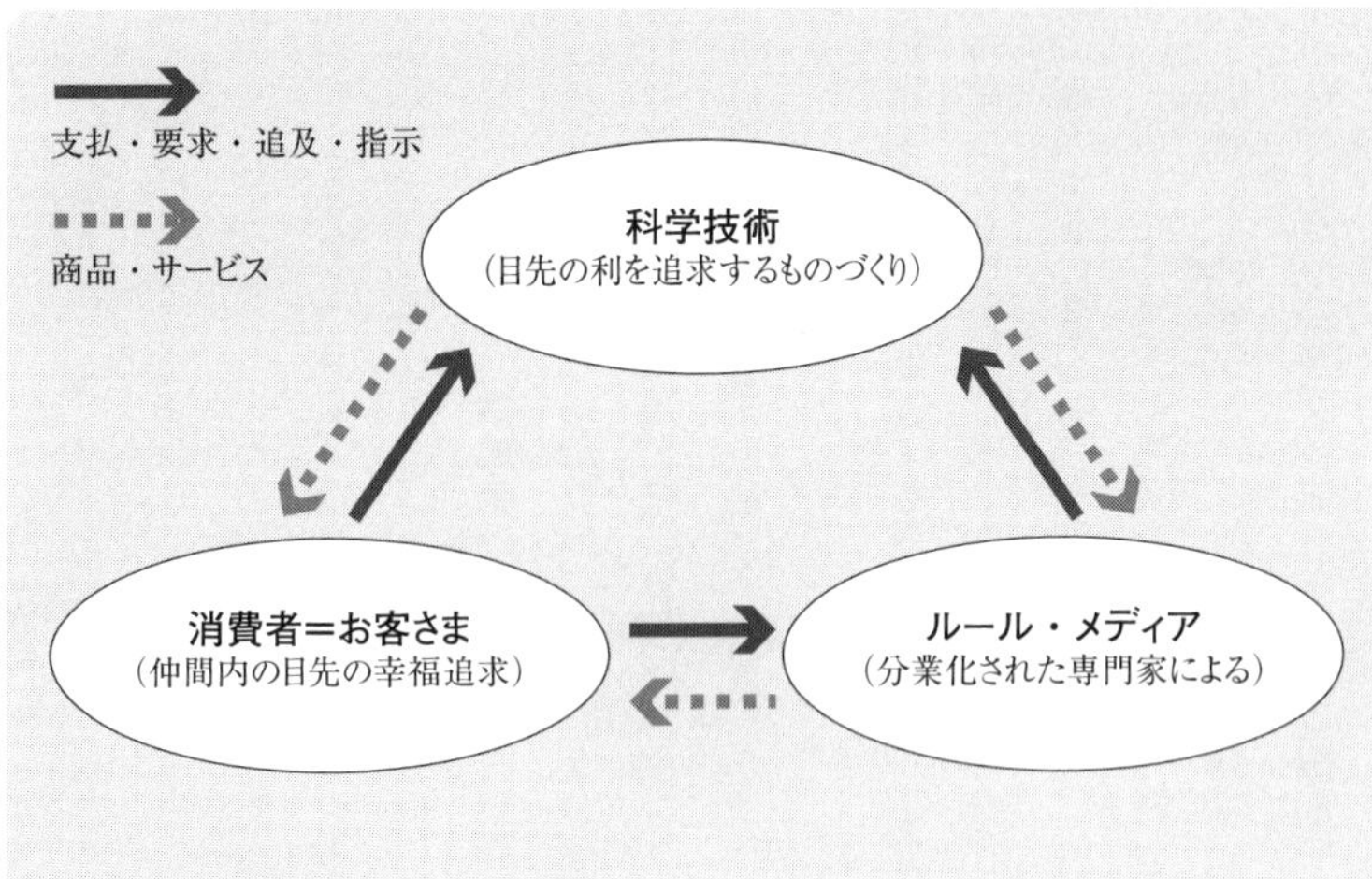

（B共創文化――持続可能で豊かな「環境とつながり」の共同探求）
多様な豊かさを多方面から共同探求→ 多様な地域・文化の再生・共存

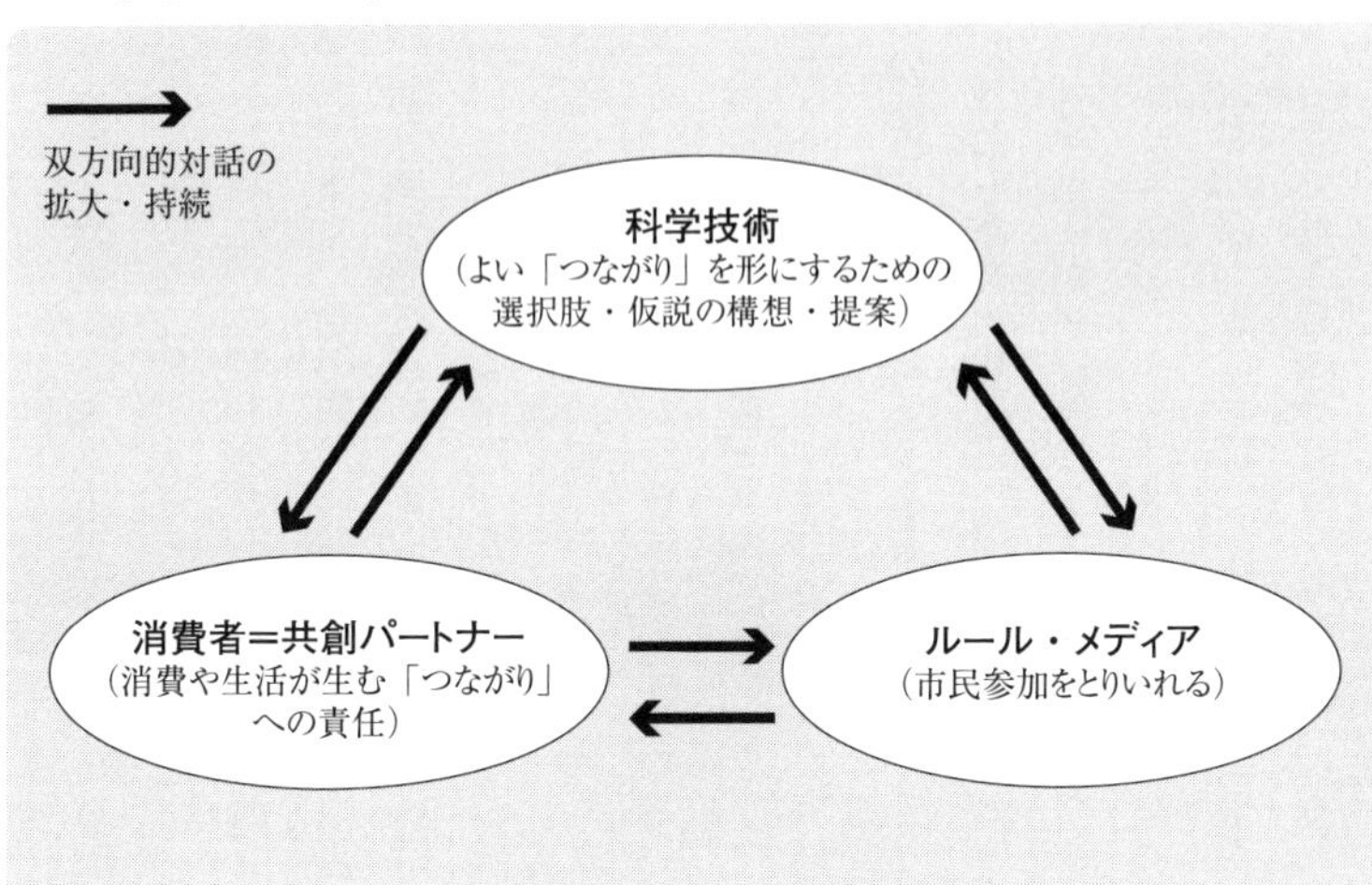

対話なきA→対話に基づくBへは容易ではない
そもそも、AやBとは、どんな事態なのだろうか？

報統制や緊急の法令で対処しようとするという発想も、幅を利かせがちだ。これは、リスクについての仮説を表明することのリスクを考慮して、リスクが証明されるまでは沈黙を守るべきだという考え方に基づいている。しかし、完璧にわかった状態になるまでは沈黙を是とするという完璧主義は、観照的な知的誠実さの表れだとしても、共創的な対話の生成や持続といった行為の連なりを阻害してしまう。判断を下すためのデータが不足しているのであれば、その困窮を表明することである。場合によっては、その表明が、非専門家や、別の領域の専門家に届き、思いもよらぬ重要情報が寄せられ、それによって、それまで見えていなかった連関が浮かび上がってくるかもしれない。

さらに、対話の目的を、参加者の「合意」にすり替えてしまうことも、同様に、そのようなコミュニティの連関生成を損なう結果をもたらしかねない。偶然居合わせた参加者が合意したからといって、それが複雑でリスクを伴う事態に適切に対処する判断に達しているとはかぎらないということを、私たちはとかく忘れがちになるということを銘記しなければなるまい。【◆「間柄」と「信頼」の関係については、第四章での議論を参照されたい】

対話を阻害する態度と促進する態度②——「責任」についての独特な追及の仕方と回避の仕方

私たちの身心のありようだけでなく、私たちを取り囲む環境や社会もまた「複雑系」であるとすれば、それらについて、要素還元主義に基づく科学的知見が誤っている可能性や、科学技術が想定外のリスクを抱えてしまうことはやむをえない。どんなに対話や熟議を経たからといってリスクを完璧に予測してマネジメントすることができるとはかぎらない。しかし、だからこそ、膨大な「わからないこと」や、重要だが十分に想定できていない領域が何であるかを考えながら、可能なかぎり合理的な根拠のある推定を探求し、公開すること、そしてよろこびを増やしそうな見通しや、悲しみに通じかねない見通しを可能なかぎり構想して、対話をしかけ続けることが、寄せられる信頼に応答するために、科学研究者や科学技術者が背負う責任の一つであろう。また、科学的知見へのアクセス権を独占せず、科学的知見や技術のリスクをめぐるコミュニケーションに非専門家が参入することを奨励し、そのような対話の持続と拡大生成を促すノード（結節点）となることもまた、担うべき責任の一つであろう。

さらにいえば、専門家がこのような責任を全うするよう、素朴な問いかけによって対話の継続・拡大を促すのが、**市民の責任**である。しかし、私たちはしばしば専門家がすべてを想定し、すべてを理解し、あらゆるリスクに対して保護者のごとく世話を焼いて備えてくれることを期待する。これは不可能なことを過剰に期待する、甘えにも似た依存的期待なのだが、そのような期待に応えて市民の利益になるよう、市民に代わって適切な判断や選択を代行することを、専門家は、義務とすら考えがちである。そして、専門家がそのような責任を全うすることに失敗した場合、私たちはとかく、目立った失敗をしたように見える特定の専門家の責任を無限に追求し、呪い続けようとする。このような市民の過剰な期待と一方的な怒りと、日頃の無責任および無関心が、専門家との共創的で双方向的なコミュニケーションを封殺してしまう。「私の代わりに考え、絶対安全な状態をつくってほしい。ただし、失敗は許さない」という不寛容な態度を信頼のポーズで隠してしまう。こうなるとどんな専門家でも、無限責任を背負わされたくない。そこで、要素還元主義的専門家としての最小限の業務遂行に役割を限定し、個別の事態への判断表明を避け、一般的な言明に終始しがちとなり、その結果、専門家相互や、専門家と市民の間での対話が拡大持続せず、信頼どころか不信が蔓延し、対話の機会はますます失われていく。そして、望まないリスクが現実のものとなってしまったときに、一部の誰かにすべての原因と責任を無限に背負わせることにみんなが共謀するという事態が起きてしまうのである。

「失敗は伝わらない」――責任回避行動と「わかりやすさ」の罠

このような一人一人の責任回避行動の集積は深刻な結果をもたらす。たとえば、失敗事例について対話することによって、問いと応答の応酬による熟慮を拡大持続するというあたりまえのことすら挑戦されなくなってしまう。失敗学を提唱する畑村洋太郎は、**「失敗は伝わらない」**という。畑村は、失敗情報の特性を次のように指摘している。

・失敗情報は、減衰しがち。
・失敗情報は、単純化されがち。
・失敗情報は、歪曲化されがち。
・失敗情報は、神話化されがち。
・失敗情報は、ローカル化され、隣に伝わらず、全体に広まりにくい。
・失敗情報は、組織の上層にも下層にも伝わりにくい。
・失敗情報は、ネガティブな情報のため、積極的に蓄積されにくい。
・失敗情報は、欲しい人しか気づかず、不都合な人によって消される。

失敗情報ほど科学技術者が対話と熟慮のテーマとしてほしいものはない。それは何度も立ち返って参照、熟慮すべきだとわかっているだろうに、そのような情報をめぐる対話は拡大持続しないというのである。なぜだろうか。

第一に、考え続けることが不快であるような深刻なテーマほど、その一部にばかり注意を集中して情念が燃え上ってしまうからかもしれない。たとえば、科学技術がもたらすリスクについての対話を考えてみよう。その技術によって被災してしまった人々や、人生を狂わされた人々の苦境に共感すればするほど、私たちはリスク管理に失敗した専門家の責任を追及することを責務と感じる。単純化された「わかりやすい原因」が語られると、それを信じ、その特定された原因（特定の個人や組織など）に責任を負わせて罰を与えるという性急な倫理的判断を下したがる。

第二に、科学技術者の側も、他部署での失敗情報と自分の担当する事態との相違点にばかり目が向いてしまい、失敗情報への関心を失い、似たような失敗を起こす当事者となってしまうことへの恐怖心を保ち続けることができないからであろう。自分事として関心を持たない人々にとっては、どんなに重要な失敗情報も、他人事の域を出ない。かくも蔓延する各種の対話不全のなかで、どのような倫理原則や考え方が一定の役割を果たしているのだろうか。

第三節　リスクを計測・制御しようとする倫理とその諸問題——予防原則・費用便益計算が生むもの

予防原則

科学技術は利便性をもたらす反面、想定外のリスクを秘めている。遺伝子組み換え食品にしても、ＩＣＴ技術にしても、新薬にしても、それらが何かしらの不便を緩和してくれるだけに、リスクをどう評価するかという問題は、いつも私たちに判断と選択を迫る。このような判断に際して参照される倫理原則の一つに「予防原則」がある。

予防原則とは、深刻なリスクを生む可能性がある場合、それを避けるか最小限にするための措置を予めとらなければならないとする原則である。しかし、この原則自体が多様な解釈の余地と実践困難な問題をはらんでいる。

第一に、「深刻なリスクを生む可能性」というのをどう解釈するかという問題である。科学技術の複合体からなる製品やサービスがそれを利用する人々の偶然的で多様な状況のなかでどんなリスクをはらんでいるか、そのすべてを視野に収め、正しく定式化することはほぼ不可能といわざるを得ない。とかく新しい技術に疑念が集中しがちだが、新しい技術と古い技術を組み合わせて用いる際の想定不足や説明不足などといった周縁的なところからリスクが連鎖的に拡大し、受容困難なリスクにならないともかぎらない。

第二に、誰がそのリスクをどうやって計測し、どのような責任を負うのかという問題がある。要素還元主義的な手法で得られたデータに基づき、各種の条件に制約されたうえで産出された「机上の仮説」としてのリスク評価が的外れである可能性は常に否めない。だからといって、精度の高いリスク評価ができるまで判断を保留してひたすら沈黙を守るという態度に専門家が終始していては、科学技術に伴うリスクの可能性自体が悪意なく隠蔽されてしまう。

第三に、「深刻なリスクを生む可能性」ということを個々人の主観的判断にまかせるとすれば、予防原則は、さまざまな事態に適応され、深刻なリスクを最小限にするための措置をとることから生じる代替リスクと、措置をとらないでいることから生まれるリスクとの間での**費用便益計算**を私たちに迫ることになる。たとえば、遺伝子診断の結果ガンになる確率が高いとされたときにすみやかに外科手術などを受けるかどうか。原発事故の影響を考えて、地域住民が地縁のない場所に、職を失い親族と別れてでも避難したほうがよいかどうか。予防原則は、このような「あれかこれか」についての費用便益計算を私たちに促すことになる。では、費用便益計算とはどのような計算であろうか。

費用便益計算

フォード社のピント号事件であれ、NASAのチャレンジャー号爆発事故であれ、リスクを事前に回避するための措置を講じることが組織経営にもたらすリスクと、措置を講じないことに伴うリスクとを秤にかけ、結果的にはリスク回避に失敗した事例とみることができる。「起こりうることは起こる」と最悪のシナリオを想定して、時間的、経済的コストを惜しまずに科学技術を運営すべきであるという教訓をここから学ぶことはとても重要だ。

しかし、こんな声も聞こえてきそうだ。「あらゆるリスクを想定していたら、何もつくれなくなってしまう。何かが起きたときは、誰かが責任をとればよい。失敗を気にしてリスク回避ばかりに終始していてはイノベーションが起きにくくなってしまう。失敗の多くは人間の知性で防ぎきれない運の産物だし、失敗から学べばよいのだから」

といった声である。科学にたずさわる人や、科学技術の恩恵を切実に求める人にとっては、これも本音であろう。また、一般市民にとっても、費用便益計算は自分の知性だけでは手に余る。専門家の多様なリスク評価の精度をどのように判断し、誰の言っていることを信じればよいのかわからない事態が続くことへの不安もリスクと考えるとすれば、**「受容可能なリスク」**の基準を示すリスク評価の専門家に判断を委ねたくなるのも無理はない。科学技術が生む無数のリスクを常にモニターし続けるということは一人の人間の能力を超えているので、科学技術を常時監視し、データを常時解析して科学技術を専門的、科学的に常に進化更新する技術が期待されるかもしれない。

しかし、そうだとしても、あらゆる科学技術の開発と運営をめぐって、どのような専門家が、どのような方法ですべての科学技術と、それらがもたらす連関の進展変化を常時監視し、それらがはらむリスクについての仮説をどのようにつくっていくべきなのだろうか。リアルタイム監視・予測システムとしての人工知能を開発し、それに身をゆだねるというのはどうだろう。もちろん、そう簡単には割り切れない。その人工知能がはらむリスクを、誰がどうやって評価するのかという問題は消えないからだ。

要素還元的手法によってモデル化された仮説を寄せ集めても、複雑な現実との乖離を埋めることができない中で、予防原則や費用便益計算といった合理主義によってリスクを最小化しようとすれば、数量化、言説化しがたい多様なリスクへの対処が抜け落ちかねない。数量化、言説化しがたい多様なリスクをいかに想像し続けるのか。そして、そのリスクが受容可能か否かをどのようにして適切に判断するかという問題が浮かび上がってくる。このような問題に取り組むためには、専門家は、要素還元主義的な手法で得られる知見を量産するといった、従来の正規の役割を超えて、他の専門家や、非専門家とともに、感情や想像力を持続的に動員し続けながら、包括的な知の探求に加わる必要があるだろう。では、そのような包括的な知の探求を拡大持続させるためには、何が必要なのだろうか。

第四節　生きものとしての科学技術との共生の行方――知性が制御できない科学技術の自己増殖

トランスサイエンスの領域――健やかな生活か災厄か、科学技術がパンドラの函とならないために何ができる？

その帰結が見通せないままに事柄の是非を判断、評価しなければならないという状況は、何も科学技術の問題にかぎったことではなく、倫理的思考につきものである。しかし、こと科学技術は、個人はおろか未来の人類に、いや場合によっては地球上のすべての動植物を巻き込んで、後戻り不可能な帰結をもたらしうる。したがって、科学技術をどのように常時監視して適切に評価、制御できるのか。科学技術はどのような意味でマネジメント可能であるのかという問題が、切実に浮かび上がってくる。科学技術が人間の知性の産物であるとしても、その自己増殖的な展開を誰のどんな知性でどこまで制御し飼いならすことができ、そうすべきであるのか、という倫理的問題である。

これは、ＳＦめいた荒唐無稽な問題ではない。十分に制御可能と考え進められてきた原子力発電所を廃炉にするための作業が社会をリスクにさらす日常を生き、遺伝子や脳のふるまいまで監視、操作を試みる技術や、人々や世界の隅々まで常時監視し、さまざまなリスクを予測し、対応策を提言する人工知能の技術、自動車の運転や高齢者の介護のみならずますます多様な行為を代行してくれるロボットの技術、衣食住においてかつて存在しなかったような有用な製品、現実感覚を補完・補強するバーチャルテクノロジー技術など、私たちの生きる現実を劇的に変えうる科学技術の研究開発にどこかの誰かが取り組んでいる時代に、私たちは生きているからである。

科学によって問うことはできるが、科学によって答えることのできない問題領域のことを、マルヴィン・ワインバーグは、「**トランスサイエンス**」と呼んだ。たとえば原子力発電などの科学技術には、どのようなリスクがありうるか、そのリスクはそれぞれどのような確率で起きるのか、それらのリスクについて事前にどのような対応をとるべきか、などといった複雑な問題を伴い、応答を迫る領域である。このような領域を生み出したのは、科学理論と科学技術である。しかし、科学者には専門的観点からいろいろな臆見はあるものの、これらの問いに完璧な答えや判断を下すことは、少なくとも現在のどのような科学理論によっても不可能である。

レイ・カーツワイルは、この不気味なトランスサイエンスの領域の拡大を恐れて研究開発を規制するという方向を批判する。カーツワイルは、ナノテクノロジーを応用して赤血球よりも小さい「ナノボット」を作って血管内に送り込み、ガン細胞などの病原を破壊する技術の確立をめざし、次のように述べている。「インターネットは人間の基本的な欲求に合致したために広がりました。そしてインターネットは、今や多くの政府よりも影響力をもっています。ですから、テクノロジーが人間社会に浸透するかどうかにおいて重要なのは、そのテクノロジーが人間の欲求にあっているかどうかなのです。人間の基本的な欲求に合ってさえいれば、テクノロジーは浸透していくし、進化のスピードが遅くなることはありません」（未来への提言 レイ・カーツワイル 加速するテクノロジー』六四頁）と。

たしかにどんな技術を研究開発すべきかについては、事後的にみれば「人間の欲求が決める」といえるのかもしれない。しかし、「では現時点で誰のどのような欲求を重視して何をなすべきか」という難問が常に残ってしまう。研究・開発に伴って生じる、現時点では顕在化していない諸問題の全体像を、誰がどうやって評価・判断するのか。この問題は、新技術の応用が各所で探られている今日、ますます切実なものとなってきている。

この問題を考えるとき、私がきまって思い出す映画の一シーンがある。それは、ジェームズ・キャメロン監督作品の「ターミネーター２」の一場面だ。ターミネーターとは未来に起こる最終戦争で活躍する戦闘用ロボットの名である。その実現に大きな役割を果たすことになる技術を研究しているエンジニアが、未来の世界からタイムトリップしてきた人々に命を狙われるという場面がそれである。未来の人々のリスクを高めるという意味で邪悪な科学技術の種子を、それと知らずに研究開発することは悪なのだろうか。もしそうだとしても、責任を追及されるのは技術者だけなのだろうか。自分の目先の利益にとって都合のよい科学技術は受け入れ、それ以外には無関心を決め込む一般市民には傍観者としての罪はないのだろうか。技術者であれ、市民であれ、未来に起こる帰結に責任をもって、科学技術の自己増殖的な展開をマネジメントする企てに当事者として関わるべきとすれば、どうすれば可能なのだろうか。

事前行動原則

科学技術を適切に飼いならすということがどのようにして可能かというこの問題に応答する試みにおいて、ケヴィン・ケリーは、「**事前行動原則**」を提案している。それは、予防原則とは異なり、「仮の評価や不断の修正」を定常的に行うためにこそ科学技術とともに生きるべきというアプローチである。ケリーによれば、科学技術が生きもののように自己増殖していくことは必然であり、その良い面も悪い面も数世代にわたって目につかないかもしれない。しかし、親が子どもを「訓練」するように、科学技術のかたちをある程度方向づけることはできる、とケリーはいう。

さらに、ケリーは、個々の生物が進化を続けていくために生態系との間で築いてきた特徴を指摘する。ケリーによれば、それらの特徴のおかげで、生物は互いを生かしあい、生態系と両立するという意味で長期間の**自立共生**が可能になってきた。したがって、生物と同様に、科学技術もまた、それぞれの性格は予め決定づけられているものではなく、他の科学技術と自立共生する中で生物のように進化していくことができるように訓練すべきである、とケリーはいう。科学技術を自立共生させるための訓練の指針として、ケリーが挙げる特徴をまとめると次のようになる。

① 協働………人と制度の間の協力関係を促進する。
② 透明性………その働きが専門家でなくても理解できる。利用者の間に知識の非対称性がない。
③ 非集権化……所有、製造、制御が分散している。専門家エリートに独占されていない。
④ 柔軟性………利用者が変更、改良、検査することが簡単にできる。個人で自由に選んだり、放棄できる。
⑤ 冗長性………他にも選択肢がある。【◆「冗長性」については、第九章第二節を参照のこと】
⑥ 効率性………生態系への影響は最小限でいて、エネルギー効率や高く、再利用が容易にできる。

個々の科学技術どうしが生きもののように相互の間で互いを利用しあいながら、そのかたちをかえて進化していくこと。そして、自立共生を求める私たち人間との間にその位置と役割をしめて、破綻なく共存共生しあうこと。そのために私たちは、この六つの原則のもとで、子どもを見守り育てるように、科学技術の性格と変化をそばで見守りながら育てていかねばならない、とケリーはいう。豚や牛を家畜化してきたように、科学技術の適切なかたちをデザインし、手なずけていかねばならない。そのためにはどんな科学技術も隔離せず、そばで見守り、コミットし、関わっていかねばならない、ということであろう。このような提言は、サン＝テグジュペリの『星の王子さま』のなかに登場するキツネのいう「apprivoiser」という行為を思い出させる。このフランス語は「飼いならす」という訳がしばしばなされるが、一方的に他方を支配することではない。相手のそばに座し、安易な言葉に頼らず相手と忍耐強く関わり、相手との間に「絆をつくる」という作業を試み、その結果に責任を負うという一連の行為の持続的実践である。

しかし、ケリーのいう「いじめっ子の訓練」という比喩は、科学技術が環境や、私たち自身を大きく変容させる潜勢力を宿しているという事態を隠蔽してしまうおそれがあろう。科学技術の潜勢力は、それを見守っているつもりの私たちの経験や生活を変容させ、私たちの価値観を変容させる。そのようなパワフルな潜勢力をもつものを誰がどのように見守り飼いならしていけばよいのか。科学技術を「絆をつくる」という意味で飼いならそうとしているつもりが、科学技術の進展とともに私たちの現実認識や価値観が変容し、制御可能と思い込んでいる科学技術によって私たち自身が変容させられ、支配されるという意味で飼いならされてしまうということもありうるだろう。【◆「科学と技術のフィードバックサイクル」と「科学技術と社会のフィードバックサイクル」については、第三章の議論を参照されたい。】

事柄の切実さを感じると、私たちは、専門家の臆見に頼りたくなる。しかし、「問題児のしつけは教育の専門家にまかせよう」という発想が短慮であるのと同様に、あるいはそれ以上に、「問題児になりかねない科学技術の訓練やマネジメントは専門家にまかせよう」という発想も短慮なのではないだろうか。

もっとも、現状は、要素還元主義的手法でタコツボ化する科学研究者や科学技術者、そして彼らへの研究費などの配分を格付けする専門家や、スポンサーたる国や企業が、自分たちの目先の利益に囚われず、科学や科学技術を適切に飼いならすという仕事を全うするだろうと考え、彼らにその仕事を丸投げするという状況が現在も続いているという印象は否めない。ただ、東日本大震災と福島第一原発の事故以後、科学技術を適切に評価、運用すると請け負っている「専門家」たちの価値観と能力に対する不信感と、科学技術が猛スピードで環境を変えていくことから生まれるリスクへの恐怖感は、人々の心の奥底でマグマのように堆積してきているように見える。そのマグマの行方はどのようになるのだろうか。また、どのようになるべきなのだろうか。異なる針路を促す二つの文化と、それら文化が生み、それら文化を支える二つのエートスをスケッチすることで、次章以後の考察への足掛かりを示すことにしよう。

第五節　複雑系における知のあり方――等身大の科学と懐疑派のエートスとマナー

システムの歯車に徹すべしというエートスが生む「偽ベテラン」の文化

文化や間柄が人々の**エートス**をつくり、エートスが文化や間柄をつくる。エートスとは、顕在的な知性ではなく、潜在的で無意識的な仕方で私たちの心の働き方を規定する力である。

たとえば、要素還元主義の専門家としてマニュアルの遵守に徹する文化と、そのような文化を支え、育むエートスについて考えてみよう。その文化は、自分の居場所や持ち場における役割を仲間から承認されるかたちで果たす、任務遂行に専心する倫理を奉る。そのような倫理は、専門家としてそれを遵守することが期待されるパラダイムやマニュアルを抜本的に疑う文化や、自分ならではの感じ方、考え方を不完全ながらも大胆に試作、表現し、誤解や対立に巻き込まれるというリスクをあえて冒しながら対話を拡大し、新たな価値や豊かさの体験を共創するという方向を探求する文化には通じにくい。むしろ反対に、仲間内で承認される言葉の用い方、行動の仕方で、仲間との間柄を醸成することを第一とする文化に通じるだろう。このような文化から生まれ、それを強化するエートスとはどのようなものであろうか。それは、コミュニケーションの目的を情緒的な仲間意識の醸成とし、誤解や対立といったリスクはストレスになるので極力避け、新たな価値の創出はそれが失敗したときに責任を問われるので、仲間内で非難されない程度のマイナーチェンジにとどめ、できるかぎり目立った失敗や責任を追及されないことを志向するエートスである。仲間から期待されるキャラを背負い、マニュアルを淡々とこなし、マニュアル外のことにはできるだけ関わらず、システムの歯車に徹すべしというエートスである。先に紹介した畑村洋太郎は、このようなエートスの持ち主を「**偽**

ベテラン」と呼んでいる。畑村によれば、偽ベテランは、仲間に批判されない既存のマニュアルや無難な答えを探して、それをコピーするばかりで、自分で観察せず、自分で思考せず、自分で試作しようとはしない。そのため、一見効率よく物事を処理できる人に見えるが、実は失敗経験に乏しく、失敗から学ぶという学習体験に乏しい。かくして、偽ベテランは、想定外を想像する力が弱く、想定外の事態への対応力が弱い。畑村が偽ベテランに対置するのは、「真のベテラン」である。畑村によれば、**真のベテラン**とは、既存のマニュアルやその運用の仕方を鵜呑みにせず、自分で観察、思考、試作して、失敗し、そこから学ぶ人、いわばマニュアルをつくり直し続ける人である。そして、畑村の強調する論点は、偽ベテランから真のベテランへという変身のススメである。

しかし、畑村のススメは必ずしも現実的なアドバイスといえまい。というのも、効率よくマニュアルをこなせる偽ベテランのエートスを育む文化が岩盤のように固く、すみずみまで広がっている日本においては、優秀な偽ベテランであることを誇りに思う人々の中で真のベテランを志向すること自体が、「秩序を乱す者」として指弾されるリスクを冒す行為となってしまうからである。もちろん、だからといって偽ベテランばかりの専門家集団が遍在するということもまた、不安な状況にちがいない。というのも、役割を細分化された専門家たちが偽ベテランのエートスを身にまとうとなると、想定すべき事柄や視野に入れるべき領域は狭まり、異なる価値観や異なる役割をもった人々の間で対話は生まれず、壁で仕切られた縦割り組織の壁はますます厚くなって横との情報交換は停滞するからである。その結果、失敗の兆候に気づく（あるいは、気づかされる）機会も減り、他者の失敗から学ぶ機会も失われ、予兆に耳を傾けることの重要性を忠告する**ハインリッヒの法則**も生かすことのできない偽ベテランばかりで組織を構成することが常態化する。そのような人々が「みんな」で決めても、知恵のある決定にはなりにくい。人々はますます偽ベテラン化していく。偽ベテランたちが淡々とマニュアルをこなす組織は、通常業務は効率的にこなすが、マニュアル外の仮想演習を軽視し、想定外への対応が不足しがちとなる。マニュアルの不備に気づいても、見て見ぬふりをしたり、そもそもマニュアル自体を抜本的に見直す必要があるときも、それに関わることで責任を背負わされるリスクを恐れて、きわめて目先のリアルな費用便益計算をもとに「沈黙は金」を決め込んでしまう。かくして、マニュアルは、それを少しでも疑うことが人前ではばかられるような、「真実」の地位にまつりあげられ、その権威を損なわない言説ばかりが蔓延し、いわゆる「場の空気」が神のごとく人々を暗黙の裡に支配することとなる。

では、偽ベテランから真のベテランへの変身への志向を徹底して実践することのリスクと、偽ベテランだらけになる社会のリスクを見据え、どうすべきだろうか。あるいは、何が起こりそうだろうか。一つの方途としては、真のベテランに変身することなどあてにせず、目先の都合ばかりで動く人々の近視眼的でひ弱な想像力が想定できない不都合な事態があっても、破綻しないようなシステム（いわば「偽ベテラン統治システム」）を社会制度や科学技術によってつくり出し、このシステムに率先して服従、依存していこうという文化の強化という方向になるかもしれない。

「等身大の科学」と「新しい博物学」

これに対し、多数の要素の複雑な相互作用からなる複雑系こそが、私たち自身と私たちを取り囲む等身大の現象であることをふまえ、安易に要素に分解せずに思考、判断、行動をしていこうという文化のかたちも構想できる。個々の要素に分解するのではなく全体を把握し、複雑に見えるふるまいの中に、多種多様な法則の錯綜をていねいに見出そうとする態度にたつ科学である。池内了は、これを**「等身大の科学」**と呼ぶ。池内はいう。「サイズが等身大で、研究費も等身大で、誰もが参加できるという意味でも等身大である科学として、気象や気候、生態系、地球環境問題などを対象とするのである。これらはすべて「複雑系」であり、多数のデータを何年にもわたって集積する必要がある。また、これらに共通するのは「循環するシステム」という点であり、循環の意味をじかに経験するには好適である」と。そして、誰もが参加して膨大なデータを収集し、多様な仕方でそれを表現するという点で、池内は**「新しい博物学」**とも呼ぶ。「モノを収集して共通性と異質性によって分類するという博物学は、一八、一九世紀に盛んとなり、そこから物理学・化学・生物学・地質学などの専門分野が分化してきた。それによって科学は進歩したのだが、一方では科学はますます専門分化が進み、「極」とか「超」が接頭詞として付く状態となってしまった（極低温、超微物質、超高音、超高エネルギーなど）。科学が細分化され縁遠くなってしまったのだ。そこで再度学問を綜合化して身近に引き寄せることを考え、科学だけでなく、歴史や文学や民俗学や神話など広く文化全体の眼でモノを見直すことを構想するのが「新しい博物学」である」と。（池内了『寺田寅彦と現代』一一〇頁―一一一頁より）

このように誰もが各自の身体を使って観察とデータ収集に参加貢献できる「等身大の科学」というのは、身体感覚では把握不可能なサイズの要素に分解して公共的に観察し、それら要素の再構築を企てる要素還元主義の科学とは異なる営みである。観察主体からその個別性や身体性を排除して、公共的に検証可能な仕方で対象を捉えようとするのでなく、観察主体の身体と観察対象は切り離されず、むしろ両者が出会ったときに生じた経験を、マニュアルや型を狭く限定せずに、広く「文化全体の眼で」写しとろうと、自らも参加する点で「新しい博物学」といわれている。

「等身大の科学」と「新しい博物学」の文化とエートス――「頭の悪さ」と「認識の人」

では、このような文化は、どのようなエートスを育み、どのようなエートスに支えられるのだろうか。「新しい博物学」を構想、提案する池内がしばしば参照するのが、寺田寅彦である。寺田が『日本人の自然観』で語るところによれば、かつて日本人は、風雨の微妙な差異を感じ分け、それらに無数の名を与えていた。それらは分解され定量化されたデータではなく、風土に根ざし、風土と一体化しながら観察する個人の身体を通じて感じ取られた感覚の表現である。その点で「人間から切り離した自然とは全く趣を異にしている」。それは、**「人と自然が完全な全機的な有機体として生き働くときにおのずから発する楽音のようなもの」**としての短歌や俳句を生む精神生活と通じる。また、寺田は、科学が芸術や哲学の世界に通じる通路を持たぬまま、思いあがることのないよう注意を促してもいる。

頭がよくて、そうして、自分を頭がいいと思い利口だと思う人は先生にはなれても科学者にはなれない。自分の頭の力の限界を自覚して大自然のまえに愚かな赤裸の自分を投げ出し、そうしてただ大自然の直接の教えにのみ傾聴する覚悟があって、初めて科学者になれるのである。……最後にもう一つ……時として陥る一つの錯覚がある。それは、科学が人間の知恵のすべてであるもののように考えることである。……現在の科学の国土はまだウパニシャドや老子やソクラテスの世界との通路を一筋でももっていない。芭蕉や広重の世界にも手を出す手がかりをもっていない。そういう別の世界の存在はしかし人間の事実である。理屈ではない。そういう事実を無視して、科学ばかりが学のように思い誤り思いあがるのは、その人が科学者であるには妨げないとしても、認識の人であるためには少なからざる障害となるであろう。

（寺田寅彦『寺田寅彦随筆集 第四巻』二〇六頁―二〇七頁より）

寺田のいう**「頭の悪さ」**とは、見込みがたたないままに、自分の頭と体を用いて愚直だが着実な足取りで、気になる現象にぶつかってみようとするエートスであることがわかる。どこかにあるお手本を手際よく真似し、目先の利益をわかりやすく約束する分析や操作を手際よく処理する力を重視する効率主義や成果主義からすると、それは「頭の悪さ」に見えるが、観察範囲を安易に限定せず、限られた要素に分解して性急に、単純な仮説へとモデル化してわかった気にならない思考と行動の持続である点で、「等身大の科学」への継続的参加に好都合なエートスといえる。

知性に関する懐疑――想像力の強みと弱み

自分の知性の限界を思い知り、判断を性急に下すことを戒め、他の観点からの疑問や知見を傾聴する対話の姿勢をもち続けるという意味での「頭の悪さ」は、科学的知性や倫理的理性に対する**懐疑派のエートス**に通じる。スコットランドの哲学者、デイヴィッド・ヒュームは、まさにそのような懐疑派を代表する論者の一人である。

ヒュームは、その著 *A Treatise of Human Nature* の中で**「理性は情念の奴隷である」**という。ここでいう「理性」とは、本章で「知性」と呼んできた科学や技術の研究開発をする能力を含み、科学的知性とは別にその実在を想定されることの多い倫理的理性をも含んでいる。この隠喩に託された洞察のポイントは、まず次の三点である。

㈠ 私たちが知性や理性と称している能力は、情念をガイドとして初めて作動する。しかも、知性や理性と称している能力のほとんどは、実は、想像力にすぎない。想像力がつくりだすものは信念とその束にすぎず、私たちが抱くあらゆる信念とその束ね方には誤りの可能性が残る。私たちの知性は、絶対確実な知には至らない。

㈡ 想像力の働き方は言葉の一般的な使用法に規定される。言葉を、他の人とまったく異なるルールで、他の人が理解可能などんな言葉とも関連づけずに用いながら、想像力を作動させ続けることはできない。

㈢ 情念に促されて、信念を束ね、因果的な物語を虚構する想像力は、その物語をあたかも真実のように信じさせるのに役立つ信念をせっせと集め続けようとする。いわば、想像力には慣性の法則に似た働きがある。

私たちは、とかく情念や利益が似た仲間と、同じような言葉づかいや想像力の働かせ方で得られた知見を真実と見なすことに協調して、共同体をつくる。このことが意味することは、私たちが偏狭な「**ムラ**」をつくって、自分たちとは異質なものの見方をする人々を排斥する「**共謀**」をしがちだということである。では、ムラに閉じこもって閉じた道徳を奉じ、それに加わらない人とは党派的対立をし、相手が少数派である場合には迫害するというような共謀を繰り返すことに恐怖や不安を感じるとき、私たちはどうすればよいのだろうか。つまり、対立するムラや党派を調停する「共通基準（common measure）」はどうすれば生まれてくるのか。ここにおいて、次の論点が登場する。

㈣　安心によって作動をやめる想像力を再起動させるには、異なる物語と出会い、世界の複雑さに驚き、自分の知性の欺瞞性と脆弱さへの不安を忘れずに、多様な観点を学ぶことで得られる穏やかな情念を糧に、異質な観点をもつ人々との対話をたえず拡大、持続していく必要がある。

懐疑派のエートス――「対話」というマナーとそれが生む「寛容」「誠実さ」

対立や争いを調停するための「共通基準」として法を精密化し、その運用を厳格化するというような考えをヒュームは斥ける。想像力が人々の間で反射しあう「共感（sympathy）」は、一時的に偏狭な共謀を生んだとしても、その共謀に不便を感じあう人々の間で、その不便を克服する「共通基準」（不便を避けることに役立つ言語と、それらを用いる際の知覚の束ね方を導くルール）を徐々に確立することを可能にするとヒュームは考えるからである。ヒュームはこのような不便を緩和するのに役立つ言葉やルールの生成を促すものを、「**コンヴェンション**（convention）」、あるいは「共通利害の一般的感覚（a general sense of common interest）」と呼び、その生成の仕方を次のように描いている。まず、自分にとってなじみのルールに固執する中で生じる不便を緩和するために新たな行為を試し表現する。その行為が、新たな利益を意図したものと感じ、その行為の継続に一定の規則性を期待できると感じる相手が、その行為に呼応する。結果として、それまでとは異なるルールを他者と共同で遵守することの利益を相互に感じ、相互の行為の規則性をますます信頼して共同行為が一部改編されることになる。旧来のルールの枠組みの多くを守りつつ、しだいにかつ部分的にそれが改修されていく。このような、新たな秩序を模索する有機体のような現象（部分をたえず補修しながら全体としての破綻を回避する現象）が生まれるというのである。ヒュームによれば、所有にまつわるルールも、金銀を交換の尺度に用いるというルールも、そして、言葉の一般的な使用法も、このような仕方で、その適切なかたちを模索しながら、有用と感じられるものが継承され、広まり、徐々に確立されてきた。

　判断をめぐる深刻な対立に陥ることに多くの人が不便を感じる場合も同様のことが生じるとヒュームは考える。そして、その場合、不便を共感しあう人々の間で、「**真の判事**（a true judge）」という「共通基準」への顧慮というマナーが生じてくるというのである。【◆「共同行為」の問題圏については、コラム③の議論も参照されたい。】

「真の判事」とは既存の法を運用する裁判官でも、ましてや神でもない。それは、「繊細な感情と結びつき、実践によって改善され、比較によって完全化され、全ての偏見（prejudice）を除かれた強力なセンス」の持ち主であり、偏見を除くには、「状況から逸脱（depart）しなければならない。そして、自分自身を人一般（a man in general）とみなし、もし可能であるならば、私の個別的な存在と特殊な事情を忘れなければならない」とさえいわれる。言語使用に際しての一般的ルールのすり合わせと、そこから生じるさまざまな有用と信じられる言葉や制度の共同遵守によって、深刻な矛盾や無秩序に陥らずにすんでいるのが、私たちの日常である。私たちが共同体の中で培い身につけてきたすべての信念の束を一人で疑い続けることは、出口のない懐疑にとりつかれて仲間の外に身を投じる危険な道である。だからといって、自分や仲間たちこそ「真の判事」であると思いあがることも危険である。では、「真の判事」が実在することへの懐疑と、それを偽装する者や「下手な批評家」が横行することの不便を共感しあう人々の間では、どんなマナーが生まれ広がっていくか。「このような場合、人は自分たちの発明によって示唆される最良の議論を生み出すにちがいない。つまり、どこかに存在する一つの真の決定的な基準（a true and decisive standard to exist somewhere）を、実在つまり事実として承認し、この基準に訴える際には自分たちと異なる人々に対して**寛容さ**（indulgence）をもつにちがいない」と。（「趣味の基準について」『道徳・政治・文学論集』所収より）

私たちの知性は、身近でリアルな情念に促されて作動し始める。そして、仲間とともに、情念を満たすために便利なものの見方や制度、技術を協調してつくり、情念を満たそうとする。しかし、そのようにして作り出された知見、制度、技術のひとつひとつが、「真の判事」にとっても「よい」と評価してもらえる人為であるのだろうか。他の立場や未来の世代からすると、それはとんでもない偏見に満ちた知見や、無責任な制度、技術でありうるのではないだろうか。自分たちが「よい」「正しい」と信じるものの見方に異を唱える人に耳を傾け、たとえ異論を唱える人に同意できず、相手の見解や価値観に疑問を感じてもなお、自分たちの判断や行動の根拠としての知性への懐疑を忘れず、自分たちの偏見に気づかせてくれるかもしれない誰かを求めて対話の拡大持続を促そうとする態度こそ、懐疑派のエートスである。これは、専門家が非専門家に教え、説得するといったタイプのコミュニケーションだけでは歯が立たない複雑系への対処法として興味深いアドバイスではないだろうか。複雑系である私たち人間が、その時々の情念に促されて限られた想像力を用いて手探りで、よかれと信じて仲間と作り出す科学技術や制度が、これまた複雑系である環境や社会に及ぼす評価について、「真の判事」が不在であることへの危機感をキープしながら、その観点を求め続けるための連帯を拡大、持続することのススメともいえる。このような対話が育み、このような対話を支えるエートスや制度、対話を阻害する数々の具体的な要因、そして、この章で素描した科学や科学技術をめぐる現況をふまえて待望される科学の具体的なかたちなどについては、この後に続く章でのさらなる考察に譲ることにしよう。

文献案内

■畑村洋太郎『だから失敗は起こる』ＮＨＫ出版、二〇〇七年
■――――『図解　使える失敗学』中経出版、二〇一四年
■レイ・カーツワイル『未来への提言 レイ・カーツワイル 加速するテクノロジー』ＮＨＫ出版、二〇〇七年
■ケヴィン・ケリー『テクニウム――テクノロジーはどこへ向かうのか』みすず書房、二〇一四年
■池内了『寺田寅彦と現代』みすず書房、二〇〇五年
■――――『生きのびるための科学』晶文社、二〇一二年
■寺田寅彦『寺田寅彦随筆集』岩波文庫、一九六三年
■デイヴィッド・ヒューム『人間本性論』法政大学出版局、二〇一一年
■――――『道徳・政治・文学論集』名古屋大学出版会、二〇一一年
ただし、ヒュームの次の著書からの引用は、著主自身の訳出による。
A Treatise of Human Nature ed. by D. F. Norton & M. J. Norton Oxford U.P. 2000
Essays Moral, .Political and Literary ed. by .Eugene F. Miller Liberty Fund 1987

コラム① 認識や制度の形を生成する想像力の飛躍

勢力尚雅

ヒュームの想像力論

私たちは、とかく情念や感情は非合理で、私たちを翻弄する点で、知性より劣ると考えがちだ。それだけでなく、情念や感情を制御することができる点で、科学的知性や倫理的理性は似ており、人間にはそのような立派な能力があると考えるかもしれない。しかし、はたしてそうなのだろうか。本文でも紹介したように、ヒュームはこのような人間観、知性観とは別の見方を提案している。ヒュームによれば、私たちの知性は、自らの働きの正当性にこだわってはいない。というのも、自らの働きが正当であることに潔癖にこだわる知性であったなら、自らの推理における誤りの可能性を枚挙し続け、最終的にはどんな知識や判断も信じられない究極の懐疑に自らを追い込んでしまうからである。

ヒュームによれば、私たちは知性ではなく情念に促されて初めて考え始める。私たちが知的に考えていると思っていることのほとんどは、言語の一般的で矛盾しない用い方を可能にするために習慣的、規則的、自動的に作動して、さまざまな信念の束を形成してしまう想像力の働きにすぎない。たとえば、「政府」のような一般観念も、「原因」や「結果」といった言葉の使用も、自分や周囲の事物の同一性についての信念も、善悪の区別についての信念も、「約束」や「所有」といった概念やそれらにまつわる法などのルールの実在も、さらにいえば「神」という概念についてすら、私たちは、自分の頭で考え抜いて、正当化可能な根拠に基づいて、知っているわけではない。そうではなく、それらの言葉を周囲の人々と協調的に用いるための想像力と言語の用い方についての一般的なルールを、会話や社交を通して暗黙のうちにすり合わせながら、情念を満足させるために役立つ信念の束が生成しているにすぎない、とヒュームは考える。

たとえば、「善い」「悪い」などといった言葉を用いた判断を個人的な観点から表明すると、利害の対立する人と判断の不一致が生じ、対立が深刻化する。そこで、個人的な利害関心を離れ、事態を一般的な観点にたって眺めたときに誰しもに見えるだろう眺望の快・不快に応じて「善い」「悪い」といった語を用いるというルールが生成する。「原因」や「結果」といった言葉を用いる際も、規則的な前後関係で現れる現象が繰り返し確認されて初めて、前件を「原因」、それに続く後件を「結果」と呼ぶことが許される。その際、過去における規則性が未来にも続くと推理する論理的根拠はないのだが、過去の規則性が未来にも続くと飛躍して想像することを、私たちは暗黙のうちに互いに許しあい、促しあい、因果関係を想像力による飛躍の産物などと疑うこともなく、世界の事実であると、みんなで信じている。このように文化の中で形成されてきたさまざまな言葉のそれぞれに、適切とみなされる一般的な使用法があり、私たちは、周囲の人びととの会話と社交を通じて、それぞれの言葉を用いる際の一般的ルールを暗黙のうちにすり合わせ、彼らと同じような想像力の用い方を身につけ、同じような判断を形成し、表明することができるようになる、とヒュームはいうのである。

このように働く想像力は、仲間との協調を促し共同体をつくって、ある程度の秩序を生み出す。かくして、一般的なものの見方や、善悪の判断を表現する言葉の使い方や、さまざまな有用な制度が、次々と、深刻な対立や不便の恐怖や不安に促されて、仲間と意見をすり合わせながら形成される。しかし、それは別のものの見方で協調している人からすれば、偏狭な「ムラ」にすぎないのかもしれない。つまり、仲間とともに偏狭な信念の束をでっちあげ、それだけを「真実」と信じ込む迷信や熱狂をよろこぶ党派的な共謀にすぎないかもしれない。たとえば「神」について、さまざまな技術や制度について、どのような信念の束（フィクション）でそれらを語り、どう評価するか。無数の語り方が可能であるはずなのに、私たちはしばしば党派的なムラを形成して、自分たちこそが真実を手にしていると錯覚してよろこび、自分たちとは異質なものの見方に学ぶ耳を失ってしまう。そのような事態に不安を感じない間は、想像力の働きが偏狭で頑迷なレベルで停滞している可能性に気づかず、仲間とともにその見方に閉じることで仲間意識を強化することに没頭してしまう。閉塞停滞しがちな想像力を再起動させ続けるために何が必要かということが、ヒュームの大きな関心事であった。

三木清の構想力論

ヒューム同様、想像力を、そこにおいて神話や制度などの形が制作される根源的な場と考えた論者に、三木清がいる。三木は『構想力の論理』において、「ロゴス的なものとパトス的なものとの統一」を求めて形を形成する力としての想像力に着目する。ただし、三木は、それを「構想力」と呼ぶ。彼が想像力のこの働きについての着想を、悟性と感性を媒介する能力として構想力を位置づけたカントの議論を発展させるかたちで得たからである。カントにおいては、像を思い浮かべて悟性に供する力という意味なので、わが国においては、「想像力」でなく「構想力」と訳されてきた。ともあれ、三木によれば、構想力は、ロゴスとパトスの統一を求めて「形」を制作し、「環境に対する作業的適応」としての行為を可能にする点で、「技術的」であるとされる。しかも、このような構想力は、人間だけでなく、他の生物にも認められる。生物の形は、「環境に対する適応として、それ故に主観的なものと客観的なものとの統一として生じたもの」とされ、三木はここに「自然の技術」、あるいは「自然の構想力」を認めている。三木にとって、生物の形が進化していくこと、そして、歴史の中で神話や制度がその形を変えていくことは、ロゴス的なものとパトス的なものとの統一をめざす構想力の働きにほかならない。

そうであるとすると、このような三木の構想力論は、ヒュームの想像力論と、次の点で似ている。両者とも、パトスと切り離された知性という考え方をとらず、パトス的なものを含み込みつつロゴス的なものの適切な形を模索する根源的な場として想像力の媒介を重視している。三木の表現を用いると、「構想力において主観的なものは形となって主観から抜け出るのである」となる。ヒュームもまた、本文で見たように、互いの主観を想像して感じあう「共感」によって多様な形のフィクションやルールを実在と見なしあう協調（共謀）が可能になると考えられている。また、ヒュームは、そのような共感現象が、人間だけでなく、他の生物有機体や宇宙にすらも認められるかもしれないと考えている。人々の想像力の相互反射の中から、一定の秩序を生むのに有用な言葉、制度、宗教などが生まれた後、それら人為がかえってもたらす混乱や不安や腐敗への情念の警戒を糧として、それらがより適切な形を求めて生成変化していく歴史を、ヒュームは「自然史」と呼び、三木同様、そのような観点からの歴史研究を重視している。

歴史と想像力――待望される「新しき知性」とは何か

では、人間の想像力のユニークな特徴とは何か。ヒュームと三木に共通するのは、想像力において理念が形成（制作）されることである。三木はいう。「イデーは理性によって先験的に与へられたものでなく、構想力の根源的な表象の反省的に捉へられたものがいはゆるイデーにほかならない。……歴史は一般的に形成的なもの、技術的に形成されゆくものである。それはヘーゲルの考えた如く先験的に構成され得るイデーに従つて動くのではない。歴史は理性に従つてではなく構想力に従つてつくられてゆくのである。歴史の理性は構想力であるといふこともできる」。ヒュームにおいても、本文で見たように、「真の判事」というような概念は、情念に応じる想像力（共感）の自他の間での働きあいの中で形成される理念である。つまり、多様な観点をもつ人々が判断を交わす際に生じる多くの矛盾や不都合といった経験を反省する想像力（共感）の相互反射を経て、「真の判事」という理念を相互に参照しあうことに共通の利益を感じあう経験が生まれ、それがしだいに無視できない観点として、人々の判断や経験を形成するようになり、ひいては、新たな一定の秩序を生み出すのであった。

ただし、三木は、ヒューム以上に構想力の根源性、直観性、創造性を強調する。構想力こそが、ただの「批評的な知性」と異なる「飛躍」を可能とすることを強調するのである。つまり、パトスがロゴスになる飛躍をもたらす構想力によって、理念が生まれ（「知性が自然から独立する」）、ロゴスがパトスになる飛躍をもたらす構想力によって創造的行為がなされる（「知性が自然に還る」）。このような「構想的な知性」こそが、「眼前の現実に追随することなく、あらゆる個人と民族の経験を人類的な経験に綜合しつつしかも経験的現実を超えて新しい哲学を作り出す」ことを可能とする「新しき知性」、「行為的直観」であると、三木はいうのである。では、そのような知性の根幹で働く構想力の飛躍が、「個人と民族の経験を人類的な経験に綜合」する際に、愚かな迷信や熱狂の類を生んで、その空想を正当化し補完する空想を続けてしまう危険性はないのだろうか。

ヒュームの想像力論においては、想像力がもつそのような慣性的作用の危うさへの気づきが、「真の判事」という理念の共同制作を生むということになる。しかし、同じような迷信や熱狂を共有することで結束、共謀する党派やムラの内部に自ら進んで留まりがちな私たちが、そのこと自体の危うさに気づいたとしても、その洞窟の外に出て、「真の判事」から見た経験（三木の言葉でいえば「人類的な経験に綜合しつつ経験的現実を超えて新しい哲学」）を作りだすということが起こりにくいことも、懐疑派ヒュームは見落としていない。三木もまた、「組織とか制度とかは指導者の新しいイデーに従って新たに作られる」と指摘しつつも、「既成の制度の中にあってその制度の権威に依頼して指導者顔をするが如き者」が跋扈する可能性から目をそらしてはいない。では、二人は、どのようにして想像力がしばしば陥りがちな閉塞状況を破る道を構想し、それを試したのか。さらなる詳細については、本書第九章の第三節と第四節で検討することとしよう。

参考文献

■三木清『構想力の論理』（『創造する構想力』燈影舎、二〇〇一年）、『哲学ノート』（中公文庫、二〇一〇年）。もちろん三木清全集（岩波書店）でも読める。

第二章
科学技術を用いる者が今から考えるべきことは何か

田中基寛

●本章のキーワード
科学に内在する性質　専門分化　専門化社会　科学史　科学哲学　科学社会学　安全確保　環境問題　社会的責任　法・規格　リスク評価　責任の拡大　社会による企業の制御　経済の内部化　自然資本　責任ある投資　資本主義の終焉　ダイアログとエンゲージメント　「もの」と「こころ」の架橋　脱専門

第一節　科学技術を用いる者が考えるべきことは何か

私たちがよりよい社会をつくり、そのための一人一人のあり方を探ろうとすれば、考えなければならないことはたくさんあるけれども、ここでは「科学技術」というものに着目する。

改めて説明するまでもなく、現代の社会は科学技術に深く支えられており、その力に強く依存している。科学技術は人類の生み出した最も強力な道具である、という通念は否定しにくい。筆者は日本の総合電機メーカーに勤めており、例えばこのメーカーは、家庭から宇宙まで社会のあらゆる側面で便利で豊かな生活につながる製品やサービスを提供すべく事業活動を行っている。電気製品やサービスはすべて科学技術を駆使して生み出されるものである。科学技術によって新たな価値を生むことは社会からプラスの評価を受け、認知されているのである。その一方で、科学技術やその産物が人間社会に重大な危害を加える可能性があることも既に私たちは知っている。それどころか、私たちの生活において脅威となりうることは、そのほとんどすべてが科学技術の力によって裏打ちされたものであるといっても、過言ではない。私たちは科学技術に依存し、期待し、使用を続けながら、同時にその力に恐怖し、制御しようと躍起になり、しかし今なお制御しきれないでいる。

そうした状況下にあることを知っているにもかかわらず、私たちは一人の人間としての生活にあたり、あるいは科学技術を使用するメーカーの社員として業務を遂行しながら、日常的に「科学技術」の抱える危険性を感じ適切に向き合えているかというと、そうでもないように感じる。そこにある種の「遠さ」がある。そして、科学技術が招いた最大の難問である「環境問題」というフェーズに立ち向かおうとするとき、この「遠さ」はさらに顕著に感じられる。この「遠さ」の原因は何であろうか。「遠く」て、大丈夫なのだろうか。

「科学技術」の倫理を含む「科学」を扱う学は、この状態の解決に対しどのように応えようとしているのであろうか。筆者の率直な実感としては、提供される新しい方法論に戸惑いを感じるし、倫理学の目指す方向に疑問を感じもする。扱う対象を広げる中で「科学」の学は自らのアイデンティティを失っていくようにも思える。

本章では科学技術の招く問題のうち安全確保の問題と環境問題とを材料に、科学技術の制御への実効性を検討しつつ、科学の学へ一つの提案を行い、これからの知の奮起を期待してみたい。科学の持つ内在的な性格への挑戦に再び立ち返ろうという提案である。

第二節　「科学」を考える学と、科学技術の倫理が選んだ道

「科学」を考える学が明らかにしたもの

「科学」は一般に「観察や実験などの経験的方法に基づいて実証された法則的知識」と定義できるという。その「科学」に基づく技術である「科学技術」を駆使して現代社会は成り立っている。

現代の科学技術はどのように成り立ったのか、その内在する性格は何かという探求は、二〇世紀に精力的に行われた。「科学史」の考察は、科学的考え方や科学の諸理論のルーツを探り、それがどのような過程を経て現在のような形になるかを追うことにより、科学が何を捨て、何を獲得したかを明らかにした。また、「科学哲学」の考察は、科学的知識について主張される普遍性・客観性や、それを根拠づける手法について、その真偽や確実性を吟味する。

それらによると、現在の科学が持つような普遍性・客観性を信託された知識やその開発方法のあり方は、現在とは異なる文脈の中で作られたものであり、科学はその生い立ちにおいてそれらの文脈を結果的に切り離して成立したという歴史を持つ。切り離されたものとは、「神（キリスト教）」であり、「こころ」である（心身二元論、機械論的世界観）。そして科学はそのことにより絶大な「操作性」を手に入れた知的営為となった。操作性とは、自然に対する操作性であり、また人間社会における実現性という点での操作性である。

また、もともと学問は世界全体を総合的に扱う知のスタイルを担ってきたのに対し、「科学者」はそのある部分だけを切り離して深く探求する点で、従来とはまったく異なる知のスタイルとして築かれた。その「科学者」スタイル

は一九世紀の後半から終盤にかけて発生し成立したというかなり最近のものである。これに対し、科学の諸原理の成立は一七世紀からすでに始まっており、「科学者」がすべて担ったのではまったくない。しかし、この新しい存在である「科学者」のあり方や特性は、現在の「専門分化」「専門化社会」のルーツであり基本的な原理となり、現代社会に深く継承されている。こうしたことが明らかにされた。

「科学社会学」は科学の制御をテーマアップする

「科学」を考える学が精力的だった二〇世紀は、科学技術が社会に絶大な影響力を持ち、夢を与え、国家や企業の戦略と融合して積極的に活用された時期であるのと同時に、科学の理論や手続きの原理的不完全性が証明され（ゲーデルの不完全性定理（一九三一年））、人類にとっての科学技術の危険性が様々な形でその姿を露わにし、告発され、否定できなくなった時期でもある。「科学史」の後半は「科学社会学」となり、社会に重大な影響を与え、社会全体の苦悩の元凶となった科学を描く。原子爆弾や水素爆弾の脅威、化学物質の危険性の告発（レイチェル・カーソン『沈黙の春』、一九六二年）、地球資源枯渇の警告（ローマ・クラブ『成長の限界』、一九七二年）、そして環境問題などにより科学技術文明の負の側面が顕在化し、科学技術の危険性の制御が人類社会全体の課題であることが示される。科学技術の功罪両面の影響力が強く表面化したからこそ、それらへの考察も精力的に行われたのであるように思う。

なお「科学技術」とは、「科学の理論的知識が即座に技術開発と結び付けられる」形態のことであり、この世紀の二つの世界大戦間期以降に確立したと説明される。国家はこの時期に、原子爆弾の開発など軍事技術の技術革新を主導するにあたり、技術者のみならず、一九世紀末に社会制度として成立していた科学を担う科学者をも大量に動員した。この形態は成功と捉えられ、その後も維持された。すなわち科学と技術とは融合して体制化し、「科学技術」が成立したとされる。

科学技術の応用倫理の誕生

こうした中、「科学」をどう扱うべきか、科学を扱う「科学者」はどうあるべきか、という「倫理」の考察も、応用倫理学の一部として作られていく。応用倫理学とは、普遍的な倫理学の諸原理を特定の生活領域や行為領域に応用する専門分化した具体的倫理学であり、社会や職業倫理における緊急の道徳的問題に取り組むために一九七〇年代から用いられるようになった用語であるという（石田三千雄他、『科学技術と倫理』、ナカニシヤ出版、二〇〇七年）。

厳密には技術倫理と区別される科学倫理は、科学者の研究活動を扱い、誠実、懐疑、公正、共同、公開を価値とし、不正行為を問題視する（捏造、偽造、剽窃など）。これに対し「技術倫理」は社会と直結する実用的な知である技術とそれを導く知（工学知）に関わるもので、完成へ向かって途上にあるものであるため、危険を生み出す可能性をはらむことから倫理的問題が常に発生する（同書）。科学と技術が融合したものである「科学技術の倫理」はこれら二つの応用倫理学の内容を含んでいるけれども、やはり科学の力を得て強大になった技術の制御が中心テーマを成す。日本でも技術士という国家資格の認定要件と結びつき、多くの大学の理工学部で必須の教育プログラムとなっているエンジニアリング・エシックス（「科学技術者の倫理」と訳される）においても同様である。

ところで、エンジニアリング・エシックスを含む応用倫理としての科学技術の倫理（「科学技術に関わる具体的な問題を考える応用倫理学」）は、果たしてその狙いを達成できるであろうか。本章冒頭で述べたように、筆者は戸惑いや疑問を感じている。それを論ずるために必要なエンジニアリング・エシックスの特徴を、前掲書（『科学技術と倫理』）を参考にして六点挙げる。

責任とその拡大への対処というテーマ

第一に、科学技術を担う者には「責任」がある、という。責任とは、問われれば応答するという、人と人あるいは人と事態との間の応答関係である。科学技術を担う技術者は専門家（専門職）であり、一般社会から権限を委譲されて公衆に資するべく力を発揮していると考えられる。専門家としての責任を果たさなければ社会との信頼関係が崩れ、社会が成り立たなくなる。

第二に、科学技術を駆使して設計・製造した製品に完全なものはなく、技術者は完全なものを目指して製品を社会的に実験していると考えられる（社会実験）。技術者は被験者としての公衆に安全を保障する義務があり、社会実験の結果には責任を持たなければならない、とされる。科学技術の進展により責任は拡大し続けている。

第三に、科学技術の及ぶ範囲が広すぎて、過去の事例に前例がないものや、科学者内部の問題として処理することができなくなっている問題がある。この事態に対処するものとして科学技術社会論（ＳＴＳ）が登場し、トランス・ディシプリナリーな（専門分野を超越した、分野横断的な）研究の組織化や、ジャーナリズムや一般市民などの役割を取り込む合意形成のあり方が必要とされる。

方法論としての事例研究・要綱・高い倫理を持つ科学技術者の涵養と集団化という概念

第四に、科学技術の倫理に期待されていることの一つは、失敗事例や成功事例を通して考察を深め、事故の予防という機能を果たすことである（事例研究）。

第五に、協会など専門職集団の定める倫理要綱は、ある技術者が倫理的に正しい判断を下すための手引きとして機能する。

第六に、科学技術者の責任範囲は拡大し、もはや科学技術者自らだけではその問題を処理できない事態も出てきたとはいえ、技術者が専門家として信頼を寄せられていると同時に科学技術の運用に対して高い倫理観を公衆から要求されていることに変わりはない。公衆の安全・健康・福利を優先する価値観を持ち、安全意識を徹底化させるために技術者倫理に関する教育を充実させることが重要である。技術者教育として適格認定制度（日本の技術士など）を導入するゆえんである。

選んだ道としての専門化志向

「科学技術の倫理」は、責任範囲の拡大による応答不能という新しい事態への視点を持ちながらも、結局は「専門」への信頼と「責任」により科学技術の制御を実現しようとする。「専門」が適切な応答をするために「個人の倫理」を強化し、有資格者の集団形成を期待する。この構図が現実において機能しうるか、次節以降で検討しよう。

第三節　安全確保に見る「遠さ」の原因

安全への意識の強さ

科学技術を駆使して社会的価値を生むことを旨とするメーカーにおいて、科学技術のもつ危険性は意識されているだろうか。科学技術の制御についての最大の焦点である安全確保に関して、確かめてみよう。

筆者が勤務するメーカーにおいては、筆者の実感としては、この問いへの答えはイエスであり、むしろ「十二分に意識されている」となる。製品の提供先におけるお客様の「安全」を確保しなければならない、という意識は組織内で最上位に位置づけられており、教育も定期的に行われ、日常的に非常に強く浸透しているように思う。ただしそれは、「科学技術者の倫理」としての教育ではない。「品質」教育の一部として行われる。教育では、品質はすべてのことに優先されるという価値観の説明とともに、品質上の問題を起こした場合に、メーカーが社会的信用を失うこと、それを取り返すのは非常に困難であること、それゆえに事業上の重大な損失につながるものであることも伝えられる。よくより実感できるよう、歴史的な失敗事例も使って説明される。また、法律上で会社が負わなければならない責任と、個人で負わなければならない責任についても説明される。教育にあたって規範として示されるのは、メーカーが自ら定めている「品質基本理念」や「製品安全に関する方針」である。これらの規範は常にオープンにされており、科学技術者が行動を考える上での手がかりになるべく存在している。

このように、先に方法論的特徴として挙げた「事例研究・要綱・科学技術者個人の倫理の涵養」は、有効性を評価され、組織内に十分取り入れられていると考えることができる。しかし、メーカーの中で、科学技術の適正なコントロールを意図して、そのための高い倫理意識を備えた資格者を育て、指導的な役割を担わせる、という概念・方向性は希薄で、実際にそのような場面に出くわすこともない。むしろ全社員への認識の徹底に力点があると感じる。

明確でない「社会実験的性格の認識」と「責任の拡大への対処」

一方、社会実験の実行主体としての性格の認識と、それに伴い責任が拡大することへの対策はどうであろうか。分野超越的な研究開発の組織化や、一般市民を含む合意形成などの方法論の実践はどの程度行われているのだろうか。現状それらには積極的・全面的な対処が行われていないと思われる。メーカーが製品開発の過程で安全確保に関して非専門家を交えたコミュニケーションを行うのは、実際にはまれだろう。新機能による付加価値の開発競争を行う中、その機密情報を一般社会に問うことは基本的にできないという、原理的な前提もある。かくして、メーカーは社会から製品開発と安全確保とを合わせて一任され、新機能は、人間社会に社会実験としてもたらされる。万が一問題が起こったときは、メーカーは責任を負って事後対策を行う。科学技術の専門家へ付託される信頼と責任は絶大であり、その責任範囲は拡大を続ける。しかし、必要なものとして学により提案される方法論はメーカーが適用するほどには成熟しておらず、ハードルの高さに戸惑いも感じているのが実情であろう。

社会による企業の制御（その一）　法や規格による安全担保の進展

ところで、メーカーの内部には、製品の安全を確保するため基準が整備されており、「安全性設計」「信頼性設計」という概念があり、これに基づく徹底的な品質管理が図られる。改めて言及するまでもなく、日本の企業のものづくりは、厳しい品質基準をクリアした大変質の高いものとして、世界の中で日本の高い地位を築いてきた原動力である。また、製造業における製品の安全確保は、主として二〇世紀終盤以降、法や規格の策定という形で国際的にも対策が進んだ。例えば機械安全の国際規格であるＩＳＯ１２１００（機械の安全性―基本概念、設計の一般原則）は二〇〇三年に制定された。国際規格は通常、産業界での自主的な基準の存在や、部分的な法規制の存在などの前提が整って制定される。この規格の成立年から、最近までそのための社会的な努力が続けられたことがわかる。現在では、広範囲の機械系機器、電気系機器に安全性設計の規格が整備され、製品種別ごとに消費者への危険の重要度に応じ基準への自己適合や検証機関による適合認証が定められている。こうした法と規格により、安全の確保は、メーカーの製品製造の過程そのものに確実に含まれることとなった。これは、社会が、科学技術の担い手たる企業を制御するために構築した、一つの制御方法の形態であると考えられる。

社会による企業の制御（その二）　製造物責任の法規化

また、社会における企業の制御のもう一つの大きな努力として、製造物責任の考え方の定着にも触れるべきであろう。製造物責任とは、製造者は製造物に欠陥があれば、結果責任を取らなければならないというものである。この考え方は米国を先頭に広がり、二〇世紀終盤に欧州でも法制化されたもので、日本では一九九五年に法が施行された。

これによりメーカーには厳格責任が適用されるようになった。厳格責任とは、行為者に故意や過失のない場合にも犯罪の成立や不法行為責任を認めることである。日本の民法における一群の不法行為法では、要件の一つとして加害者に故意・過失があったことについて被害者側が証明する責任を負っている。つまり損害賠償を請求するためには、加害者たるメーカーの過失を被害者が立証する必要があった。製造物責任法により、メーカーに過失がなくても、その製品に欠陥があれば、被害者はメーカーに賠償責任を問うことができるようになった。この法は、被害者による責任の立証の負担を減らす消費者救済が目的である。製造者にとっては、これにより、欠陥のない製造物を提供することに対する責任がそれまでよりもはるかに重くなったといえる。法と規格による製造での内実の確保と、メーカーを外側から縛る責任の仕組みが二一世紀初頭までに社会の中で充実してきたのである。

社会による企業の制御（その三）　組織において拡大する「責任のコミュニケーション」

ところで、筆者の勤務するメーカーは、先に触れた同社の「品質基本理念」と「製品安全に関する方針」を一般社会向けにも公開し、安全に対してとるべき責任と行動をコミットしている。何故であろうか。

これは、企業にとって最終的に法で問われる前の予防的な対策でもあると思う。前述の通り消費者に損害を与えて製品に欠陥があれば、企業は責任を取らなければならない。その際、対処に時間を要したり、責任を回避する姿勢を見せたりした場合、企業はその社会的信用を失う。先に教育内容の説明において触れた通り、一度失った社会からの信用は回復に膨大なコストと時間を要するため、ビジネスが遂行できなくなる危険をも招く。企業はこれを真に恐れ、重視し、「責任のコミュニケーション」を拡大させていると考えることができる。本業での必要な対応である。

法や規格で採用されている安全の概念は、「絶対安全」ではなく「リスク」という概念を用いた安全であり、その中では安全確保に失敗するケースが否定されていない。製造物責任法でも、その時点の科学や技術の水準では避けられなかった被害については免責されるけれども、社会的信用までは保証されない。企業は、安全確保への対応は遵法のみでは不十分と認識しているのである。最も優先度の高い「死活問題」レベルの重要事項と認識し、多面的で徹底した対応をとっているのである。

「遠さ」の意味 ＝ 社会的制御の進展

本章の冒頭で「科学技術」の制御という課題認識の程度や、それに対する科学の学のあり方に、何か「遠さ」を感じると述べた。遠さを生じさせる一つの原因は、本節で見たように少なくとも製造業においては、その最重要課題である「安全確保」の問題に対し、企業に行動を促し適切な行動をとらせる社会的制御の枠組みが、二一世紀に入り実質的に機能する形で構築されてきていることにあると思われる。

この社会的制御の枠組みは、「法」―「拘束力のある規格」―「拘束力のない規格・その他」、という構造を持つ。法は拘束力を伴うので確実に対応される。共通的規範の記述である規格は、法に引用され法と結びついて強い拘束力を有するものもあれば、そこまで至らないものもあり実効力には幅がある。拘束力を持たない規格やその他の規範は、企業などの組織の制御に絶対的に有効ではないけれども、無力でもない。組織は、こうした規範類をすべて組織内の

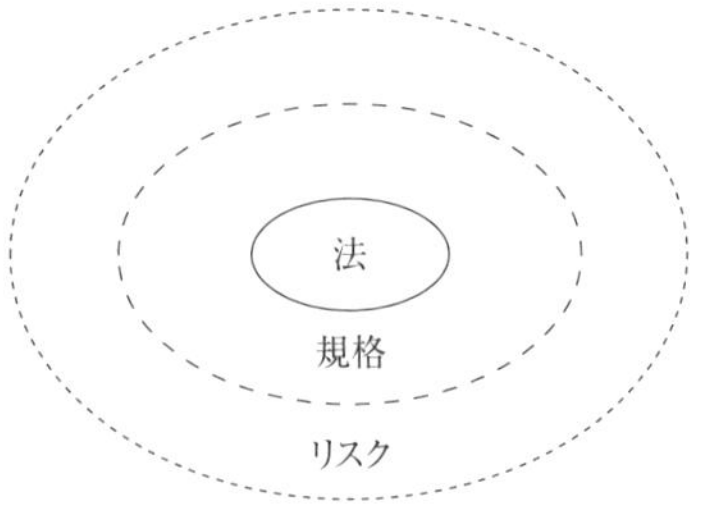

・遵法事項は必ず実施される。
・規格は法と結びつき拘束力のあるものから拘束力のないものまでバリエーションがある。
・絶対的拘束力のないものは、規格への対応含め、すべてリスクの重大さ・優先度の評価に基づき対処が行われる。

企業の行動を制御するもの

「リスク（ビジネス継続を脅かされる危害の可能性）」の評価過程にて処理する。リスクの評価とは、組織にとっての重大さ、すなわち自主的な対応の優先度を決めることである。一般的には組織への影響の大きさと発生頻度から優先度を決定する。判断されたリスクの重大さ・優先度は、キーワードとなって、組織構成員への教育を形作り、リスクの評価基準は組織内部へ明確に浸透していく。組織はこのような自己運動を行う動機と力を持っているのである。

安全確保に起因する社会的信用の失墜は、リスクの重大さ・優先度の評価において最上位と判断されたため、法の外の範囲までも徹底的に対策される。一方で、「新しい機能の開発」によって行われる社会実験については、リスクの重大さ・優先度の評価の中で下位と判断されるケースが大半となるため、非専門家を交えたコミュニケーションの実施などは多くの場合見送られる、という具合になる。

「法」―「規格」―「リスク」の枠組みは、社会による企業の制御方法としてみれば「法」の拘束力と「リスク評価」に基づく組織の自己運動の力とを活用する制御である。この二つの力が企業制御に有効な装置として立ち現われた。「法」により拘束するか、「規範」を作り組織の自己運動である「リスク評価」に供するのである。

科学技術の倫理が志向する個人による問題解決と専門家集団形成の行方

科学技術の倫理が二〇世紀末以来指摘してきた安全についての問題や紹介してきた事例、および認識すべきとした概念は、社会において、あるものは法になり、あるものはリスク評価に供され、対策されるようになったと考えることができる。ここでもう一点指摘すべきであるのは、そうした進展は、組織において行われたのであって、科学技術者個人において行われたのではないことである。

社会が組織の制御方法を見出し、組織が要求に対する対応を進めた結果、科学技術の倫理が重点を置く組織の中の一人一人の成員の役割は、相対的に軽くなった。すなわち、個人が直接問題を左右する局面、個人が英雄的行動をとって組織を正しきに導かなければならない負担は、社会と組織の成長により、二〇世紀末の想定よりも減少したと考えられる。科学技術の倫理はしばしば個人に問うことを志向するけれども、個人よりは社会的解決が有効だったのである。教育を受けた科学技術者が、それにより高い倫理を守ることのできる「専門家集団」としての職業集団を形成し、彼らによる科学技術の制御を期待するアプローチは、おそらく現実の間尺に合わないもののように思われる。

それでも残るもの――責任すなわち応答を担う者としての専門性

安全の確保に見た通り、科学技術の実効的な制御が社会の中で形作られてきた。しかし、専門への期待と、専門が担うべき責任、という考え方は残った。次節以降でも見る通り、科学技術の担い手に帰される責任は安全以外の領域でも拡大する。責任を果たす役割を、専門というものに持たせるという形での問題解決には、担いきれなくなる無理が含まれるとわかっていても、消えない。社会的解決の中では、「科学技術とは何であるか」という本質的な問いからのアプローチは重く、脇に置かれ保留されてしまうのであろうか。

第四節　次なる課題としての環境問題

「安全確保」の次に企業の行動制御が図られる「CSR」と「環境問題」

企業を外側から縛り行動を制御しようとする動機のうち、最近活発に具体化が進んでいる要求がある。本章の後半は、この「次なる課題」に焦点をあてて考察を進める。

二一世紀になり、CSR（Corporate Social Responsibility：企業の社会的責任）という概念が世界的に意識されるようになり、企業の行動が律せられるようになっている。この概念は、企業自体の持続可能性とともに、環境問題への対処をはじめ、人権など社会問題への対処を含む「社会の持続可能性」に関わる企業の責任を問う概念である。企業の持続可能性とは、二一世紀初頭、米国でのITバブル崩壊やエンロン等の企業の不正行為（粉飾決算、不正取引）事件などから強く問われるようになったものである。そして改めて指摘するまでもなく、環境問題は「科学技術」のもたらす現代の最大の課題の一つである。

二〇一〇年一一月、国際規格ISO26000（社会的責任に関する手引）が発行され、企業だけではなく、消費者や市民を含むそれぞれの主体における社会的責任（SR：Social Responsibility）が位置づけられた。世界各国で従来検討されていたCSRについてのガイドラインや行動規範をまとめながら、国際的に統一的な基準を与えることを狙ったガイダンス文書である。考慮された先行するイニシアティブやガイドラインとしては、国連グローバル・コンパクト（一九九九年に国連事務総長が提唱したイニシアティブで、人権・労働権・環境・腐敗防止に関する一〇の原則を企業に順守し実践するよう要請するもの）や、GRIガイドライン（Global Reporting Initiative：持続可能性に関する報告の国際的ガイドライン作りを使命とする非営利団体が公表してきた報告のガイドライン）がある。

これらに導かれながら、企業は環境問題や社会問題に対する考え方や行動実績の説明（＝報告）を社会的責任の一端として実施してきた。二一世紀初頭のその動きを規範に昇華させ、国際規格という装置に位置づけたのがＩＳＯ２６０００である。この標準には拘束力はないため、それぞれの企業は自身にとってのリスクの重大さ・優先度の評価の中でこの規範への対応の度合いを判断することになる。すなわち制御方法としては企業の自己運動に委ねるタイプである。しかし、環境問題や社会問題のような、現在でも解決が困難と思われている領域に対し、制御の枠組みが社会において積極的に構築され活用されていることに、社会の現実的対応力の高さを見る。

ダイアログとエンゲージメント

ところで、ＩＳＯ２６０００では社会的責任の二つの基本的な慣行として「ステークホルダーの特定及びステークホルダー・エンゲージメント」の実施とそれによる社会的責任の認識を、規格が重要視する中心的な行動として位置づけていることにも注目したい。ステークホルダーとは株主（シェアホルダー）と対比される概念で、一般的には「利害関係者」を指す。株主だけでなく、従業員、消費者、住民、ビジネスパートナー、調達先等、組織の活動により影響を受けるあらゆる人々・組織を含む。特定とは、組織が誰に対してどのような責任を負っているかを認識することで、エンゲージメントとは、特定したステークホルダーに対する責任を果たす際に、当該ステークホルダーの要望を取り入れるなど彼らを巻き込んだ取り組みをすることである。組織の決定がステークホルダーに様々な影響を及ぼしうるため、組織の決定に関する基本的な情報を彼らに提供し、意思決定の過程に関与してもらうのである。

この「エンゲージメント」の方法の一つに「ステークホルダー・ダイアログ」がある。ダイアログとは「対話」であり、対話は、意見や要望を聞き、考えを出し合う過程、などと理解されている。ダイアログは結論を求めるディスカッションや、賛成と反対とに分かれて一方が他方を打ち負かすディベートとは区別されるコミュニケーションの方法とされる。科学技術の倫理においても、ダイアログは科学技術プロジェクトと一般市民とをつなぎ、当該プロジェクトに対する市民的感覚によるアセスメント（実施してよいか否かに供される評価）を狙うものとされる。

こうしてみると「ダイアログ」と「エンゲージメント」とは、組織にとってのリスク回避の手段、かつ、課題である問題の解決へ組織を向かわせる手段にもなっているという、二つの性格をもつ装置である。環境問題への対処という側面において生まれた、「リスク評価に基づく組織の自己運動」と「真の解決されるべき課題」とを橋渡ししようという装置だ。企業制御の次なる進展として興味深い。「安全確保」について述べられていた分野超越型のアプローチや、一般社会を含む合意形成などの方法論が、ＣＳＲ・環境問題の文脈で、規範として位置づけられたと見ることができる。

「安全確保」への態勢が形となって整い、次に、解決困難だが深刻で重要な問題としての「環境問題」に対して、企業などの組織を立ち向かわせることが社会の課題になった。企業が行動すべき内容が規範化され、手段としてダイアログという新しいコミュニケーションやエンゲージメントという新しい要求もその中に位置づけられた。成否は今後のことであり、実践は企業にとって手探り状態であるけれども、社会による企業の制御は着実に成長を続ける。

第五節　環境問題の経済による制御

経済の内部化による制御

さて、環境問題、あるいは地球の有限性を踏まえた持続可能性の問題は、「科学技術」の生み出している根本的問題であることに疑いはない。「科学技術」の倫理あるいは「科学」の学はこれらの問題の制御に応えることを期待されている。ただし今や、問題の責任は、公害を引き起こし、エネルギーを使用して地球温暖化を促進する製造業や、森林破壊を続けるプランテーション農業の事業者といった特定の主体「のみ」にあるというよりは、それらを要望し許容する国や自治体等、制度、および消費者を含めた「人間活動全体」が負っているとも認識されており、現実の社会は、全体として有効な方法を追求している。筆者の実感では、ここ数年でそれが明確な形となって表れてきているのが、「経済の内部化による環境問題の制御」である。経済の内部化とは、経済の対象外とされる外部の事象を経済の中に取り込んで、経済活動として処理されるようにすることをいう。前節で紹介した持続可能性に関する報告の話題もこの一部であると考えられる。以下、これに関する最新状況を詳らかに示し、持続可能性への投資を促進する具体策を提案する『責任ある投資』（水口剛、岩波書店、二〇一三年）を参照し、引用しながら説明する。

国際統合報告評議会（ＩＩＲＣ：International Integrated Reporting Council）は二〇一三年一二月に「国際統合報告フレームワーク」を発行し、企業の「統合報告」を提案した。統合報告とは、企業活動が行われている商業的、社会的、環境的文脈を反映するような方法で、組織の戦略、ガバナンス、成果、将来見通しを一つにまとめるものである。ＩＩＲＣは四大会計グループ（世界的に展開する四つの大規模な会計事務所ないしそのグループ）、各国会計士協会、国際会計基準審議会（ＩＡＳＢ：国際会計基準ＩＦＲＳを作っている）、国際会計士連盟、国連の責任投資原則事務局、国連グローバル・コンパクト事務局、国際ＮＧＯ（＝非政府組織）などからなる。経済の担い手が参画しているのである。統合報告は「持続可能性への配慮を財務的な情報の中に組み込むという情報内容の統合」を意図する。「社会的、環境的文脈」を企業評価に織り込み、長期的な視点・持続可能性への配慮を「会計」と同時に評価できるようにするための戦略的提案である。

「通常の企業会計では、資本とは財務的な資本、つまり貨幣資本を意味する。企業は貨幣資本を使って工場を建てたり、原材料を仕入れたりして事業活動を行う。そして製品を販売して代金を回収することで、資本は再び貨幣に戻る。会計とは、このような貨幣資本の動きを記録するツールである。しかし、事業活動を支えるのは貨幣資本だけではない。（中略）人的資本や知的資本はいずれも重要な競争力の源泉である。これらは、対価を払って獲得するものではないので、会計上は認識しない。貸借対照表に計上されない資産なのでインタンジブル・アセット（見えない資産）ともいわれる。（中略）企業はソーシャル・キャピタルや自然資本と呼ばれる企業外部の資本にも支えられており、同時にそれらに影響を与えてもいる」（水口『責任ある投資』、二四一－二四二頁）。

ここで自然資本とは土壌、大気、水、生態系などの自然環境のことである。「自然資本から得られる食物、繊維、水、健康、エネルギー、安定した気候などの生態系サービスは、人間生活に不可欠であり、年間何兆ドルもの価値を生み出している。それにもかかわらず、これらの生態系サービスと、それを提供する自然資本のストックは、財務的な資本と比べて、適切に評価されていない」（同、二四四頁）と認識される。自然資本の概念は、二〇一二年の国連持続可能な開発会議（リオ＋二〇）で「自然資本宣言」として発表された、ごく最近提示されたものである。組織（企業など事業者）は、その内部にあるものだけでなく、外部にも存在する「資本」を増加させる機能を持ち、その目的であるとする。そして増加させるべき「資本」には、「自然資本」も含まれる、という考え方である。

このようにして、会計という企業評価の基礎的ツールの中で、企業の外にある「自然資本」の増加（環境保全）への戦略と成果をも評価することで、あるべき「持続可能な」方向へ企業の行動を誘導しようとしている。この評価結果を使用するのは具体的には「投資家」である。投資家の企業に対する判断に持続可能性を取り込むことで、経済のパワーを人類に望ましい方向に向けることを意図しているのである。

環境情報開示のデファクトスタンダードの出現

このＩＩＲＣの統合報告の動きに影響を与え、今後も企業の環境活動の情報開示の主流を成すと思われるプロジェクトがＣＤＰ（カーボン・ディスクロージャー・プロジェクト）である。これはロンドンに本拠を置く一慈善団体が二〇〇〇年に始めた気候変動に関する情報開示のプラットフォームであり、この団体から送られた質問票に企業側が任意で回答、ＣＤＰが結果を公表するものである。世界の機関投資家や金融機関に賛同の署名を呼び掛け、二〇一三年度は七二二機関が署名。投資家からの開示要求という圧力を背景に、評価の基準の公開や、回答企業の回答が閲覧できる透明性、送付した質問票に回答しない企業のリストを公表するなどにより、世界の多くの有力企業が毎年回答し、上位評価を狙って競うスキームにまで発展している。二〇一三年度調査時点で世界六〇カ国六〇〇〇社以上（日本は五〇〇社以上）が対象。同年から Dow Jones Sustainability Indices（社会的責任を果たす企業に投資することを意図する世界的な指標の一つ）が気候変動に関する企業の評価を、自身からの質問調査によらずＣＤＰで代替するなど、投資家向けの気候変動情報としての地位を確固たるものにしている。企業などの組織がその環境パフォーマンス情報を開示し、相互参照し、誰もが閲覧でき比較可能なデータベースのデファクトスタンダードが成立しつつある。

統合報告とCDPとの結び付きが可能にした一つの理想形

ＣＤＰが中心となっている気候情報開示基準審議会（ＣＤＳＢ）の提案する気候変動報告フレームワークと、先に見た統合報告の構成要素とを比べると、両者の考え方が類似しているのがわかる。両者には前節で見た、企業が自らを動かす動機となる「リスクの重大さ・優先度に応じた行動」の考え方が明示的に入っている。それは、ＣＤＰが成長していく過程で、企業の持続可能性を追求していたイニシアティブ類と結びついていったことを意味している。両者は互いに手を取り合うことで、確固たる制御装置を形作ろうとしている。

投資家とＣＳＲとを結び付ける動きは、ＳＲＩ（企業の責任投資）として既に存在していた。投資家向けにＣＳＲに貢献する企業の株のポートフォリオ（推薦株の組み合わせ）が商品として提案され、投資家はそこに投資するというものだ。この場合企業の評価は商品の作成者が行うのが基本となる。これに対し統合報告による投資家へのアプローチは、企業の水平的な評価を基にする。第三者による企業評価の枠組みはこれまでも多数存在してきたけれども、地球温暖化への世界的関心の高まりに呼応し、グローバルな水平評価を実現しつつあるＣＤＰがこのアプローチを支えることになった。一律評価であれば、企業会計のような評価スキームと親和性が出る。

環境問題の「経済の内部化」による解決の試みはこの他にも幾多のアプローチが追及されてきており、未だ完成していない。統合報告を企業会計というメインストリームに結び付けて投資家を動かそうというこの動きが今後どこまで機能するかは未知数である。しかし、ここに見られる、企業の追求する価値そのものに最上の地位を与えるという経済の考え方から、かつてその外部とされた守るべき価値そのものを目的とする考え方への転換は、「経済の内部化」の理想形の一つを現出させた一種の到達形であると考えられる。

自然資本に対する対処へ要求は拡大する

統合報告やＣＤＰが扱う環境問題は、気候変動対策としての温室効果ガスの排出量およびその削減がその最初の対象であった。そして経済メカニズムを活用した環境問題への対処はこれに引き続き、人類および生物全体の共有財産である「自然資本」に関する搾取状況の明確化と対策へ進もうとしている。ここでの自然資本とは、「水」「森林」「生物多様性」などである。ＣＤＰも、ＧＲＩも、対象範囲を拡大し、組織における管理方法の明確化を迫る。

「水」については、「水」の取得による被取得地あるいはその周辺地域への影響の有無を把握し（過剰な取水による住民への影響や、地下水資源の枯渇、地盤沈下等）、また排水による汚染が起こらぬようマネジメントし、それらの地域での水リスクへ対策せよ、ということが目指される。二一世紀初頭の数年間では、欧州の大河川で工場排水の浄化による自然の回復が急務であったことを思い起こすと、この十数年の進歩を感じる。また、直接的な進出先拠点での環境影響の把握と制御だけでなく、サプライチェーンをさかのぼって潜在的に使用している水の量（バーチャル・ウォーター／ウォーター・フットプリントなどの考え方）の算出やリスクの評価も要求に含まれている。

温室効果ガスについて効果のあった形が、自然資本に関する他の課題でも同様に効果的に機能するかどうかは未知数である。前項で見たように経済の価値の転換が形となって示されたインパクトは大きく、自然資本の概念による環境問題の経済の内部化への圧力は勢いを増している。一方で、企業にとっては調査や情報開示の責任範囲が加速度的に広がり、対応するのが容易ではない状況になっている。特に、サプライチェーンを遡ってデータを集めることについては、無数の調達先へのトレーサビリティの確保が必要という困難さがあると同時に、集めたデータの信憑性や意義、その情報開示により得られる効果が必ずしも大きいと思われない場合もあり、どこまで対処するのが妥当かの「リスク」判断に供されている。取り組みが真に機能するには、まだしばしの年月を必要とすると思われる。

また、「水」「森林」「生物多様性」は地域ごとに存在する課題であり、地球全体を共通の入れ物と捉える「温室効果ガス」とは問題の性格が異なる。地域性に根差した課題は、データ開示のアプローチのみでは片手落ちとなる。最終的には組織と地域とのコミュニケーションに帰着していくのではないかと筆者は考えている。

第六節　専門化社会の問題に向き合う知のあり方

「経済の内部化」にも限界を突きつける「有限性」

企業の行動の動機である経済活動そのものに、企業が行うべき社会のための行動をうまく結び付けて、社会の問題解決を導くという作戦が、環境問題への取り組みという局面である程度の成果をあげつつある姿を確認した。しかし、それは本当に有効なのか改めて疑ってみることや、また、そもそも「科学」の学や科学技術の倫理はこの状況を踏まえてこれからどうすべきかを再考するなど、視点を変えた検討を続けることも必要であろう。

経済活動への織り込み（経済の内部化）に関しては、企業の自己運動を活用するという戦略が優れている。企業は成長し続けたいと考えるので、成長と問題への取り組みとが同じ方向を向いていれば、問題解決が進むのである。しかし、「経済活動」のパワーは万能、あるいは無限なのだろうか。経済の行く末について水野は、フロンティアが無くなった現在、「成長」の経済である「資本主義」自体が終焉を迎えつつあると指摘する。今から経済の成長を望むことは社会の内側にいる中間層を「周辺」の位置に没落させて、搾取の対象とすることを意味する。これまで築いてきた民主主義まで破壊してしまいかねず、社会は不幸になるという。成長戦略は必ずバブルの崩壊（作りすぎ）を招き、経済停滞のダメージを残す。これが三年程度の周期で繰り返されるようになったのが現在であると分析する。バブル崩壊の経済的、社会的ダメージを受けないようにするために、次の新しい経済が生まれるまでは「脱成長」を維持する必要があるとする（水野和夫『資本主義の終焉と歴史の危機』、集英社新書、二〇一四年）。非常に説得力のある現二一世紀の観察であると感じる。

地球がひとつになり、環境問題としてその有限性に向き合っている今、資本主義経済そのものに内在する問題（フロンティア＝「搾取されるものとしての周辺」をどこまでも必要とするという問題）に目をつぶって経済活動の力に期待するのは、原理的に無理があると容易に想像がつく。資本主義が終焉するまでの「長い二一世紀」を私たちは過ごしているとのことであり、経済の力への期待は、たった今は輝いて見えるけれども、いずれ限界が来るので、成長という価値観は今すぐにでも放棄すべきだと水野は提言する。私たちはこの指摘を深く受け止めるべきであろう。グローバルに頻繁に発生する経済の停滞が、環境問題の対処への方策へどのように影響を及ぼしていくかについて、同時に検討を始めるべきであろうと思う。救世主と目される経済活動も、有限性の枠に変質を迫られるもう一方の雄なのである。

「科学」の学が取り戻すべきアイデンティティ

「科学技術」の倫理、あるいは「科学」の学は環境問題の解決という「科学技術」のもたらす重要な問題の場ではあまり活躍しているように思えず、他方で経済の内部化による問題解決の試みのみが活況を呈している様子を記した。かつて「科学」に全幅の信頼を置いていたムード（科学万能）が、今や「経済」に乗り移ったかのよう（経済万能）である。このような状態を生んでいる原因は、「科学」の学の側としては、どこにあるのであろうか。

筆者は、「科学」の学が科学に内在する性格についての考察を停止したために、学としてのアイデンティティを失ったことに基本的な原因があるのではないかと考えている。すでに見た通り、「科学」の学は「社会」の学へと中心を移し、特に倫理においては、専門分野としての応用倫理という形による貢献を目指したため、自らも「専門性」が有する「他専門への非侵襲という自己規定」という限界に逆襲されているように思う。社会で発生する問題の無限の拡大の中で、それぞれの問題に多種多様な専門が関与しているため立ち入ることができず、独自の立ち位置を構築できないでいるのではないか。これに対し、脇に置いてきた「科学技術」は何であるかという問いは、「科学」の学にとって最も基本的なアイデンティティであるはずである。すると、主戦場は科学の弊害（罪）との戦いにこそ求めるべきなのではないか。「対症療法」を網羅し続けることは本筋ではないだろう。社会制御的解決や、経済の内部化による解決などとは一線を画し、それらでは決して成しえない知的貢献を行うために、筆者は、「科学」の学が「科学」に内在する性格のもつ問題へ立ち返り切り込むアプローチを、今から改めて確保していくことを提案したい。

科学に内在する性格に立ち返る

「科学」に内在する性格として、科学技術が「神」や「こころ」を切り離して「操作性」を手に入れたことと、「専門分化」「専門化社会」のスタイル・価値基準を生んだことを述べた。強大な力を持つ科学技術の原動力は、この二点によってもたらされていることは、科学の歴史を振り返ったものには明確であろう。この二点には功罪があることもわかっている。現在私たちが日常的に感じている基本的な現代文明への反省や、失いがちな、あるいは失った何かを取り戻そうとする様々な行動も、本質的には人間活動において科学技術が切り離した「こころ」を取り戻すことであったり、「専門分化」の壁を越えようとする試みであったりする、と仮に大胆に述べてみても、大きな反対を招くことはないだろう。

安全確保のための社会制御による解決においても、環境問題の経済の内部化による解決においても、それらが有効性を発揮してきた裏で、どうしても破れない壁があった。それは、責任のコミュニケーションにおける「専門依存」の残存であった。すなわち、「責任」を問題にするとき、「責任」は応答可能な「専門」に負ってもらうという発想が、どんなときにも維持されるのである。しかしその場合、その場には結局「他の専門分野の結論には手を出せない」という問題が細かく広く張り巡らされて横たわってしまう。そして誰かが行った専門性を背景にした主張は、いったんなされると、のどに刺さった小骨のように、それがどんなものであれ簡単に取り去ることができずに存在してしまう。ステークホルダー・ダイアログや、エンゲージメントが謳われるのも、その本質は、専門化社会のもつ問題からの脱却にある。そして専門分化は、「科学」のもたらしたものである。

「もの」と「こころ」を架橋すること、「脱専門」を実現することとは、二〇世紀には、科学の学がはっきりと課題視していたテーマであった。これらはその困難さから遠ざけられたのかも知れないけれども、二一世紀に至り、本格的な解がいよいよ求められていると捉えるべきである。社会が、科学のもたらす罪の側面に対し、社会的制御や経済の内部化で戦うのであれば、「科学」の学は、それらでは扱えない、科学のもつ問題の根源に立ち返り、直接的な克服方法を探り提案することをテーマとし取り組まなければならないと思う。続くコラムにて、これら二つの課題に向き合っている先人の例として、大橋の論を紹介する。読者とともに研究と実践を行っていきたい。

参考文献

科学史、科学哲学

■村上陽一郎『科学の現在を問う』、講談社現代新書、二〇〇〇年

■―――『文化としての科学／技術』、岩波書店、二〇〇一年
■―――『科学者とは何か』、新潮選書、一九九四年
■野家啓一『科学の哲学』、放送大学教材、二〇〇四年
エンジニアリング・エシックス、科学技術と倫理
■浜田哲夫他訳『第三版　科学技術者の倫理　その考え方と事例』、丸善出版、二〇〇八年
■小出泰士『JABEE対応　技術者倫理入門』、丸善出版、二〇一〇年
■石田三千雄他『科学技術と倫理』、ナカニシヤ出版、二〇〇七年
■勢力尚雅編著『科学技術の倫理学』、梓出版社　二〇一一年
経済による環境問題の制御、二一世紀の経済
■水口剛『責任ある投資』、岩波書店、二〇一三年
■水野和夫『資本主義の終焉と歴史の危機』、集英社新書、二〇一四年
「もの」と「こころ」との架橋、「脱専門」に向き合う先人の論
■大橋力『情報環境学』、朝倉書店、一九八九年
■―――『音と文明　音の環境学ことはじめ』、岩波書店、二〇〇三年

コラム② 傾聴すべき先人の実践（大橋力の論）

田中基寛

筆者の知るところに、第二章第六節で述べた「科学」に内在する特性の双方を真っ向から取り上げ、学を構想し実践している先人がいる。

大橋力は「物質的豊かさをもたらした近現代の「科学・技術」と学問の枠組みのもつさまざまな限界のなかから『〝もの〟と〝こころ〟の乖離』『専門依存の絶対化』という二つの限界に注目し、その克服をはかる」新しい学問を体系的に記述することを目指した。外してはならないと思う重要な指摘二点をまずは紹介する。

知的インターフェイスによる専門の克服

一つ目は、専門分野の特質とその超越の仕方に関する指摘である。『情報環境学』（大橋力、朝倉書店、一九八九年）の中で大橋は、「環境問題はそれを惹き起こすに至った科学技術の各専門分野の守備範囲外からのみ、登場する」「問題解決の専門分野が不明であるか、それが存在しないことによって災害に発展する」とし、「つまり環境問題とは『さまざまな専門分野の間に見捨てられた空白地帯が存在するという構造を基本的な原因とする現象』ということができる」と指摘する。また、分野の異なる専門家が共同で問題解決にあたる「学際的アプローチ」について「〝分野加算型〟学際協力の展開と風化」として、「①当初はいわゆる学際性が強調される」→「②くりかえしおこなわれるうちに専門性がしだいに優位に立つ」→「③時間の経過とともに、既存の専門学との区別がつけがたいものにかぎりなく近づいていく」という指摘をする。

専門分化や学際的アプローチの問題を踏まえたうえで、「現実性の高い〝知的インターフェイス〟による分野超越」を次のように提案する。「異種の専門家の集まりの中に、知的インターフェイスとしての特別な機能をもった一人の人間を置く。彼は、この集まりを形成する各分野のすべての専門家と専門家同士として対応できるコミュニケーション能力を、与えられた準備時間内に身に着けられるという機能を持っている」。この知的インターフェイスが会議や問題解決の場ですべての専門家をつなぐという機能を果たす、というモデルを述べる。このような分野超越の機能を身に着けた知的インターフェイスとなるには、各専門分野を素早く修得することが必要となる。その修得法として「あらゆる専門分野の根底には、必ずそれぞれのディシプリンに固有のパラダイムが存在」し、専門分野のパラダイムは一般概念で記述されるので、ここを集中的に習得することにより、成し遂げることができると述べる。一人の人間の中に多くのパラダイムが獲得され、インターフェイスとして機能する状態を作ることを、仮にメタ・パラダイム化と呼び、どのような学習法が有効かについても説明する。こうした知的インターフェイスが複数集まって問題解決に当たるモデルにも言及する。

「科学」を「科学」の持つ問題の解決へ利用する

二つ目は、科学技術の安全な使用に関する認識である。同じく『情報環境学』で大橋は次のように指摘する。「考える道具の使用が、こうした危険を大きくともなわず、ほぼ一方的に効用を期待できる例外的な局面が少なくとも一つ存在する。それは、〝道具使用そのもののもつ問題の解明・解決への利用〟という局面である。たとえば科学技術文明というものは、科学という名の考える道具を使用するうえでの制約を、ほとんど完全に撤廃することで成立した。そしてこの使用を恒常化し、さらに道具依存の上に新たな道具依存を限りなく積み重ねるというやり方で発展を遂げてきたわけである。その各部分は、基本的に［公理］＋［論理］＋［実証］のかたちをもった科学的理論を背景にして、正当性を強く主張するものになっている。このような体系およびその部分に含まれる欠陥や限界を明示する手続きとしては、同様に［公理］＋［論理］＋［実証］のかたちをもった科学的理論の方法をとることが現在では圧倒的に有効である。むしろ唯一、実効性のある対応というべきかもしれない。ここで注目されるのは、この作業が効果を発揮した場合、導かれる結果は『対象となった道具使用の停止または制限』、つまり現状への復帰または接近にほかならないということである。この場合にかぎっては、道具の使用によって道具使用の負の作用が減少することはあっても、原則としてそれが増大することはない。」

専門化社会を与件とする現実的アプローチとしての知的インターフェイス

専門分化の問題を指摘し、その上で超越の方法について本書以上に具体的に述べている論を筆者はいまだに目にしたことがない。この指摘は四半世紀前に書かれたものであるが、これを試し、専門分野を超越するコミュニケーションを確立する試みは、一般的には行われていないと思う。しかし、今から改めてそれに取り組んでみてはどうか。

本文で見たとおり、「科学技術」の引き起こした問題への対処や、地域性に根差した解決が必須となるこれからの環境問題への対処には、異なる専門や異なる背景を持つ多様な人間同士のコミュニケーションが必須である。一方で、専

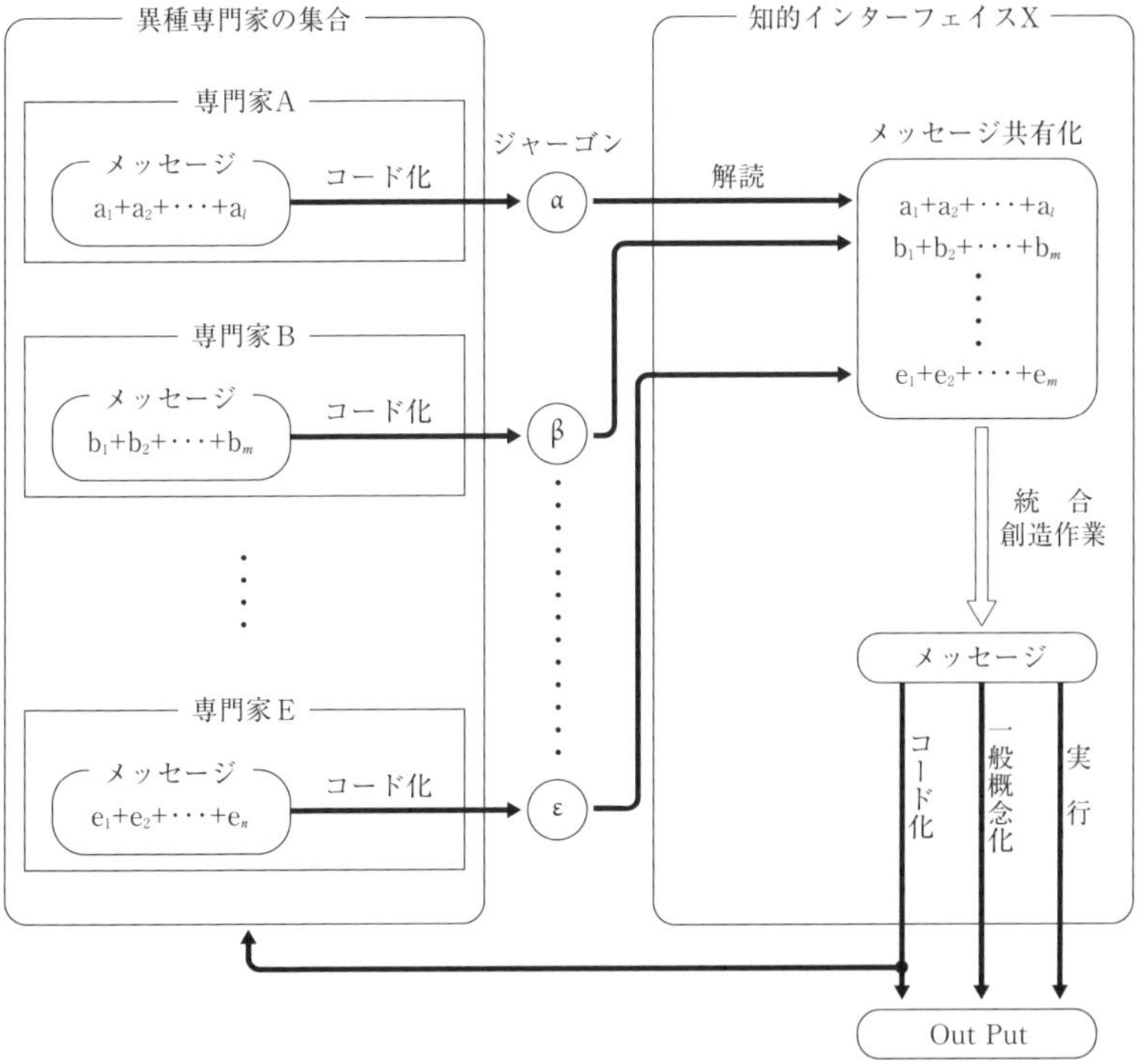

知的インターフェイスの機能

●必要な領域について　＜　専門知識共有／専門知識共有　］⇨　ジャーゴン共有

●専門概念と一般概念との翻訳

●情報から行動・行動から情報への変換

<多機能．有機的情報処理．情報共有化は多次元・高速>

図　知的インターフェイスによる情報処理の高度化（大橋力、『情報環境学』より）

門化社会や専門と責任を結びつけるあり方は、現時点で否定することはできない。「専門」は現代社会の問題の根源でありつつ、現代社会を成り立たせる与件なのである。そうであるならば、専門化社会を前提に、学際性のもつ問題を超えて専門家をつなぎ問題解決に機能する、知的インターフェイスのあり方は現実的な妥当性があるだろう。環境問題の解決を積極的に図っていく必要のある今後の「科学技術」の担い手にとって、実用的な方法論、あるいは目指すべき姿となりうると思う。「科学」の学は、その有効性の実証とオーソライズに取り組んでみてはどうか。

知的インターフェイスの魅力は、科学技術者が専門家であることを否定しないことである。彼は自身の専門を基礎に持ったまま、メタ・パラダイム化を遂げればよいのである。

科学技術に問題解決への積極的な役割を与える

また、「科学」を「科学」の持つ問題の解明と解決へ利用する局面は、例外的に安全であるという認識も、「科学技術」の担い手に必要であろう。大橋の指摘するように環境問題とは「さまざまな専門分野の間に見捨てられた空白地帯が存在するという構造を基本的な原因とする現象」であるならば、「科学のもたらした問題である環境問題を科学の方法論で解決していく」図式は、まさに今世界中で行われようとしていることである。最も困難で重要な問題群の解決に科学技術が有効と認識できることは、明るい基礎概念となりうる。

「こころ」へのアプローチと「火山列島方式」の人間活性デザイン

なお、コミュニケーションの確保や体験の確保などにより、「こころ」を人間活動に取り戻そうという試みが重要であることは社会の現場では気づかれており、ここについても知による整理が待たれているように思う。科学が切り離したものである「こころ」を切り離さない具体的アプローチに関して大橋は、『情報環境学』に続く著書である『音と文明　音の環境学ことはじめ』（岩波書店、二〇〇三年）で感性脳機能の考察などから解を示す。同時に専門分化を超える知のあり方の考察も、前著からさらに進んで「人間活性の原理」として説明される。「現代文明の高度専門化に宿命的な限界のいくばくかでも埋めていけるような活性構築の枠組として、火山列島方式の有効性を、自分自身の生涯を実験材料として実際に検証してみることにした」という。火山列島方式とは、一部だけ説明すると、単機能専門家を合理的に作り出す人創り（エッフェル塔方式）に対し、必然的に大器晩成となる『「一芸に秀でれば多芸に長ず』という目標を掲げて単機能化を回避しようとする東洋の伝統的な活性構築」（ピラミッド方式）を示し、さらにそれよりも自律的で柔軟で静止しない「ピラミッド方式を社会集団へとシステム化したような内容」の人間活性のデザイン方法として示すものである。

「限定された目的や特定の規範を鋳型とするのではなく、自然の法則と時々刻々変動する環境条件に合わせた新鮮な能力を柔軟に養ってやまない体質を目指すことに当たる。それはさらに、エッフェル塔やピラミッドのように孤立した一個の頭脳をもつ人格として自己完結するのではなく、複数の頭脳が情報のマグマで結びついた『全方位の活性共同体』というべきシステムとして実現する」とし、「近現代文明が構成員たちに強制する一個の人格の中に存在する専門家としての己とそれ以外の己という二極分化から身を護ることをも可能にする」（同書）。

これらの「脱専門」及び「もの」と「こころ」を結ぶ方法論を科学技術者の全てが手にしうるものなのか否かはわからない。けれども、科学技術のもつ問題の解決に向けて、科学の本質を踏まえてその「罪」の面からの脱却として構築された方法論であることには間違いない。そこでは「科学技術者」はすでに個々ではなく、「有資格者」と他の人とを分けてしまう集団化でもなく、社会の問題解決にシステムとして機能するあり方を得ている、そのような姿があることが示されているのだ。

そして、ここで示されているものは、机上の空論ではなく、提唱者による実践であることに注意を願いたい。先人が存在することは本当にありがたい。科学に内在する性格との戦いを改めて構想するにあたり、実践者による論と、どこまで実証されたかを読むことができる幸運を私たちが持っていることは確かであると考える。

第三章 科学技術化した社会の責任主体

古田徹也

●本章のキーワード

科学技術化した社会、科学と技術のフィードバック・サイクル、科学技術と社会のフィードバック・サイクル、無過失責任（厳格責任）、分業化、共同行為、風土・空気・文化、市民、自己欺瞞、熟議

はじめに

第二章第二節で概観されたように、近代以降に起こった「科学」と「技術」の融合――「科学技術」の成立――は、次第に社会に様々な影響を与え、さらには社会そのものを変貌させた。いまや、科学技術は私たちの生活のすみずみにまで浸透している。たとえば、私たちが着る物も、食べる物も、生活を支える他の様々な環境も、科学技術やそれによって大量生産された工業製品で満ちている。言うなれば、現代は**科学技術化した社会**なのである。

本章ではまず、第一節で、科学と技術と社会の間の相互作用の中身をより詳しく見ることにする。それを踏まえて第二節では、この科学技術化した社会において人々の行為の「責任」というものを捉えることがなぜ難しいのかを確認する。その上で第三節では、そうした捉えがたい責任を、誰が、なぜ、どのように担っていくべきなのかを探る。

第一節　科学、技術、社会の相互関係の中身

科学とは何か、技術とは何か

「科学」の営みとは、第二章第二節でまとめられている通り、「観察や実験などの経験的方法に基づいて実証された法則的知識」の探求と言うことができる。すなわち、天体の運動や植物の生長のメカニズムなど、世界の様々な現象を支配する普遍的な法則を取り出して理論化していくことが、科学という営みを特徴づけているのである。

他方、「技術」は、科学とどう結びつくかに応じてその意味合いも変わってくる。たとえば小学館『日本国語大辞典』の「技術」の項を引いてみると、以下のように書かれている。

①物を取り扱ったり、事を処理したりする方法や手段。
②科学の理論を実際に応用し、自然を人間生活に役立つように利用する手段。

①の方は、「技術」という概念の定義としては最も広く一般的なものだと言えるだろう。この意味での「技術」は、物を取り扱ったり事を処理したりするために人間や動物が備えている多様な方法や手段のことを指すのであり、特に

科学と結びつく必然性はない。

これに対して②の意味での「技術」は、近代以降、科学の興隆と共に強調されるようになってきた捉え方である。この新しい捉え方によれば、技術とは、科学の研究によって取り出されてきた理論を応用して実用化すること、ということになる。つまり、まず最初に科学の理論があって、それを応用することで技術が発展する、という構図がここでは示されているのである。

科学と技術のフィードバック・サイクル

このように「科学の応用」として技術というものを捉えることは、間違いではないが、明らかに不十分である。もちろん、動物も有しているような技術一般とは別に、科学と結びついたかたちの技術というものが近代以降に生まれ、急速な発展を遂げてきたのは事実である。その意味で、科学との結びつきに応じて「技術」という概念を二種類に分けて考えること自体に問題はない。しかし、「科学と結びついている」ということは、「科学の応用である」ということを必ずしも意味しない。言い方を換えれば、科学技術は常に科学の応用であるわけではないのである。

多くの科学史家や科学哲学者が指摘しているように、近代科学の興隆は、むしろ技術の進歩なしに語ることはできない。たとえば、地動説に代表されるガリレオ・ガリレイの天文学上の理論は、当時飛躍的に性能が増しつつあった望遠鏡による観察を通して生まれたものであった。ガリレイが理論家として優れていただけでなく、最新型の望遠鏡をみずからの手で製作するほどの優れた技術者でもあったことを看過してはならないだろう。

望遠鏡やあるいは顕微鏡というものの開発によって、肉眼では見えない遙か遠くの世界や微細な世界が立ち現れてきたように、新たな観測装置や実験装置の介入によって初めて出現する世界の様相がある。そして、近代以降の科学が観察や理論化を行う対象は、まさにそうした観測装置や実験装置を通した世界なのである。つまり、科学は技術の進歩によってもたらされてきたものとも言えるのである。

とはいえ、繰り返すように、科学の理論を応用することによって新たな技術や装置が開発される、という側面があることも確かである。重要なのは、科学と技術の関係は一方が「基礎」でもう一方が「応用」という固定的なものではない、ということである。両者の関係は、互いが「基礎」と「応用」の役割を絶えず交換し合う動的なものであり、分かち難い一個の**フィードバック・サイクル**（循環システム）として変化を続けるものなのである。新たな技術の開発によって科学の営みが影響を受け、新たな展開が促される。そして、その展開のなかで生まれた理論によって、今度は新たな技術の開発が促される……。この緊密な相乗効果のサイクルが加速度的に働き続け、科学と技術の双方がかつてない速さと規模で発展し続けて、遂には両者が分離不可能なほどに絡み合っている現在の状態こそが、第二章で「科学と技術の融合」と呼ばれた状態の、より具体的な中身なのである。

科学技術と社会のフィードバック・サイクル

では、こうした意味での科学と技術の融合——科学技術の成立——は、社会とどういう関係にあるのだろうか。先に、科学技術の成立は次第に社会に様々な影響を与え、さらには社会そのものを変貌させた、と述べた。しかし、実はこれは一面の真理しか述べていない。というのも、科学と技術の関係が一方的なものではないのと全く同じように、科学技術と社会の関係も、「科学技術の発展↓社会の変貌」という一方的なものではなく、相互的なフィードバック・サイクルの運動を形成しているからである。言い換えるなら、個々の科学技術の開発は社会に変化をもたらすものだが、そもそも社会のニーズ（社会的な要請）を背景に開発されるものだ、ということである。

たとえば免疫抑制技術の開発は、臓器移植の実現を求める社会のニーズによって強力に推進されてきたものである。また、原爆も、アメリカが軍事的な優位を得るために莫大な資金や人材が投入されることで初めて生み出されたものであるし、太陽電池などのエコ技術も、地球環境の保護に価値を認める時流を背景にして開発が進められているものである。つまり、個々の科学技術は、何も無いところからいきなり出て来るようなものではなく、初めから人々の特定の利害関心や価値観を組み込んだかたちで生まれてくるのであって、社会のあり方と深く関係しているのである。

ただし、科学技術と社会の関係は、「社会のニーズによって科学技術がつくられる」というだけではない。科学技術は、社会によってつくられるだけではなく、社会をつくりかえるものでもあるのである。たとえば、インターネットの原型になった通信技術は、元々軍事目的で開発されたものであった。それが民間に転用され、大学や研究所、そして企業や個人が使用するようになると、インターネットの網の目が爆発的な速度で世界を覆っていき、社会のあり方そのものを変貌させることになった。私たちはもはやインターネットの無い生活を想像することすら難しいだろう。

もちろん、インターネットは社会のニーズを背景にして構築されたものである。しかしそれはいったん社会に出ると、当初の目的とは別の仕方で、あるいは当初の予想を遥かに超える規模で、社会に影響を与えることになったのである。第二章では、新たな科学技術やそれによってつくられる物が社会に投入されて人々に使用されていくことが、**社会実験**という言葉で表現されているが、「実験」と呼ぶことのひとつの含意はこうした点にある。実験には社会にとってリスクも伴うが、同時に、創造的な可能性も拓きうるのである。また、第八章序では、科学技術が中立的な「手段（Mittel）」としての性格を有することが強調されているが、これも、（善い方向であれ悪い方向であれ）科学技術がこうした創造的可能性を有することと関連していると言えるだろう。

以上の例からも明らかなように、開発された科学技術が社会に受容されるとき、それが社会のあり方自体に何の影響も及ぼさない、ということはまずない。社会によってつくられ実用化された科学技術は、それ自体が社会に影響を与え、社会の新たなニーズをかたちづくる。そして、今度はその要請が技術開発の側にフィードバックされ、修正や改良が加えられ、再度社会に投入されていく……。このように、社会の変貌と科学技術の発展は、相互に影響を与え続けるフィードバック・サイクルを形成しているのである。

フィードバック・サイクルの高速化、大規模化、不透明化

ここまで確認してきたように、現代では、「科学と技術」「科学技術と社会」という、二重に加速する相乗効果のサイクルによって、科学、技術、社会のすべてが絶えずめまぐるしく変貌しつつ、互いに分かちえない相互依存関係をかたちづくってきた。そのようにして、現在の科学技術化した社会が現出したのである。

そして、ここで重要なポイントは、この二重のフィードバック・サイクルは加速と拡大を続けて止まることがない、ということである。科学技術は絶え間なく発展し、より複雑で大規模なものになり続けている。その裏表として、社会も大きく変貌を続けている。巨大船舶や飛行機などの輸送・交通システムや、インターネット技術などの通信システムが世界中に張り巡らされ、原料や製品（食品、家電製品、金融商品、等々）の生産流通もより大量に、多様に、グローバルに展開され、しかもそのあり方は短いスパンで変化を重ねている。

それゆえ、科学技術化した社会は、そこに住まう私たち自身にとって不透明性を増している。加速を続ける二重のフィードバック・サイクルのなかで、科学技術が深く浸透した現代の社会——科学技術化した社会——には、従来とは比べものにならないほど速いスピードで変化が起こり、その変化の仕方も複雑で大規模になっている。そのため、五年先十年先の社会のあり方を見通すことすら困難になってきているのである。

第二節　科学技術化した社会における責任の所在

二—一　責任帰属の標準的な見方

前節では、科学技術化した社会というものの内実を、二重のフィードバック・サイクル（科学と技術のサイクル、科学技術と社会のサイクル）の確立と、その高速化、大規模化、そして不透明化として特徴づけた。

以上の分析から見出すことができるのは、この社会の事象に対して人々が責任を負うことの難しさである。その点を明らかにするために、まず、行為と責任とを結びつける標準的な見方を確認しておこう。それは、人間が責任を負うのは自分の自由な意志に基づく行為に対してである、というものである。たとえばある農家が、正直に物を売ることができたにもかかわらず、敢えて産地を偽って不当な利益をあげた、という場合には、その農家は非難され、刑事上や民事上の責任を負うことになるだろう。

それから、そのように自分の自由な意志でわざとした行為でなくとも、過失を犯したことによって非難されて責任を負うというのも、私たちが標準的に思い浮かべる責任観のひとつである。たとえば、ある家具職人が椅子をつくって顧客に売ったが、工程にミスがあり、顧客が座るとすぐに脚が折れて怪我をしてしまった場合などである。この場合には、家具職人は顧客に謝罪をしたり賠償をしたりするなどの責任を負わなくてはならなくなるだろう。もちろん、家具職人はわざと欠陥商品をつくったわけではないが、脚が折れるのを予測して回避することができたと見なされ、その予測・回避義務を怠ったために有責とされるのである。

以上のように、「誰々に責任がある」ということで私たちが思い浮かべる典型像は、個人が自分の自由な意志でした行為や、個人が犯した過失（ある事故が起こるのを予測して回避することができたのに、その義務を怠ったこと）というものになるだろう。

しかし、責任というものについてのこうした常識的な見方からすれば、現実――とりわけ、現在の科学技術化した社会の現実――において個々人に責任を帰属させるのは困難になる。次にそのことを、責任を負う対象の拡大および曖昧化、それから、責任を負う主体の拡大および曖昧化、という観点からそれぞれ確認していくことにする。

二―二　責任を負う対象の拡大および曖昧化

顔の見えない対象、価値観の多様性

現代の社会では、日々新たな科学技術やそれによってつくられる製品が社会に投入され、「社会実験」が繰り返されている。では、その実験の結果に対して責任を負う主体とは誰なのだろうか。「それは、科学技術の開発や維持管理の当事者、すなわち科学技術者のことである」。――これは一見するともっともな解答のように思われる。

しかし、重要なポイントは、科学技術者は多くの場合、自分たちが開発した技術や物を介して不特定多数の対象（顧客、市民）と間接的に関わり合う、ということである。たとえば日本の自動車の多くは世界中で販売され、無数の人々によって使われる。自動車を開発した科学技術者たちは当然、そうした個々の人々の顔や素性を何も知らない。しかし、もしも自動車の設計や組み立ての過程などに何らかのミスがあったとすれば、そのせいで大きな事故が起こり、人々が怪我をしたり死亡したりする可能性がある。あるいは、たとえ明確なミスがなくとも、科学技術者たちにとって想定外の環境で想定外の仕方で使用され、思わぬ不具合などが発生する場合もあるだろう。

科学技術者が直面しうる問題には、事故による物的・人的損害だけではなく、世界の様々な文化や宗教の価値観との衝突というものもありうる。ひとつ具体例を挙げてみよう。二〇〇〇～二〇〇一年、日本の大手食品メーカー「味の素」のインドネシア法人がトラブルに見舞われた。同社が製造販売する化学調味料に豚の成分が使用されているにもかかわらず使用していないと嘘の表記を行っている容疑が掛けられたのである。そしてこの容疑で、現地法人社長や技術者を含む複数の日本人社員が逮捕される事態に発展した（後に全員釈放）。インドネシアはイスラム教徒が多くを占める国であり、イスラム教徒にとって豚食はタブーとされる。そのため現地で大問題となったのである。

実際には、件《くだん》の化学調味料に豚の成分が直接使用されていたというわけではなかった。製造過程で必要な発酵菌の培地（栄養源）となる大豆分解物を生成する際の、その分解の触媒として、豚由来の酵素が用いられていたに過ぎない。しかも、同社は大豆分解物自体をアメリカから輸入しており、豚の酵素が分解の触媒として用いられていたことを知らなかったという。

科学技術化する以前の社会であれば、製品の構造も、その流通の仕方も、比較的単純だった。その製品がどのような原料からどのようなプロセスでつくられ、どのような相手に渡るのかを、おおよそ把握できたのである。しかし現在では科学技術者は、自分たちですら把握しきれないほど複雑なプロセスを経た製品を、顔の見えない不特定の相手に対して大量に供給している。こうした状況にあっては、どこで誰に対して、どのような意味での責任を負うことになるのか、かなり想定しづらくなっているのである。

公害、原発問題、環境問題

責任を負う対象の拡大および曖昧化という点に絡んで、公害という、もうひとつ重要な事柄を取り上げておこう。

産業革命以降、科学技術と社会のフィードバック・サイクルの加速と拡大は、工場の煤煙や排水による大気汚染や水質汚濁などの公害が世界各地に生まれていく過程でもあった。

たとえば工場の公害は、周辺地域に住む不特定の人々に影響を及ぼすものである。日本の現行の大気汚染防止法（第二五条）や水質汚濁防止法（第一九条）では、工場の事業活動に伴って重大な大気汚染や水質汚濁が発生した場合には、たとえ工場の従業員や管理・監督者に過失がなくとも、損害賠償の責任を負う旨が規定されている。つまりこれらの法律では、たとえ工場側に過失がなくとも責任を問う、いわゆる**無過失責任**あるいは**厳格責任**を認定しているのである。この、工場側にとっては苛烈とも言える責任を問う大きな根拠は、結果として生じる被害の甚大さを重く見て、被害者たちの保護を図ることにある。

さらに現代では、従来の「公害」という枠組みを越え出た、原子力発電所（原発）の事故という脅威も存在する。原発の設置は、周辺地域のみならず、かなり広範囲の人々にとって絶えざる脅威となる。もしも事故が発生したら、チェルノブイリ原発事故や福島第一原発事故のような大惨事が起こり、世界中に放射能汚染などの悪影響を与える可能性があるのである。そのため、原発を設置・維持・管理する科学技術者には大きな責任が課せられているし、実際に事故が起こると強い非難を向けられることになるのである。

さらにまた、地球温暖化等のまさに地球規模の環境問題も、現代の重要な問題として忘れてはならない。いずれにせよ、科学技術者は、自分たちの行うことがどこにどのような影響を与えうるのかを、自分たちの身の丈を遙かに超える規模や複雑さのなかで見定めていくという、非常に困難な課題に直面し続けているのである。

責任を負う対象の間接化、抽象化

このように、科学技術者は、技術や物を介して不特定多数の対象と間接的に関わり合う場合が多く、それによって生じうる実に多種多様な影響に対して、責任についての標準的な見方を遙かに越え出た範囲で大きな責任が課せられている。これまでの例で言えば、味の素インドネシア法人が豚の酵素を発酵菌の培地の触媒として用いたこと（あるいは、取引先がそうした処理をしていたのを知らなかったこと）を「過失」と捉えるべきかどうかは微妙と言えるだろうし、大気汚染防止法や水質汚濁防止法の規定のように、明確に無過失責任が認められている場合もある。つまり、少なくとも自分の自由な意志でしたわけではなく、さらには過失とすら言えない事柄であっても、責任を負う可能性が存在するのである。

そして、同時に言えるのは、個々の科学技術者がその要求に十全に応えることは実際のところ酷な要求だということである。責任を負う対象の規模があまり多く、また曖昧であり、どこで誰に対してどのような意味で害を与えるのかを見定めるのは、実際のところかなり困難である。第二章第三節で言われている通り、「科学技術者が自分自身で何とかする、という発想では現実の間尺に合わない」のが現在の状況だと言えるだろう。

二―三　責任を負う主体の拡大および曖昧化

分業化の進行、責任の分散

この「間尺の合わなさ」というポイントを、今度は、責任を負う主体の方の拡大および曖昧化という観点から確認していこう。まず注目すべきは、**分業化**の進行である。

一六～一七世紀頃の近代科学の黎明期であれば、実験装置の製作という技術的作業も、理論化という科学的作業も、たとえばガリレイという優秀な一個人によってすべてこなすことができた。その意味で、ガリレイは正真正銘の科学技術者であったと言える。しかしそれ以降、科学と技術が爆発的な速度で相互作用を続けながら複雑化と大規模化が進んでいった結果、現代では科学と技術の分業というものが避けられなくなっている。たとえば、天文学の理論化の作業は科学者が行い、望遠鏡の製作や改良という作業は技術者が行う、という具合である。

さらに、科学者と技術者のそれぞれの内部でも分業化が進行している。現代の科学研究や技術開発、製品開発には多種多様な分野に関する高度な知識や技能が投入され、設備や工程も極めて複雑で大規模なものを必要とするものになっている。したがって、一人だけですべての工程をカバーするのは到底不可能であり、科学者も技術者もほぼ例外なく、他の科学者や技術者とチームを組んで仕事を行っている。また、彼らが仕事を行う場合には、自分に命令を与える上司がいることや、自分より上位の決定権者を持つことがほとんどである。

こうした様々な意味での分業化の進行は、さらに世界規模に拡がっている。たとえば、いま人々が手にしているスマートフォンは大抵、半導体はＡ国、ディスプレイはＢ国、カメラはＣ国、組み立て作業はＤ国、というように、世界各国の様々な工場でつくられたものが組み合わさってできている。同様に、たとえば最新のジェット旅客機のなかには、世界中の千社近くにのぼる企業が参加し、主翼、胴体、エンジン、電気制御、バッテリー等々の各部を開発・製造を担当してつくられているものがある。他にも、最先端の科学技術が結集された製品の多くは、まさに世界中の企業・団体の分業によってつくられていると言えるのである。

このように、たとえば一つの企業のなかであっても、科学者と技術者の分業があり、それぞれの内部でさらに様々な分業がある。そして、その企業と（場合によっては世界中の）他の企業との分業がある。科学技術をめぐって様々なフェーズで大規模に進行する分業化のなかにあっては、責任というものに対する個々の科学技術者（科学者および技術者）の意識の低下は避けられない。

家具職人が一人で一個ずつ椅子をつくって販売するような場合には、椅子の不具合やそれによる顧客からの苦情に対して、その職人にすべての責任が掛かるだろうし、そのことを職人も納得するだろう。同様に、科学技術を用いたとしても、一人でひとつの製品の設計から組み立てまでをすべてこなしたのであれば、製品の欠陥に対して責任を負うのはその一個人に他ならない。しかし先述のように、現代の技術開発や製品開発には多種多様な分野に関する高度な知識や技能が投入されており、設備や工程も極めて複雑で大規模になっている。そのため、一人の科学技術者がすべての工程をカバーするというのは不可能であり、必然的にチームが分業体制で仕事を行うことになる。つまり、現代の技術開発や製品開発は個人の自由な意志で行われる行為ではなく、常に複数人が協力して行う**共同行為**なのである。そしてこのことは、開発された技術や製品に対する**責任の分散**というものを意味する。

たとえば、細かな分業によって出来ている複雑な製品の場合、自分の担当した部品が製品全体の欠陥に対してどの程度影響があるのか見積もることが難しいというケースは多々生じてくる。また、個々の技術者の担当した部品にはそれ自体としては欠陥は無いが、それらを合わせてひとつの製品にすると、部品間の相性などの問題で欠陥が生じる、というケースもありうる。いずれにせよ、現代の科学技術やそれによってつくられる物は、技術者個人の責任の問題として語る次元を超えることがほとんどなのである。実際、ある製品の故障によって事故が起こったとしても、その製品を構成する数百数千の部品の一個を生産している企業の関係者が、みずからを事故の責任を負う主体の一部だと受けとめるのは難しいだろう。しかもその一個の部品ですら、企業内で多くの科学技術者や関係者が関与してつくられているのである。それゆえ、現代の個々の科学技術者に、個人で仕事を完結できる職人やすべての工程を一人でこなせたかつての科学技術者と同様の当事者性を見て取ることはできないだろう。

個人という主体の弱さ、「風土」「文化」「空気」への順応

分業化の進行によるこうした責任の分散という事態において、個々の科学技術者の立場は、求められる責任をみずから果たす主体としてではなく、分業体制全体のなかの一部分――置かれている持ち場のなかで働く一つの歯車――として浮かび上がってくる。このことは、分業化の進行それ自体とは異なる社会心理的な角度から照らし出すこともできる。

いくつかの社会心理実験は、人間という存在がいかに、自分たちが思っているよりも遙かに**組織の風土**、**文化**、**空気**といったものに影響を受け、それに従ってしまうものであるかを証し立てている。なかでも有名な実験をひとつ簡単に紹介しよう。

一九七一年に心理学者フィリップ・ジンバルドを中心に、通称「監獄実験」が行われた。これは、精巧な監獄のセットをつくって監獄シミュレーションを行う、という実験である。中産階級出身で心身共に健康な被験者二四人を集め、無作為に囚人と看守とに分けて、実際の監獄とほぼ同じ環境の中で二週間を過ごすことが当初予定されたのだが、特に二日目以降、問題が続発した。看守役の被験者たちは次第に加虐的な傾向を強め、頻繁に点呼を行い、態度に問題のある囚人に腕立てをさせたり、入浴を禁止したり、果ては素手でトイレ掃除を行わせたり、監房内のバケツに排泄をさせるといった嫌がらせも行われた。囚人側も暴動やハンガーストライキ（絶食などによる抗議行動）などを相次いで起こし、早くも六日目で実験は中止された。後にジンバルドは会見において、自分自身がその状況に飲まれてしまい、危険な状態であると認識できなかったと弁明した。【◆この実験については第五章第二節も参照してほしい。また、実験の詳細については、http://www.prisonexp.org/（accessed Feb. 1, 2015）を参照してほしい。】

この実験において囚人に信じがたい虐待行為を行った看守役の被験者たちは、普段は真っ当な社会生活を営む市民

であり、自分も他人も、そんなことをする人間ではないと思っていた。しかし、そのように後から振り返れば考えられないようなこと、自分がしたとは到底思えないようなことすら、周囲に流されて行ってしまう傾向性——しかも、ときにみずから進んで、積極的に行ってしまう傾向性——を、私たちは確かに強くもっているのである。

この実験は、人間は自分たちが思っているよりも遥かに周囲の状況や条件に支配されやすい存在であるという、重大な教訓を与えている。とりわけ、この科学技術化した社会にあっては、「正義感」や「誇り」といったそのつどの個人の意志や決断にかかわる義務を個々の科学者や技術者に求めることが現実的ではないということを、実験の結果は示している。というのも、科学者や技術者は現代ではほぼ例外なく何らかの組織に属し、その組織の風土に順応することで——つまり、組織の歯車となることで——その組織内で用を成すようになっていくからである。

二—四　この節のまとめ

以上、見てきたように、現在の科学技術化した社会において「社会実験」の責任を負う主体を個々の科学技術者と同一視することは誤っている。それは、責任を負う対象の拡大および曖昧化という観点からも、それから、責任を負う主体の拡大および曖昧化という観点からも言えることである。

責任についての標準的な見方に従うならば、責任が帰属されるのは、個人の自由な意志に基づく行為に対してであるか、あるいは、予測可能性と回避可能性に基づく過失という行為に対してである。この基準からすれば、個々の科学技術者にできる範囲は少なくとも極めて限定されることになる。とりわけ、彼らが自分で自分を律するセルフコントロールというものだけに任せることはとてもできない。

しかし、だからといって、「社会実験」は全く無責任に遂行されてよい、ということには当然ならないだろう。それでは、科学技術化した社会における責任を、責任者を、どう把握すればよいのだろうか。

第三節　市民の倫理としての科学技術の倫理

科学技術化した社会の主役としての市民

前節のポイントを繰り返すなら、開発された技術や製品が広範に大量にひろがり、職種間・組織間・組織内の様々なレベルで分業化が進行する現在にあっては、個々の科学技術者に全責任を負わせることはできない。それは、彼らが実際に担当しているぞれぞれの仕事の範囲という意味でもそうであるし、組織の風土（文化、空気）に抗しがたいという人間の心理的特性という意味でもそうである。

もちろん、科学技術者やその卵を個別に陶冶し、様々な知識やスキルを備えさせ、正義感や誇りといったものをもってもらうことが大事であることは言うまでもない。しかし、大半の科学技術者は、どれほど高潔であったとしても、その精神によって全うし影響を及ぼせる仕事の範囲は非常に限定的である。たとえ何かを正直に正確につくりあげたとしても、それは製品全体を構成する無数の部品の一部に過ぎない場合が多いのである。

それでは、科学技術化した社会の責任主体となるべきなのは、個々の科学技術者をとりまとめる組織のトップ層、さらには、組織間の共同行為をとりまとめるトップ層だ、ということになるのだろうか。そのように言うことも間違いとは言えない。実際、そうしたトップ層が十分な知識やスキル、しっかりした倫理観をもつことが重要であることも当たり前である。しかし、トップ層の学習や意識改革だけが必要だと主張するなら、それはエリート主義や独裁的な組織（間）運営の擁護を意味するだろう。

エリート主義や独裁主義がこの場合誤りであるのは、日本をはじめ多くの国や地域が現在コミットしている「民主主義」というもう一方の社会体制に反するからだけではない。第一節のポイントを思い出してほしい。現代の科学技術化した社会の特徴は、科学と技術のフィードバック・サイクルと、それを包含する科学技術と社会のフィードバック・サイクルという、二重のフィードバック・サイクルとして特徴づけられる。このことが含意するのは、すでに触れた通り、「何の脈絡もなくまず科学技術があって、それが社会に投入される」という一方通行的な理解の誤りである。言い換えるなら、個々の科学技術者も、彼らの上に立つトップ層も、完全に内発的にみずからの欲望や理想を立ててその目的に沿う研究開発を進めている、というわけではないのである。科学技術化した社会を成立させているフィードバック・サイクルの半分は、社会のニーズによってかたちづくられている。日々革新と効率化を目指し、科学と技術のフィードバック・サイクルを加速させている組織やその集合——さらに、その中心となるトップ層——は、少なからず社会のニーズにしたがって動いている面もあるのである。この側面は決して忘れてはならない。

それでは、社会のニーズというのは誰にとってのニーズなのか。当たり前の話であるが、それは個々の社会の成員である。すなわち、**市民**と呼ばれる人々であり、端的に言えば、私たちのことに他ならない。科学技術化した社会の（少なくとも一方の）主役であり、それゆえこの社会の責任主体であるのは、紛れもなく私たちなのである。

一任＝無責任からの脱却——「盛り上がり、しぼむ」サイクルを超えて

では、私たちは、市民は、何をすべきなのか。どうすれば責任を果たしていることになるのだろうか。

第二章第三節では、現在は基本的に企業をはじめとする組織が「科学技術の専門家」として社会から製品開発と安全確保とを共に一任されていること、そして、万が一問題が起こったときには当該の組織がすべての責任を負って事

後対策を行う傾向にあることが確認されていた。

これは、よく言えば、専門家たる科学技術集団と素人たる市民の間の信頼の関係と捉えることもできるだろう。しかし、悪く言えば――あるいは、正確に言えば――その「一任」の姿勢はまさに市民の無責任さのあらわれと捉えることもできる。すなわち、第一章第二節でも問題にされているように、自分たちは何ら責任をとらず、逆に自分の属さない組織には大きな責任を課す、という無責任さがここにあらわれていると言えるのである。

たとえば福島第一原発事故は、そうした無責任さが表面化した典型的な例と言えるだろう。もちろん、原発の設計や建設、維持管理等にかかわってきた企業や団体、行政府、立法府などの責任は非常に大きい。そこにミスや不正があれば厳しく追及されるべきであるし、その規模の大きさや強さ、被害者の救済等を鑑みれば、一定の無過失責任も負うべきだろう。それは言うまでもない。しかし、あの事故が起こるまで、私たちはあまりにも原発一般や福島原発について知らなかったし、知ろうとしなかったのではないだろうか。

原発事故のリスクとは具体的にどういうものか。なぜ、首都圏に電力を供給する原発が福島にあり、しかもなぜ、一箇所に集中して原発が置かれているのか。なぜ各地方自治体は原発を誘致してきたのか。なぜ日本では、経済変動に左右されず原発の新規設置がコンスタントに進行してきたのか。そもそもなぜ、日本に原発があるのか。なぜ、原発の安全神話が形成されたのか。なぜ必要な安全設計が不足していたのか。事故発生に備えた体制や設備の不備など、リスク管理や安全管理になぜあれほど穴があったのか。等々。

こうした問いを、私たちは事故前に出すことができたはずである。さらに、こうした問いの答えを、私たちは自分たちの手で探し求めることができたはずである。なぜなら、吉岡斉『原子力の社会史』（章末の文献案内参照）をはじめとして、事故が起こる前から、こうした問いやそれへの答えを提示しようと試みる一般向けの書籍（さらには、ウェブ上の情報など）が様々に存在していたからである。つまり、専門家でなくとも、原発にまつわる基本的な知識を得、それに基づいて考え、行動することができたはずなのである。

その代わりに、私たちの多くがしていたのは、原発にまつわる議論や運営等を専門家に一任することであり、その実、原発をめぐる諸問題に目を瞑り、無関心でいることであった。そして、事故が起こると、その「信頼」が裏切られたとして東京電力をはじめとする関係組織にすべての責任を帰し、強い非難を向けることであった。

繰り返すように、ミスや不正を正し、組織や組織内の個人の問題を炙り出し、非難し、きちんと責任を問うこと、それは極めて重要である。そうした反省をしなければ、社会全体に無責任がはびこることになるだろうし、社会正義の理念が形骸化する恐れもあるだろう。また、諸々の失敗の確認から様々な教訓を得て活かすこともできないだろう。しかし、その一方で、私たちがみずからを省みることも、同じくらい極めて重要である。

しばしば、市民の声の集積とされる世論は「熱しやすく、冷めやすい」と揶揄されてきた。それは何も日本だけの現象ではないだろう。大きな事故などの問題が発生すると、そのときは批判が渦巻き、改革を求める声が盛り上がるが、遠からず沈静化し、しぼんでいく。そのサイクルが様々な分野で何度も繰り返されてきたのである。しかも、その一時的な熱狂は、作家・思想家のエリアス・カネッティが「迫害群集（Herzmasse）」と名づけて描き出したような、「大勢が、安全な場所から生贄（スケープゴート）を追い立て、それを屠ると急速に散開する」という消息を辿りがちである（『群衆と権力』岩田行一訳、法政大学出版局、一九七一年）。すなわち、事故の責任を全面的に負う「悪者」を設定し、その悪者を吊し上げ、鉄槌を下し、それが終われば関心を無くして自然消滅する、という運動に終始しがちなのである。

もちろん、三度目の強調になるが、責任者の同定および責任追及が不必要というわけではない。しかし、事故から教訓を取り出して今後に活かすとか、そもそも事故を未然に防ぐという最優先の課題につなげなければ、「盛り上がり、しぼむ」その運動は、市民が溜飲を下げる、ガス抜きをする、という以上の意味をもたないだろう。開沼博が言うように、「あたかもそれさえ解決されれば全てがうまくいくかの如く熱狂し、そしてその熱狂を消費していく社会のあり様にこそ問題がある」（開沼、二〇一一、三七四頁 ※章末の文献案内参照）のである。

自己欺瞞からの脱却――自分の日々の行為の意味を知り、行動すること

だとすれば、私たち市民が無関心でいないために、たとえばどうすればよいのだろうか。

科学技術（および科学技術化した社会）をめぐる私たちの無知と無関心は、自分が知らずと自己欺瞞的とも言える態度をとる状況を引き起こしていることも少なくない。たとえば、先進国と後進国の格差問題や貿易の不公平性の問題、劣悪な労働環境の問題などをインターネット上で盛んに発信している人がいるとしよう。そして、その際に、最先端の科学技術が詰め込まれた某社のスマートフォンを用いているとしよう。しかし、そのスマートフォンの部品の大半や組み立て作業が、後進国に設置された工場で、異常な低賃金や重労働、長時間労働という過酷な環境の下につくられているとしたらどうだろうか。（実際、そうしたケースは決して少なくない。）この場合、その人はまさに自己欺瞞的な状況に陥っていると言える。自分が言っていることと、自分が当該のスマートフォンの購入や使用というかたちで荷担していることとが矛盾してしまっているのである。

また、たとえばその人は、同様に後進国の非人道的な労働環境下で大量生産された衣服を身にまとい、システムの効率化を追求するあまりに従業員を違法な労働に駆り立てているような飲食店で、日々食事をとっているかもしれない。そうした場合にも、その人は自分の言っていることをまさに自分で裏切ってしまっているのである。

私たちがみずからの主義主張やその背景にある生き方を一貫性あるものとし、自己欺瞞に陥ることを避けようとするなら、みずからの日々の行為を省みる必要がある。つまり、自分が特定の商品を購入したり使用したり食したりすることがどういう意味をもつのかを、私たちは知らねばならないし、また、知り続けようという姿勢をもち続けなければならないのである。

重要なのは、私たちの日々の行動や選択こそが社会のニーズの総体だということであり、そしてそのニーズが、科学技術やそれによる製品開発のあり方を一定の方向に促している、ということである。たとえば、自分が日々どういう商品を購入し、何を食べているかといったことも、「○○すべき」「○○であるべき」といった口頭の主張と同様に、あるいはそれ以上に、一定の主義主張を発信していることになる。しかもその発信先は、多くの商品が世界規模の分業によって成り立ち、世界中に流通しているという現在の状況を鑑みれば、多くの場合世界中にひろがっているとも言えるのである。

もちろん、人によって、その発信の内容、すなわち、行動のあり方や選択の仕方は様々でありうる。重要なのは、その人における行動の一貫性であり、気がつくと自己欺瞞的な状況に自分が置かれていたという事態をできるだけ避けることである。たとえば、先にも触れたように、劣悪な労働環境は大きな不正であると主張する人が、劣悪な労働環境によって実現しているサービスを受けるのは自己欺瞞である。この自己欺瞞を解消するためにそうしたサービスを選択しないというのは、いささか面倒で、生活上のコストが増加するかもしれない。それゆえに、劣悪な労働環境は大きな不正であるという主張の方を引っ込める人もいるだろう。ただ、そうした選択であっても、そもそも無知で無関心でいるよりは、自己の主体的な選択であるという点で前進がある。

ちなみに、ここまで強調してきた点に関しては、「私一人の行動や選択では何も変わらない」という反論――というより諦念――が発せられるかもしれない。この反論（諦念）は、「私一人が選挙に行っても無意味だ」と言うことに似ている。実際、一票一票の力は極めてわずかであり、一人の行動や選択が及ぼす影響も極めて小さい。しかし、その一票一票の集積以外に選挙結果というものがありえないのと同様、一人一人が行う買い物などの普段の行動や選択の総体が、他ならぬ社会のニーズだということも、すでに述べた通り確かなことである。エリート主義や独裁主義をよしとしないのであれば、私たちは、一人一人の行動や選択の非力さとその総体の強力さとを共に認識しつつ、みずからの日々の行動の意味に自覚的になって、主体的な選択を試みていかなければならないのである。

対話や熟議というあり方

とはいえ、私たちが日々の生活において主体的な選択をする、ということが実質的に困難な問題圏もある。たとえば日本において原発をめぐる問題はまさにそれにあたるだろう。というのも、私たちは少なくとも現在のところ、原子力や火力、水力といった各発電システムからつくりだされた電気のうちのどれを使用するかを選択することは困難だからである。また、たとえ可能だとしても、たとえば大金を掛けて太陽光発電のシステムを自宅に導入するといった、採用可能な人が限られる選択肢しかない。

こうした場合には、もちろん、国政や地方の選挙という場で、自分が賛成する原発政策をとる候補者に一票を投じるという行動ができる。それから、時間をかけて話し合うというあり方もある。すなわち、たとえば第一章全体や第二章第四節、第九章第二節以降で扱われているような、**対話**やダイアログ、あるいは**熟議**（deliberation）に参加するという行動のあり方である。

本章では、「熟議」というあり方に期待されている役割について簡単に紹介しておこう。熟議とは、ディベートとは異なり、それぞれがあらかじめもっている固定した意見同士を戦わせて勝ち負けを競うことではない。むしろ、専門家との対話も交えながら、市民が互いに知識を補い合って深め、問題解決のための新たな指針を創造していくために熟議はある。もちろん、何人集まって熟議を重ねようとも、一定の方向性が出てこない場合も多いだろう。しかし、少なくとも、複雑化と大規模化がめまぐるしいスピードで進行していく科学技術化した社会において、原発のような大きな問題について考えるためには、多種多様な知識や経験をもつ人々が絶え間ないコミュニケーションの場を開いていくことが必要なのである。（熟議という民主主義の形態の可能性や諸々の例については、本章末尾の文献案内に記した本などを参考にしてほしい。）

科学技術者が市民であることの重要性

最後に、科学技術化した社会の責任主体として市民が立つことが科学技術者にとってもつ意義を確認しておこう。多くの科学技術者は、日々の業務において組織の歯車であることが求められる。そして、それはある程度は必要なことである。組織は利益や成果を上げなければならないし、そのためには成員がチームワークを密にし、効率化や専門性の深化・発展を追求しなければならない。しかし、他方で、その方向性のみに邁進し、科学技術者が組織の風土に完全に取り込まれてしまうことは、それ自体が社会にとって大きな脅威となる。

前節で、心理学者ジンバルドが行った「監獄実験」を紹介した。この実験に関するひとつの事実を補足しておこう。監獄実験は当初の予定よりも大幅に早く中止されたわけだが、その際、実験の中止を進言したのは、ジンバルドら実験担当者ではなく、実験を見学に来た部外者であった。この事実が重要なのは、実験を立案し主導した当人であるジンバルド自身が状況に飲まれてしまって正常な判断ができなかった、という恐ろしい事実が如実に物語っている。組織の内部にいる人には、末端の成員であっても、トップ層であっても、組織のあり方自体が適切なものかということが非常に見えにくい。そのため、組織の外部との通路が開かれていることが肝心なのである。

第二章第六節の末尾では、個々の科学技術者集団による専門性の主張が、のどに刺さった小骨のように、簡単に取り去ることができずに存在することが言及されている。専門性の主張が過剰になり、外部との通路を遮断し、組織の成員を完全に歯車にしてしまう企業や団体があるとすれば、それは厳しく批判され、決定的な事故や事件が起こる前に改善が促されなければならない。監獄実験における部外者にあたり、専門性の主張の過剰さをチェックする役目を担えるのは、やはり市民である。それも、科学技術化した社会の責任主体として自覚的に立つ市民である。そして、その働きかけに耳を傾けることが、科学技術者が属する組織を破局から救う鍵になりうるのである。

文献案内

■ジョン・ギャスティル／ピーター・レヴィーン（編）『熟議民主主義ハンドブック』津富宏／井上弘貴／木村正人（監訳）、現代人文社、二〇一三年。

（市民が知り、考え、行動することの重要なかたちが熟議であり、そして熟議とは絶えざる試行錯誤のことだと言えるだろう。この本には、成功・失敗も含めた実に様々な熟議の試みが紹介されている。）

■吉岡斉（著）『新版　原子力の社会史――その日本的展開』、朝日選書、二〇一一年。

■開沼博（著）『「フクシマ」論――原子力ムラはなぜ生まれたのか』青土社、二〇一一年。

（原発をめぐる問題は、科学技術の倫理をめぐる最重要の問題のひとつと言えるだろう。この二冊は、実質的に福島第一原発事故の前に内容の大半が書かれているものであり、結果論に基づいていない迫力がある。）

コラム③ 「共同行為」の問題圏

古田徹也

本章では、第二節二―三で、現代において技術開発や製品開発は常に複数人が協力して行う共同行為であると述べた。しかし、個人的行為とは概念的に区別される共同行為というものをそれとして特徴づけることは、実は難しい。それゆえ、たとえば哲学の分野では、共同行為とは何かをめぐってひとつの議論領域が形成されているほどである。

たとえば、複数人が同じ意図をもって同じことをしていても、それが共同行為になるとは限らない。広い公園のあちこちで人々がくつろいでいるとしよう。彼らは互いに何の面識もなく、偶然同じ公園に居合わせているだけである。すると、にわかに雨が降り出し、皆慌てて近くの東屋に向かって走り出す。しかしこのとき、彼らが共同行為をしているとは言えないだろう。各々がただ勝手に行為しているだけなのである。

それゆえ、複数人が意図して共同行為を行う場合には、同じ意図をもつだけではなく、その意図が何らかの意味で共有されていなければならない、と言えるだろう。では、「意図の共有」がなされていると言えるためには、どういう条件が必要なのか。――現在に至るまで、様々な論者が様々なかたちでその条件を探究している。この問いはまさしく現在進行形の問いなのである。

そして、共同行為をめぐっては別の種類の問題もある。それは、行為には意図せずになされるケースも存在する、ということをめぐる問題である。

まず、個人的行為を見てみよう。本章で触れたように、行為には過失というものが存在する。たとえば、車を運転していて不注意で事故を犯してしまった場合には、「君はなんてことをしたんだ！」と非難されるだろうし、相応の責任を負わなければならないだろう。

このように、当人の意図がなくとも、結果的に当人がその行為の主体となるということはありうる。そして、そのようなケースは共同行為においても珍しいものではない。共同行為は必然的に他の人々と関わり合いながら行われるものであり、ある程度時間の幅が広く複雑なものである場合が多い。そのため、個々人のコントロールを越え出るような不測の要素も増加するし、過失に分類されるようなケースも数多くなる。科学技術をめぐる倫理でしばしば問題になるような工場の事故などは、まさにそうした「意図せざる共同行為」のケースに当てはまるものと言える。

それでは、意図せざる共同行為の内実は何なのだろうか。当然のことながら、「意図の共有」（先述の通りこれ自体も謎なのであるが）によって特徴づけることはできない。何しろ、その共同行為には意図が存在しないからである。それゆえ、「意図の共有」の条件を探る議論とは別の次元で、この種の共同行為は分析されねばならないのである。

最後に、共同行為の主体をめぐる問題を一瞥しておこう。個人的行為であれば、その主体は（当たり前だが）一人の人間である。しかし、共同行為の主体とはそもそも誰のことなのだろうか。たとえば、十人の人間が共同行為をしたとすれば、その十人それぞれ（A氏、B氏、C氏、……）が主体であるのだろうか。しかし、共同行為の主体がそうした「個々人の集合」とは別の存在者である可能性に言及している論者もいる。すなわち、「チーム」や「委員会」などの集団という存在者がいて、その存在者が共同行為の主体である場合もある、というのである。たとえば、サッカーの得点はチーム内の個人が決める（ボールをゴールに入れる）ものであるが、その得点は彼のものではなくチームの得点である。また、委員会の決定も、委員の誰かが提案し、委員長という個人が裁定を下すものであるが、その決定はまさに委員会という集団の決定である。こうしてみると、「チーム」や「委員会」という行為主体は確かにそれとして存在するかに見える。しかし、本当に存在するのだろうか。また、たとえば「国家」や「国民」といったカテゴリーは行為主体になりうるのだろうか。これらの問いもまた開かれたままなのである。

以上、共同行為という問題圏に関するいくつかの導入的な議論を紹介してきたが、これ以降のより本格的な議論については、たとえば以下の論集や論文を参照してほしい。これらはいずれも、二〇一五年二月現在、インターネット上で検索すれば入手できる。

参考文献

■行為論研究会（編）『行為論研究』第二号、二〇一一年。
■行為論研究会（編）『行為論研究』第三号、二〇一四年。
■古田徹也（著）「共同行為の構成条件」『哲学』第六三号、日本哲学会、二〇一二年、二六五～二七九頁。

※この第三章およびコラムは、ＪＳＰＳ科研費２５８８４０２５および２４５２０００６の助成を受けたものである。

第四章　リスク化する「自然」

技術は未来をどのように変えるのか？

佐々木慎吾

●本章のキーワード
リスク　社会システム理論　信頼　天災／人災　責任のコミュニケーション　リスクとしての未来

はじめに

本章の中心となるのは、「リスク」をめぐる議論である。今日の日本において、「科学技術の倫理学」をめぐって何らかの考察を試みるとき、それを明示的に主題化するかどうかは別にしても、リスクの問題を避けて通ることはできないように思われる。では、倫理学は、一体どのようにしてリスクを問題にしうるのだろうか。あるいは、どのような意味で、リスクが倫理学的問題になりうるのだろうか。そもそも、「リスク」とはいったい何なのだろうか。

さて、本章の標題には、「自然のリスク化」なる惹句が掲げてある。これを見て、ひょっとしたらこう思う読者もいるかもしれない。

「リスク化？　自然というのは、もともと人間にとってのリスクじゃないのか。飢餓や災害、伝染病といった自然のもたらすリスクを、科学技術によって克服してきたのが、近代社会の歩みではないのか。今更、リスク〈化〉って、どういう意味だ？」

もっともな疑問だと思う。確かに、近代以前の人類は、自然のもたらす猛威に対してきわめて脆弱であったし、ある種の脅威にはほとんど無力と言ってよい存在であった。今日のわれわれが、こうした時代に比べ――少なくとも「先進国」においては――はるかに安全な暮らしを享受しているのは紛れもない事実だ。もし、現代を象徴するキーワードとして「リスク」を取り上げるのであれば、それがどのような意味で「現代的」であるのかが問われなければならない。

以下の議論は、現代ドイツの社会理論家ニクラス・ルーマン（一九二七～一九九八）の社会システム理論におけるリスク概念に依拠している【◆「社会システム理論」についてはコラム④も参照。また、その学問的方法論については、第一章第一節における「要素還元主義」をめぐる議論も併せて読んでほしい】。先取りして言うならば、そのリスク概念は、不確実な未来に対するわれわれの態度、あるいは、身構えといったものにかかわる概念なのである。さらに、時間の問題と結びついたこのリスク概念は、われわれの日常性を支える基層、あるいは「倫理」が拠って立つ地盤としての「信頼」の帰趨に深くかかわっている。以下では、概念の理論的な説明に直接進むことは避け、まずは具体的な切り口から議論を進めていくことにしよう。

第一節　天災と祈り

古代人の災害観

われわれが「自然のリスク」といったものについて語ろうとするとき、まずもって想定されるのは、例えば地震・風水害といったいわゆる自然災害――しばしば「天災」と呼ばれる――といったものであろう。では、近代以前の、例えば古代の人々は、それらをどのようなものとして体験していたのであろうか。『日本書紀』推古天皇七年（西暦五九九年）四月二十八日の記事には、次のような記録が見える（訓読は、岩波文庫版に従う）。

地動舎屋悉破、則令四方、俾祭地震神。

地震が発生し、多くの家屋が破損した。そのため「四方に令《のりごと》して、地震《なゐ》の神を祭らしむ」、つまり「地震の神を祭るように、各方面に命令した」というのである。

われわれの住むこの島弧が、世界でも有数の地震頻発地帯であることは、飛鳥の昔も現代も変わらない。ましてや、古代の人々には、大地を揺り動かして家屋を破壊する地震の脅威は、まさに、畏怖すべき「神」の威力として経験されたに違いない。神を祭り、その荒ぶりが鎮まるように祈ること、これが彼らにできる全てであったろう。

人間の無力さを否応なしに思い知らせるような様々な災厄に際し、宗教的な儀式によって対応することは、為政者の義務でもあった。やや時代を下り、奈良時代の記録（『続日本紀』）を紐解いてみよう（訓読は、岩波『新日本古典文学大系』に従う）。

二月乙亥、諸国の疫《えやみ》に因りて、使を遣して大祓《おおはらへ》せしむ（慶雲三年・七〇七年）。

是の日、通夜、地震《なゐ》ふる。三日三夜なり。（中略）五月戊午の朔、地震ふる。（中略）京師の諸寺をして、十七日を限りて、最勝王経を転読せしむ（天平十七年・七四六年）。

辛卯、大祓す。伊勢・美濃等の国に風雨の災あるを以てなり（同）。

同様の記述は枚挙に暇がない。もちろん、奈良時代の朝廷も、疫病や日照り、風水害や地震といった災厄が発生すれば、ただ手を拱いているだけではない。各地の国司に下命して、すぐさま現状を調査し、必要とあらば被災者に食料を配給（賑給）したり、租税の減免を命じたりと、今日の政府が行うのと同様の対策をも講じている。しかし、人間が行いうる対応には限界がある。巨大な力で襲来するこうした脅威は、人知では計り知れぬ性格を有する物であった。現代のわれわれですら、その猛威に圧倒されることのある自然の威力に対し、奈良時代の人々は、ただただ「祈り」を捧げるしかなかったであろうことは容易に想像できる。

宗教的な儀式や「祈り」によって災厄に対応しようとする古代の人々の姿は、確かに、現代のわれわれの目からすればいかにも幼稚で無知蒙昧に見えるだろう。神仏に祈りを捧げている暇と予算があったら、もっと多くの食料を配給するとか、住居を再建するとか、「現実的な」対応に注力すべきではないか、と、現代人は考えるかもしれない。

しかし、そうした見方は、あくまで合理的世界に生きる現代のわれわれ特有のものであることを忘れてはならない。「現実」がどのように体験されるかは、世界を観察し、またそれについてコミュニケートする図式に依存している。古代の人々にとっては、人知を超えた圧倒的な力によって支配された世界、そしてそのような力への祈りに満ちた世界こそが、まさに現実《リアル》な世界だったのだ。

日常性の回復――「やりきれなさ」をどう処理するか

ここで『続日本紀』において、様々な災厄を「天」が引き起こすものとして解釈し、天と人間の行為との間にある種の「因果関係」を見出そうとする発想を読み取りうることに注意しよう。

先に『日本書紀』の記述を引用した。地震の発生という事態に対し、「地震《なゐ》の神を祭らしむ」。地震を、「神」――人間にとっては掴みどころのない物凄い力として経験された「何か」――のしわざとして解釈し、何らかの儀礼の実行によって、それを鎮めることができるという発想には、実は既に、世界を因果的に理解して、その法則に介入することで、人間にとって有利な結果をもたらしうるのだとする、合理的思考の萌芽を見出しうると言ってよい。「地震」という現象と、「祭り」という儀礼的行為との間に、呪術的な因果関係が想定されているわけだ。

『続日本紀』においては、各種の災厄と「天」との関係が、聖武天皇の口から次のように語られる。

頃者《このごろ》、天頻《しき》りに異《あやしび》を見《あらは》し、地《なゐ》数《しばしば》振動《ふ》る。良《まこと》に朕《わ》が訓導《おしへ》の明かならぬに由りて、民多く罪に入れり。責めは予一人に在り。兆庶《もろもろ》に関《あづ》かるに非ず（天平六年・七三五年）。

最近、「天」がさまざまな異変を生じさせており、地震が頻発している。これはまさに私（聖武天皇）の、人々を教化するための徳が不足していることに「責め」があるのであって、一般庶民には関わりのないことだ。天皇は、このように述べて、自らの不徳に対する贖いとして、犯罪者に対する大規模な恩赦を命じているのである。

君主の「徳」に基づく政治のあり方と、「天」が引き起こすとされるさまざまな現象との間に、密接不可分の関係があると説く、儒教的ないわゆる「天人相関説」であるが、ここにおいて、地震などの災厄をもたらす主体は、明確に「天」として名指しされ、天に対する「責め」が自覚されていることが重要だ。

災害の発生を、何らかの超越的な力の顕れと解釈し、祈りによって安寧を願うのは、一つの呪術的な因果把握である。聖武天皇の言葉においては、さらにそこから一歩進んで、聖武天皇という個人の「不徳」という性質への原因帰属がなされている。頻発する地震は、確かに不徳を譴責する「天」の意志の顕れである。そうした超越的な領域と、人間世界との回路が、天皇個人への「責め」において自覚されている、と見ることができよう。『続日本紀』は、こうした事例を他にも多く伝えている。

地震という災厄をめぐる因果連関の一方の端は、現実の人間世界において、聖武天皇という個人が握っている。だからこそ、その「責め」は彼一人に帰されうるのであるが、他の一方の端は、いまだ超越的な不可視の領域の中にある。「天」は、天皇の徳の多寡に呼応して、何らかの現象を人間世界に生ぜしめるのであるが、そのメカニズムは、いまだ神秘的・象徴的な解釈によって理解するほかない。天皇は、徳政を積むという実践を通じてこの因果連関に参与しうるが、総じて決定権は「天」の側にある。

地震や風水害などの、人間にとって望ましくない出来事の生起を、人知の及ばぬ超越的な領域――「天」「神」、あるいは「運命」などと名指される何か――に象徴的に因果帰属させることによって、人々は、この世界における悲惨や苦悩を、言わば人間世界の「外部」に回収させるかたちで処理しえたはずだ。そうすることによって人々は、やり場のない悲しみや怒りを外部へと押しやり、元の日常へと復帰することができたであろう。

こうした処理の形式は、われわれの文化における「宗教」の体系として、程度の差こそあれ、古代から現代に至るまで、脈々と受け継がれているものであろう。

こうした枠組みで観察されるときにこそ、地震や風水害といった現象は、まさに「天災」と呼ぶにふさわしいと言えるのではないだろうか。すなわち、その発生の因果連関が人知の及ばぬ超越的領域に帰属され、処理されるような場合である。そしてこの場合、望ましくない結果の意味づけもまた、究極的には、そういった領域への帰属を手がかりとして行われることになるであろう。人々は、悲しみや苦悩を、さまざまな儀礼をつうじて、「人間にはどうにもならぬもの」「〈神〉〈運命〉などに委ねるほかないもの」として、半ば諦念と共に受け入れ、処理し、そして日常へと帰還していったのだろうと考えられる。

「天災」という語が纏う、こうした一種の諦念——災害をまさに「仕方がない」ものとして受容する心情——は、倫理学者・和辻哲郎（一八八九〜一九六〇）によって、日本人の自然に対する受容的・忍従的な性格として、早くから指摘されてきたものだ。あるいは、物理学者・寺田寅彦（一八七八〜一九三五）が、日本の自然の豊かさを「慈母の自愛」に、自然災害の峻烈さを「厳父の鞭」にそれぞれ喩えつつ、日本人の自然観を、自然への随順という伝統的態度として特徴づけたことを想起してもよい。人間の無力さを自覚した上で、自然の猛威にあえて逆らわず、その猛威がやがて恵みへと転ずることを信じる、積極的な諦念と言ってよいだろう。

第二節　「リスク」と「危険」

ルーマンのリスク概念――「何」への問いから「誰」への問いへ

こうした処理図式に対して、近代以降の「合理化」された世界像――それは、科学技術文明の基盤をなすものである――を次のように特徴づけることができるだろう。すなわち、世界は、人知を超越した外部領域を持たず、そのすべては、人間の理性によって把握され、理解されるべき対象である、とする世界像である。われわれはもはや、望ましくない結果の帰属処理を、人間世界の「外部」に委ねることに満足しない。その意味づけは、人間世界の内部において完結する。すなわち、特定の人格（〈誰か〉）の「責任」に帰属する過程を通じて、である。

まさにこの処理図式の差異に注目することが、ルーマンのリスク概念を理解する上での鍵となる。何らかの望ましくない結果（損害）が、「何であるか（What）」ではなく、観察者によって「どのように（How）」帰属（〜のせいだと見做す、zurechnen）されるのか、に焦点を合わせるのである。

そこで、ルーマンが用いる区別は、リスク／危険である。これは一見して奇異に感じられるかもしれない。何しろ日常において、これらはしばしば同義語と見做されているからである（『広辞苑』第六版では、〈リスク〉の項の筆頭語義がまさに〈危険〉である）。そして、通常は「安全」が、リスクないしは危険の対概念と考えられていよう。ルーマンがあえてリスク／危険図式を採用するのは、社会における観察関係の重層性に注意を促すためである。

「災害」の観察を例に採ろう。地震や風水害、それに伴うもろもろの損失が、先に述べた意味での「天災」として観察されるなら、その場合、これらは「危険」として扱われていることになる（外部への帰属）。では、いかなる場合に「リスク」が観察されるのか。『リスクの社会学』におけるルーマンの定義を見よう。

二通りの可能性が存在する。生ずべき損害が、決定の結果として見られ、それによって決定に帰属される場合、われわれはリスク（Risiko）について語っていることになる。さもなくば、生ずべき損害は、外部から起こったものとして見られ、それによって環境に帰属される場合、危険（Gefahr）を問題にしているのである。

（ルーマン『リスクの社会学』三〇〜三一頁）

明快な記述であるが、一点補足が必要である。ルーマンのシステム理論が依拠するのは、「システム／環境」の区別である。みずからの活動をつうじて、この区別を継続的に再生産しうるシステムに、彼は照準を合わせる（生命有機体が、みずからの生命活動をつうじて周囲の環境と自己を区切っていることと類比的に考えるとわかりやすいだろう）。ところで、ルーマンが標榜するのは「社会システム」理論であった。そこで、「社会システム」が再生産し、また社会がそれによって成り立っているところの基底的な要素は何であるのか、が問題となる。

ルーマンによれば、それは――社会の要素としてしばしば想定されている「人間」ではなく――コ、ミ、ュ、ニ、ケ、ー、シ、ョ、ン、である。コミュニケーションはコミュニケーションにのみ接続し、コミュニケーションだけが社会（Gesellschaft）を形成する。したがって、コミュニケーションならざるものは、すべて社会システムの環境に属すると考えられるわけである。

以上のことを踏まえた上で、「リスク／危険」図式の議論に立ち返ろう。災害が「天災」と見做されて、その損害が「神」「運命」といった超越的な存在、あるいは「自然」そのもの（単なる偶然、不運）に帰属されるかたちでコミュニケートされるのであれば、「危険」の側に割り振られていることになる。と言うのも、それらはコミュニケーションではなく、あくまで社会システムの環境に属するものだからである（神についてコミュニケートすることはできるが、神とコミュニケートすることはできない）。

逆に、災害による損失の発生が、適切に対応しなかった政府、軟弱な土地に住宅を造成した業者、誤ったタイミングで家を出た自分自身等々、いずれにせよ社会の内部で、有意味にコミュニケートできる「誰か」の決定に帰属しているのならば、その観察者は、当該損失を「リスク」と見做していることになるのだ。

責任のコミュニケーションから「リスク」が生まれる

これらの観察図式は、相互に複合的でありうる。ある出来事が「危険」であるのか「リスク」であるのかは、その出来事自体の性質によってあらかじめ決まっているのではない。むしろこの区別は、望ましくない結果をどのように意味づけ、帰属処理するかというコミュニケーションの過程において顕在化するのだ。

次のような事例を見てほしい。

事例①

高校生Ａがグラウンドでサッカーの試合に参加していたところ、突然落雷の直撃を受け、重い後遺症を負った。Ａおよびその家族は、引率教諭Ｂの責任を追及し、損害賠償を請求する訴訟を提起した。

落雷という現象そのものを取り出してみれば、これは純然たる自然現象であると言える。したがって、単なる不運の結果に関して、他者の責任を論《あげつら》うことはお門違いだ、と感じるなら、あなたは「落雷」を「危険」として観察していることになる。他方で、Aとその家族は、これを明らかに「リスク」、すなわち特定の誰かの責任に帰属させることのできる、避けえた損害だと考えている。この場合、責任の帰属先は、有意味にコミュニケーション可能な人格でなければならない。例えば、「積乱雲」や「低気圧」に対して責任追及するとか、「雷神」を相手に訴訟を起こすというのはナンセンスなことに違いない。「リスク」を作り出す、こうした責任帰属の過程を、「責任のコミュニケーション」と呼ぼう。

この訴訟は、次のような経過をたどった。

《一審および控訴審》

B教諭が選手に落雷することを予見することが可能であったとはいえず、またそのことを予見すべき義務があったとまではいえない。本件の状況下において、平均的なスポーツ指導者が落雷事故発生の具体的危険性を認識することが可能であったと認めることはできない。雷注意報は非常に発令回数が多く、それが発令されたからといって本件グラウンドの具体的危険性が明確に覚知できるようなものではないから、本件落雷事故を直ちに回避できるという関係にはない。

判決……原告の請求を棄却

《最高裁判所》
同校サッカー部の引率者兼監督であったBとしては事故の時点ころまでには落雷事故発生の危険が迫っていることを具体的に予見することが可能であったというべきであり、また、予見すべき注意義務を怠ったものというべきである。このことは、たとえ平均的なスポーツ指導者において、落雷事故発生の危険性の認識が薄く、雨がやみ、空が明るくなり、雷鳴が遠のくにつれ、落雷事故発生の危険性は減弱するとの認識が一般的なものであったとしても左右されるものではない。

判決……**原審を破棄、差し戻し。その後原告が勝訴**

※実際の判決文を、引用者が適宜要約したものである。

これら二つの判断は、事象としては同一の事件について下されたものであることに注意してほしい。監督には落雷を予知することができず、それゆえ損害賠償を認めなかった一、二審においては、Aの身に降りかかった損害を、避けがたい偶然の結果として観察している（危険）。他方で上告審では、一転してBの予見義務を認定して、屋内に退避させせず、試合を続行した決定に結果が責任帰属されているわけである（リスク）。

「リスクそのもの」「危険そのもの」が観察から独立して存在するのではないことを再度強調しておこう。リスクは、言及され、引用され、そして研究対象となるといったコミュニケーションの過程において、責任のコミュニケーションとともに生ずるのである（『リスクの社会学』一四頁）。先の「天災」の例にしても、その発生自体は社会の「外」に、すなわち責任のコミュニケーションの埒外に帰属されながら、特定の損害の発生については、ある人格の決定に有意味に帰属される、ということもありえよう。いずれにせよ、この区別は、社会の複雑化（無数の観察視座の並存）という状況を踏まえるならば、ますます流動的であるし、また、ますます多くのコンフリクトを招来せざるをえなくなる。と言うのも、「誰の決定が有責であるか」という責任のコミュニケーションは、必然的に、有責とされた者への処罰や賠償命令、道徳的非難といったリアクションを伴うからである。

リスクの社会次元と時間次元

「リスク」への注目は、社会の中に複数の観察視座が並存しているという事実に目を向けさせるものだ。ある人がリスクとして観察するものが、他の人にとっては危険でありうる。責任のコミュニケーションは、「誰の決定に帰属すべきなのか」に焦点を当てるから、「決定に参与しうる者（Entscheider）」と「決定に参与できずに、影響のみを受ける者（Betroffene）」の区別が浮上してくる（『リスクの社会学』一一一頁以下）。いわゆる「受動喫煙」といった、比較的最近になって主題化されたリスクの例が典型的である。あるいは「冬山登山での遭難」のような例を考えてみよう。これを当事者たちにとっての単なる不運と見做すのではなく、救助隊の出動による公費負担といった観点から、われわれにとってのリスクとして観察するなら、「自由とその社会的コスト負担のあり方は、どのようなものであるべきか」といった問いへと導かれるであろう。ある人、ある集団が、望ましくない出来事について、どのように観察しているか、を観察すること（ルーマンの用語で二次的観察）によって、どのようなパースペクティブの差異によって、どのような問題が主題化されているのか、を観察することができる。「リスク」はすぐれて問題発見的な概念なのだ（「リスク」をめぐるこのような多文脈性、観察視座の複数性は、第三・九章で取り上げられた、科学技術をめぐる熟議・対話を遂行する際に、特に注意しなければならない論点である）。

また、未来の予測がつねに不確実であるという事情も、責任のコミュニケーションを複雑なものにしている。事例

1において、B教諭は、直ちに試合を中止し、生徒を屋内に退避させるべきであったと、裁判所は判断した。確かに生徒Aが落雷を受けたという結果から考えれば、そのように考えるのが妥当であると言えるのかもしれない。しかし、急いで退避したら、濡れた地面で滑り、転倒して大怪我を負ったかもしれない。グラウンドではなく校舎に落雷して、火災に巻き込まれたかもしれない。あるいは、試合を中止したものの、結局天候は回復に向かい、試合を楽しみにしていた参加者たちによって、B教諭は、別の責任のコミュニケーションに巻き込まれたかもしれない。リスクを回避しようとした決定が、別のリスクを生み出す。おしなべて、人が未来について何かを決定する際には――そして「何もしないこと」もまた決定である――リスクを完全に回避することはできないのである（『リスクの社会学』三七頁）。

第三節　「知」の拡大とリスク

決定のあるところに、リスクあり

ここで、冒頭の問いへと立ち返ろう。それは「科学技術の発展が、自然の脅威からわれわれを大いに解放したにもかかわらず、なお〈自然のリスク化〉について語ることができるとしたら、それはどのような意味においてか」という問いであった。

　われわれは既に、「リスク」と「危険」を区別した。現代社会は、前近代の人々が夢想すらできなかったレベルにおいて、自然を深く理解し、その振る舞いを制御し、安全で快適な生活を可能にしている。一例を挙げるならば、人類は一九八〇年に天然痘の撲滅を宣言した。有史以来、数えきれない命を奪ってきた疾病である。古代の人々にとって、こうした疾病は、人間の力ではどうすることもできない、端的な「危険」であった。有効な治療法とて存在せず、と言うよりは、そもそも治療という観念すらなかったかもしれない。彼らに可能であったのは、ただ、神仏にすがって猛威の過ぎ去ることを祈ること、そして、災厄をなす術なく受け入れることだけであったろう。

今日、何らかの伝染病の兆候が察知されれば、人々はすぐに病院に赴き、医師の診断を受けるであろう。医師は科学的知見に基づいて診断を下し、然るべき治療を施すだろう。保健当局は、防疫や隔離と言った対策を実施するだろう。政府に対し、「疫神を祭る」ことを期待する者は皆無であろう。伝染病は「リスク」である。われわれの合理的理解対象であり、それについて「決定」が下されるべき対象である。同時に、各々の決定は、未来の不確実さゆえに、期待外れと失敗のリスクを必ずはらむ。人間が知りうること、なしうることが増大し、不可知の領域が縮小する一方で、リスクは増大する。このような事情について、ルーマンは次のように指摘する。すなわち、ベーコン（知は力なり！）やロック、ヴィーコといった思想家たちは、人間の「知」の力の発展を信じ、自然の完全な制御と支配を夢見たのであるが、彼らと同様の、「合理性」への強固な信頼が、今日のリスク社会の背景にあるのだ、と（『リスクの社会学』二二頁）。

合理化の進展とともに、われわれの社会は、ますます多くの「危険」を「リスク」に転換し、そしてますます多くの決定を人間の手に委ねつつある。「天災」という形での外部帰属は困難となり、人間に関連するあらゆる現象がリスク化される。もし、何らかの災害に際して、決定に参与すべき当局者が軽々しく「天災」という語を口にするなら、それはあってはならない「責任回避」として、厳しい批判の的になりかねないであろう。

人間にとって制御・予測可能な領域が拡大するということは、従来は人間の「管轄外」であった領域において、夥しい決定を迫られるということだ。あらゆる「天災」が「人災」化すると言い換えてもよい。いくつかの例を取り上げて考えてみよう。

事例②

二〇〇九年、イタリア中部ラクイラで地震が発生、多くの死傷者が出た。検察当局は、地震予知に失敗したとして、国の専門家委員会のメンバーの捜査を開始（二〇一〇年六月五日付『朝日新聞』他各紙報道による）。その後起訴された全員に、禁固刑の実刑が言い渡される（二〇一二年一月一九日付　同）。

「地震予知」はいまだ実用化の途上にある技術であるが、その「失敗」が刑事裁判にまで発展したという事例である。ここにおいて地震災害は明確にリスク化され、それをめぐって責任のコミュニケーションが展開された。我が国においても、二〇一一年の東日本大震災に関連し、気象庁による津波警報のあり方の妥当性を問う裁判（民事）が起こされている。地震はもはや、人知を超えた不可避の災厄とは見做されず、人間の適切な決定によりその被害を回避すべき「リスク」として経験されつつあることを示す事例であると言えるのではないか。

「生」のリスク化——技術と内部的自然

落雷や地震といった災害のリスク化という事例は、われわれを取り巻く自然現象のメカニズムを人間が理解することで、「どうにもならぬもの」が、「合理的予測という手段によって対処可能なもの」へと変換されることを示している。そして、このような「自然のリスク化」が、われわれを取り囲む地水火風・山川草木という意味での「自然」

――ここでは「外部的自然」と呼んでおく――のみならず、人間の「内部的自然」のレベルにおいても進行していることに注意すべきである。次のような事例を見てほしい。

事例③

青い目で足が速く、乳がんになるリスクが低い子どもが欲しい――。親が望む特徴をもつ赤ちゃんを作る「デザイナーベビー」につながる遺伝子解析技術が考案され、米国で特許が認められた。自分と、精子や卵子の提供候補者ごとに遺伝情報を解析して、望み通りの子どもが生まれる確度を予測するシステムだ。科学者からも「倫理的に大きな問題」と批判が出ている。

（中略）

今の遺伝子解析研究の状況では、子どもに出る特徴の確率の信頼度、精度は項目により、大きなばらつきがある。まだ想定通りの結果は出ないが、近い将来、遺伝子解析が進んで精度が高まれば、デザイナーベビーは現実になる、とみる科学者は少なくない。

（二〇一三年一〇月二〇日付『朝日新聞』朝刊より引用）

かつてであれば人間には不可知の領域であった「生殖」に関わる技術が発展したことにより、新たなリスクが生じている。偶然と運命に委ねられる部分が縮小し、人間の手によるコントロール可能な領域が拡大している。注意が必要なのは、引用文にあるように、この技術にも不可避のリスクが伴うという点だ。この場合、望みの形質を具えた子どもが生まれない、という期待外れが生じれば、それはコントロールの失敗と見做され、医師との間の訴訟といった責任のコミュニケーションが発動することになるだろう。

事例④

北海道函館市の産婦人科医院「X医院」（Y院長）が二〇一一年、出生前診断でダウン症と判明した胎児について、誤って「異常なし」と両親に伝え、出産約三カ月後に男児が死亡していたことが二十日、同医院への取材で分かった。

両親は今月十三日、院長らに損害賠償を求める訴訟を函館地裁に起こした。

医院関係者は二十日、取材に応じ、「たまたまミスを犯した。検査会社の検査報告書が分かりづらい書き方で読み間違えた。両親に申し訳ないとおわびを続けてきた」と話した。

（『時事通信』五月二〇日各紙向け配信より引用。元記事では実名）

既に実用化されている、「出生前診断」をめぐる訴訟を報じる記事である。出産前に、胎児の細胞片の遺伝子検査を行うことによって、胎児についての情報を得ることができる。この事例においては、ダウン症であるか否かの診断が問題となっているのであるが、現在では、精度は落ちるものの、母体の血液検査のみで診断する検査法も導入されているという。同日付の『共同通信』による各紙向け配信記事によれば、両親は「妊娠を継続するか、人工妊娠中絶をするか選択の機会を奪われた（傍点は引用者）」と主張しているという。「生命の選別」につながる倫理的問題が、ここで浮上する。人間が知りうること、決定しうることはリスクである。人間の生殖・誕生という場面がリスク化しつつあることを示す事例である。

＊一点だけ確認しておく。筆者はここで、ダウン症児の誕生が一般的に「望ましくない結果」であると主張したいのではない。本文で述べたように、ある結果が「リスク」であるかどうかは、観察者の視座によって左右されうるのである。この事例においては、出生前診断の誤りをめぐる個別の裁判という責任のコミュニケーションの中で、「リスク」として構成されていることを指摘したいのである。

ここに紹介した事例は、いずれも、かつてであれば人間の手が決して届かない不可知の領域であった――それゆえ人間にとっては「偶然」や「運命」に委ねられており、ただ受け容れるしかなかった――事柄が、技術の発展とともに、非知のヴェールを剥ぎ取られ、人間の知の管轄下へと変換されたがゆえに生じたものであることが理解されるだろう。

「自然のリスク化」が、災害や疫病の克服といった、われわれの外部的自然だけにとどまるものではないことは明らかだと思われる。右で挙げたような生殖医療の問題に加えて、再生医療やアンチエイジング（「老い」は受け容れるものではなく克服すべきもの、というわけだ）、あるいはエンハンスメント（医学的手段による、身体能力や認知能力の強化・改善）の是非といった問題群はその例である。怠惰・不節制な生活を送ることによって生活習慣病に罹患することは、本人だけがその結果を引き受けるべき危険ではなく、医療費の増大という点において、他者をも巻き込むリスクとなる。「自然のリスク化」は、われわれの内なる自然――決して意のままにならない領域としての「生老病死」――のレベルにおいても、着実に進行しているのである。

第四節　リスクとしての「未来」――リスク社会における「信頼」の行方

リスク社会の時間構造

前節までの議論をまとめてみよう。「意のままにならない領域」をコントロール可能ならしめようとする欲望が、近代の科学技術を駆動してきた。古代人には、祈りと畏怖の対象でしかなかったもろもろの災害は、今や、われわれが客観的な観測対象として扱い、ある程度の予測と事前対応が可能なものとなった。それは同時に、従来は社会の「外部」へ押しやられ、処理されてきた「危険」を、「リスク」として、社会の内部に招き入れる過程でもあった。人間にとって免れがたい老化や死、あるいは、誕生にまつわる基底的な偶然性すらも、技術によるコントロールに服そうとしている。しかし、「コントロールあるところに、リスクは増大する（『リスクの社会学』一〇三頁）」。未来の不確実性と失敗のリスクに直面して、われわれが見出すのは、参与しなければならない決定の増大と、それに伴う、引き受けるべき責任の増加という事態だ。

そして、こうしたリスクをめぐる責任のコミュニケーションが、とりわけ「裁判」という場において先鋭的に争われることになるという事態は、いくつかの事例をつうじて述べてきたとおりだ。ルーマンは、「法」への要求の増大について次のように述べる。

以前は個人的な運命として耐え忍ぶしかなく、せいぜい宗教的に主題化するしかなかった事態に関しても、他ならぬ全体社会（可能なコミュニケーションの全体としての、包括的な社会システム。Gesellschaft）がその原因であると見なされるようになっていく。それに応じて、さまざまなかたちで個別的に降りかかってくる損害に関しても、全体社会が予防、救済、補償を行うものとの予期が生じてくるのである。そしてそれに関して責任があるのは、政治システムであると同時に、とりわけ法システムだということになる。

（『社会の法』邦訳第二巻七〇六頁、括弧内補足は引用者）

ますます多くの決定が求められ、あらゆる状態が何らかの決定の結果と見做されるという事態が、リスク社会を特徴づけている。ルーマンは、とりわけ法や道徳といった規範的コミュニケーションに対して、あらゆる将来のリスクへ備えよとの、言わば過剰要求が生じているのではないか、との指摘を繰り返し行っている（『リスクの社会学』五五、六九頁など）。すなわち、法が結果指向を強めるということは、首尾一貫した「法／不法」の区別に規制されるのではなく、多かれ少なかれ偶然に依存した損害の有無によって法が左右されることになってしまうというわけだ。あらゆる望ましくない結果について、過剰な責任追及がなされることになれば、人々は安心して生活することができるのだろうか。第三節で紹介した、ラクイラ地震の例を想起してほしい。予知がうまく行かなかった場合、その代償として刑事罰が科されるというのであれば、誰が地震予知研究に携わろうとするだろうか。

ここに現れているのは、「未来」のありようが、つねに現在の決定に依存するものであるという、リスク社会特有の時間構造をめぐる問題である。

近代社会は、起こりうる損害を、自らが生み出し、自らが解決すべきものとして把握する。決定の瞬間において、未来は、リスクとして立ち現れる。リスク社会において経験されるのは、過去と未来の非連続性である。現在において何らかの決定に関与する者は、みずからの決定に依存したものとして未来を把握する。現代のリスク社会の「新しさ」を、ルーマンは、決定ポテンシャルの増大および、決定に依存して未来がますます強力に分岐していく、という点に求めている（『リスクの社会学』五四頁）。その都度の決定は、不確実な未来への投企であり、それ自体がリスクをはらむ。未来が、現在における決定の如何に依存しているのであるから、過去のありようが未来へと一貫して継続するであろうことを当てにすることはできない。

抽象的に言えば、決定は、過去と未来との連関が断ち切られ、そして再確立されるための形式として、把握されうる。決定がなされる場合には常に、過去が自動的に未来へと伸びていくというわけにはいかなくなる。過去と未来との結びつきは解体され、決定へと委ねられる。そして決定は現在においてのみ可能なのであり、また常に別のかたちでも生じうるのである。

（『社会の法』邦訳第二巻四五〇頁）

リスク社会とは、つねに別様でありうる未来の不確実さに対して開かれ、しかも、過去と言う確実性からは切り離された社会である、と言うことができよう。科学技術という人間の営みは、もっぱら未来へと視線を向けている。今日は昨日よりも新しく、明日は今日とはまた違ったものでなければならない。この新しさという契機は、チャンスであると同時に、不意打ち・驚き、そして期待外れとしても、より多く体験される。近代社会にとって、未来は端的にリスクとして現れるのだ（『リスクの社会学』四五頁）。

日常性への信頼の根拠——回復される過去

ここで、リスク／危険の区別が、損害を観察し責任帰属する、われわれの認識の図式に相関的であったことを思い出してほしい。リスクが観察されない場合には、この過去と未来の断絶は露わにならず、むしろ日常性への「慣れ親しみ（Vertrautheit）」によって不確実さが覆い隠されているのだ、と、ルーマンは著書『信頼』で論じている。すなわち、過去が優位を占める「慣れ親しみ」の下にあって、われわれはごく自然に未来が過去と一貫していることを信頼することができ、それゆえリスクは認識されないのだ、と（『信頼』邦訳三二頁）。

慣れ親しまれたものは、疑われることなく存続し、また反復される。熟知された世界が、将来にわたって続いて行く。この信頼の根拠は、既に反復された過去である。リスクではなく、信頼が優位を占める世界。あるいは、時間の断絶が露わになるのではなく、むしろ反復と継続とに安んじることのできる世界——実は、第二節で既にその名に言及した和辻哲郎の倫理学が、そのような時間把握の上に「信頼」を基礎づけようとする試みであったのだ【◆「人間の学」として和辻倫理学については、六章一節の解説も参照してほしい】。

和辻は主著『倫理学』（一九三七〜一九四九）において、信頼という現象の中に、「不定の未来に対してあらかじめ決定的態度を取ること（『全集』一〇巻二八五頁）」が含まれている、と言う。われわれは、大切な人への手紙を、全く見ず知らずの郵便局員に託す。その人が、誠実で信頼に足る人物であることを確認した上でそうするのではない。ポストに手紙を投じるその瞬間に、未来において（言わば未来完了時制において）成就された「配達」という結果が、あらかじめ先取りされるのである。先の引用に続けて和辻は述べる。

かかることの可能であるゆえんは、人間存在において我々の背負っている過去が同時に我々の目指してゆく未来であるからにほかならない。我々の眼前の行為はこの過去と未来の同一において行われる。すなわち我々は行為において帰来するのである。（同）

行為（手紙の投函）が生起するその都度の「現在」において、未来（配達の完了）が先取りされる。そしてその先取りは、共同的存在としての「われわれ」の、過去における無数の経験（手紙が無事に配達されたこと）の蓄積、ないしは沈澱を根拠としてのみ可能になるのである。未来へと踏み出すことが同時に過去を回復すること、過去へと還帰することでもあるという、一種の循環関係が見出されるのだ。こうして、和辻は、「過去と未来との同一」に、信頼現象の成立条件を見出していると言ってよい。

「信頼」の基底にある和辻のこうした時間把握と、既に指摘した、彼の「自然」観との関連を見出すことが可能である。移り行く四季と、定期的に襲来するモンスーン。たとえそれが猛威を振るったとしても、自然へ随順することは、やがて、おのずからなる回復への期待へとつながってゆく。円環的に経めぐる時間こそが、「過去と未来との合一」をもたらし、ひいては、「信頼」の根拠を提供するものであろう。

断絶する時間――過去からの離脱と技術

こうした和辻の議論が、過去に規定されつつ未来へと向かうわれわれの共同性のあり方の一面を、鮮やかに描き出したものであることは確かである。問題となるのは、こうした日常性への信頼が、何らかの「リスク」をきっかけとして、たちまち不確かなものへと転化してしまうことがありうるということだ。

和辻の言うように、われわれは、見知らぬ通行人が突然襲いかかってくることはないと信頼するからこそ、特に身構えることなく雑踏を歩くことができるし、同様に、見知らぬ人が運転するタクシーにわが身を委ねることができる。匿名の他者に対するこうした信頼は、われわれの社会的行為を下支えしている（同　二八二頁）。他方で、こうした信頼は、絶えず裏切りや背反という可能性をも帯びている。他者から信頼される者は、まさに自分が信頼されているということを知りながら、あえてそれを裏切ることができる。道ですれ違う見知らぬ人は、実は恐ろしい通り魔であるのかもしれない。

和辻は「前に一定に仕方で行為せられたということは、後にこの仕方をはずれることを不可能にするものではない」（同　一三頁）と言う。帰来すべき過去からの離反がつねに可能であるという意味において、「共同存在はあらゆる瞬間にその破滅の危険を蔵している」（同）と述べるように、和辻も、「現在」という瞬間が、過去と未来の断絶をもたらしかねない際どさをはらんでいることを見逃してはいない。しかし、この危険は、共同存在が「出て来た本《もと》＝本来性」としての過去を回復させようとする当為の力によって、その都度否定され、あるいは不可視化されることになる。

積み重ねられた過去と、先取りされた未来との一致に「信頼」の根拠を見出し、そこから「間柄」の倫理学を構築しようとした和辻に対し、ルーマンのリスク社会論は、むしろ未来の不確実性に焦点を当て、過去と未来の断絶を観察しようとする。ルーマンにしてみれば、慣れ親しんだ過去に依拠した「信頼」は、「過去から入手しうる情報を過剰利用して将来を規定するというリスク」（『信頼』邦訳三三頁）であって、常に違背の可能性に曝された、言わば未来への「賭け」の如きものだ。リスクという形式によって未来を観察する者は、この賭けがその都度ひどく危ういものとならざるを得ないことを知る。

和辻は、この危うさを「過去の優越」によって克服しようとしたと言いうるだろう。既知なるもの、慣れ親しまれたものの確実性によって、未来の不確実性を縮減しようという戦略だ。和辻倫理学において、「信頼」の根拠は、絶えず過去から備給される。

他方で、内部的自然としての生老病死をも含めた、あらゆる自然的領域をリスク化してやまない現代の科学技術社会においては、時間は未来へと一方的に進行するものとして体験される。未来は過去とは異なったもの、新しいものであり、そのあり方は、現在におけるわれわれの決定に委ねられている。技術は未来の制御を志向し、過去と未来は断絶してゆく。リスク社会において、過去は信頼を備給する確固たる根拠とはなりえず、決定に関与する者は、リスクの源としての不定の未来へと身を投げ出して行かねばならない。

第三節で挙げたさまざまな事例を振り返ってみてほしい。いずれも、過去への参照に依拠するのではなく、合理性を武器として、不確実な未来を制御しようとする試みである。例えば、「家族」のあり方についてはどうだろうか。生殖技術の急速な発展は、われわれにとっての家族という「間柄」の意味を、全面的に改変する可能性がある。人がおのずから老い、病み、死んでゆくといった自然の過程が、より大規模に技術的制御の対象となるなら、「生」や「死」というものの意味も、大きく変容するに違いない。さらには――いささかSF的想像力の範疇に属するが――「人類」の同一性すら変化させかねないものだ。これらは「人間存在の理法（和辻）」としての「倫理」の基底に触れる問題である。

外部的自然についてはどうだろうか。「昨日あったように、明日もあるだろう」という日常性への信頼が脆くも崩れ去る場面を、われわれは数年前に目撃したはずだ。それに伴って起きた原子力発電所の事故を、「自然の、おのずからなる回復」に委ねることなど、もはやできまい。むしろそれは、少なくとも、人間にとって有意味なスケールにおいては不可逆性を持つ事象として体験されている。

リスクの体験は、われわれが自明視して疑わない日常性の堅固さを、疑わしいものにする。こうして、リスク社会における「倫理」の行方は、不明瞭さを増していく。

終わりに――リスク社会の倫理学へ向けて

リスク社会における「信頼」の困難さを、過去との断絶による確実性の喪失、そして日常性を裏打ちしている「自然」の変容という論点に即して考えてきた。こうした状況のもとで、いかにして「リスク社会の倫理学」について考えることが可能なのだろうか。

先に見たように、和辻にしても、日常において破綻なく連続しているように体験される時間が、つねに断絶の危機にさらされていることに気づいていた。和辻においては、共同存在の本来性へと還帰する運動のうちにその断絶を回避する方途が見出されていたのであるが、従来、この点が、個人に対して共同体の全体性を優越させる和辻倫理学の欠点として批判されてもきたのである（もちろん、このような批判がどの程度妥当であるかは、和辻が置かれていた時代的文脈を考慮しつつ議論すべきことではあるのだが）。「過去と未来の同一」という、和辻信頼論の前提のうちに、既存の社会秩序を無批判に正当化してしまったり、目の前の日常性への緊張感なき埋没にとどまってしまったりする危険性が見出されうるのだとすれば、その積極的な克服のためのきっかけを与えるのが、まさに「リスク」という視点であろう。

「昨日あったように、明日もあるだろう」という素朴な信頼が、われわれの行為の可能性を支えていることもまた事実だ。こうした慣れ親しみの世界から出発し、絶えず裏切りと離反の可能性にさらされつつも、そこへ回帰していく運動を記述したものが和辻倫理学だとすれば、「リスク」の体験によって、日常性が動揺し、信頼の無根拠性が露わになる過程を観察するのがルーマンの理論であると言ってよい。対照的にも見える両者の立場であるが、実は、深いレベルで時間性に規定されたわれわれの共同性のありようと、他者信頼の困難さとを、互いに逆方向から照らし出したものであると考えることができる。

リスク社会は、過去という投錨点から切り離され、未来の不確実性に直にさらされている。本章で挙げたさまざまな事例が物語るように、その不確実性を制御して確実ならしめようとする技術の営みそのものが、新たなリスクを生み、責任のコミュニケーションを錯綜させ続けるという逆説的な状況に、われわれは置かれている。ともすればそれは、われわれを先の見えない不安に陥れ、「根拠」の確保へと、性急に駆り立てかねない。「まさに危険とリスク、乗り越えなければならない未来の評価の不確実さに直面して、多くの人々は、旗幟を鮮明にして、自分が道徳的に何を期待しているのか語るように促されていると感じている」（「リスクの道徳・道徳のリスク」三三二頁）とのルーマンの指摘は、そうした性急さへの批判でもあった。なぜならば、そこには、道徳的コミュニケーションが、他者への攻撃という形に転化し、社会統合を可能にするどころか、逆に容易ならざる争いを引き起こしかねないという、道徳固有のリスクへの注意が欠けているからである（『社会構造と意味論』第三巻　三七〇頁）。

リスク源と見做される異質な他者を社会的に排除した上で、慣れ親しまれたものの世界を再構築しようとする動きや、未来への不安に起因する、道徳的コミュニケーションへの過剰な要求（道徳恐慌《モラル・パニック》）といった現象が、「根拠の喪失」へのリアクションとして現出している今日の状況を前にして、「リスクの社会理論」を、現代にふさわしい「信頼の倫理学」のための橋頭保として読み進めていくことは、重要な意義を持つと思われる。

文献案内

ルーマンの著作については、既存の邦訳があるものについてはその訳文を拝借し、頁数もそれに従った。

- Luhmann,N. (1989) *Gesellschaftstruktur und Semantik* Bd.3,Suhrkamp （『社会構造と意味論』）
- ――――(1991) *Soziologie des Risikos*,Walter de Gruyter （『リスクの社会学』）
- ――――(1993) Die Moral des Risikos und das Risiko der Moral in:Bechmann,G.(hrsg.) *Risiko und Gesellschaft*, Westdeutscher Verlag （「リスクの道徳・道徳のリスク」）
- ニクラス・ルーマン 『信頼』 大庭健・正村俊之（訳） 勁草書房、一九九〇年（一九七三年）
- ――――『社会システム理論』 佐藤勉（監訳） 恒星社厚生閣、一九九三年（一九八四年）
- ――――『社会の法』 馬場靖雄・上村隆広・江口厚仁（訳） 法政大学出版局、二〇〇三年（一九九三）
- 和辻哲郎 『和辻哲郎全集』 岩波書店

ルーマンの「社会システム理論」について、さらに詳しく知りたい読者には、次の概説書が有益である。

- ゲオルク・クニール／アルミン・ナセヒ 『ルーマン社会システム理論 「知」の扉を開く』 舘野受男・野崎和義・池田貞夫（訳） 新泉社、一九九五年（一九九三年）

コラム④　「社会システム理論」への招待

佐々木慎吾

例えば、就職活動中の学生が「社会に出たら……」などと発言する場合、その「社会」というのは、おそらく「実際の経済活動の世界」くらいの意味だろうか。評論家が「日本の社会は閉鎖的だ。もっと外国人を……」などと言う場合、それは、「国」単位で区切られ、他の「社会」と明確な文化的差異で特徴づけられる領域のことを指しているだろう。もう少し雑駁に、「世の中」「世間」程度の意味合いで使用することも多いかもしれない。われわれはしばしば「社会」という語を使うが、改めて「社会とは何か?」と問われたなら、一言で答えることは難しいに違いない。

「社会」をどのように捉え、記述の対象とするべきかという問いは、社会学だけでなく、哲学においても重要なテーマだ。「社会システム理論」とは、社会そのものが「システム」であると考える理論だと考えてほしい。

「システム」という語には長い歴史があり、哲学史的にも興味深い問題を提供するものであるが、ここで指摘しておきたいのは、システムの思想が、非還元主義的な科学の理論と密接な関係を持っているということである。このことは、それ自体として有機的な統一性を保っているような実在のレベルとしての「生命」を扱うためには、要素間の相互作用のネットワーク＝システムに着目しなければならない、と考える、生命科学との関係において顕著だ。バラバラの部品の寄せ集めではなく、諸要素がどのように有機的に結合し、また維持されているのか、というメカニズムに注目するというわけである。

ルーマンに大きな影響を与えたタルコット・パーソンズ（一九〇二～一九七九）は、社会システムの要素を諸個人の「行為」と規定した上で、それらが「共有された文化的規範」によって構造化される、と考えた。ここでは、生物個体の「恒常性維持機能（ホメオスタシス）」の考え方が導入され、文化的規範の機能が、もっぱらシステムのパターン維持に割り当てられている（構造‐機能主義）。

他方、パーソンズを批判的に継承したルーマンの理論においては、社会の規範的な統合という考えは放棄される。とりわけルーマンが批判するのは、社会秩序の問題が、伝承された文化という水準に限定されてしまい、「その問題定立がもっぱら過去に移し変えられている」（『社会システム理論』一六〇頁）点である。

そこでルーマンは、マトゥラーナとヴァレラによって提唱された、生物学の「オートポイエーシス」（「自己」と「製作」を表すギリシャ語を組み合わせた造語）概念を独自に一般化した上で社会システムの理論に組み入れた。オートポイエーシス的システムは、自らと環境との差異を自らの活動によって作り出し、維持する。システムの要素は、生ずるや否や忽《たちま》ちのうちに消え去ってしまう。要素は継続的に生産され続けるか、さもなくばシステムであることをやめる（死）かのいずれかである。こうして問題は、「構造の維持」ではなく、「要素の接続」へと置き換えられ、システムの時間性は、未来に対して開放的なものとなる。

ところで、本文では「社会システムの要素はコミュニケーションである」と述べた。これを「コミュニケーション参加者である人間（ないしはその意識）」が社会システムの要素である、と理解するならば、ルーマンの意図からは大きく外れてしまう。人間（やその意識）がコミュニケートするのではない。コミュニケーションだけがコミュニケートできるのである。

この論点は、ルーマンに多大な影響を与えた、「現象学」という二〇世紀哲学の一潮流における「共同主観性（間主観性とも訳される）」の考えを批判的に引き継ぐものである。

ルーマンは、各々の「主観」があくまで独自のオートポイエーシス的システム（心的システム）であると考える。それゆえ、コミュニケーションをつうじて、それらが何らかの単一性へと統合されるとは考えないし、コミュニケーションによって、「私」と「あなた」の差異が取り除かれるとも考えない。コミュニケーションの担い手としての共同主観性という考えは放棄され、代わって登場するのはコミュニケーションのオートポイエーシスの運動である。

何気なく発した言葉が、あなたの意図しない受け取り方をされ、それをきっかけに会話が転がっていく。心の中では（いや、そういうことじゃないんだけど……）と思いつつも、訂正するのも億劫だから、「そういうこと」にしておいたまま会話に参加し続ける、といった体験はよくあることだ。「私」の意識内容とは独立に、「意味」が「意味」を生み、次々と接続していく。人間はコミュニケーションの主体ではなく、その環境となる。

ルーマンの理論は、対話を通じた自他のより良き相互理解であるとか、他者との曇りなき一致などといったビジョンを提出してはくれない。可能なのは、コミュニケーションにおいて何が観察され、何が観察されていないのか、を観察すること。言い換えれば、コミュニケーションによる他者理解の困難さを主題化することである。

第五章

弱さを認めて強くなる

個人の有徳な倫理性に頼らない科学技術倫理の構築にむけて

立花幸司

●本章のキーワード

徳倫理学、社会心理学、状況主義、集団、頑張らせる教育、頑張らせない教育

本章の目的は、科学技術の倫理学においてこれまで前提とされてきた「科学技術者一人一人の倫理性を高める」という考え方の妥当性を検討し、これからの科学技術倫理のあり方として、科学技術者個人の有徳な倫理性に頼らない科学技術倫理を提案することである。まず第一節では、現在の科学技術倫理のあり方を倫理教育の観点から確認し、それをふまえた本章の問いを提出する。ついで第二節では、個人の倫理性に疑問を投げかける心理学研究を概観し、現在の科学技術倫理教育の問題点を指摘する。さいごに第三節では、その問題点を回避するため、これからの科学技術倫理のかたちを代案として提出し、今後の展望を述べる。

第一節　科学技術者の倫理としての徳とその教育

科学技術者が学ぶ必要のある倫理とは何であり、またそれはどのようにして学ばれるのか。まず、科学技術者がそなえるべき倫理が徳であるということについて簡単に確認する（一・一）。ついで、科学技術倫理教育の場面で徳がどのように教育されているのかを事例研究の役割を中心に確認する（一・二）。さいごに、そうした科学技術倫理のあり方について、本稿の問いである徳の教育可能性に対する疑念を表明する（一・三）。（なお、第一節のうち、一・一と一・二は立花（2011）の議論を土台としている。したがって、詳細な議論や文献情報についてはそちらを参照。）

一・一　科学技術者の倫理としての徳

科学技術倫理学の立場の一つに「予防倫理」がある。予防倫理とは、事故を未然に防ぐという観点から科学技術者がそなえるべき倫理を考えるという立場のことである。事故を未然に防ぐことの重要性は明白だが、とりわけ先端的な科学技術を遂行する場面では結果を予測することの困難さ（予測の困難）がつきまとう。それゆえ、定められた規則（手続きやマニュアル）に基づいて正常に科学技術的営為を遂行していたにもかかわらず事故が生じたり被害が拡大したりすることがある。こうした正常な業務の結果として事故が生じてしまうことを「正常な事故」と呼ぶ。予防倫理が登場した背景には、こうした正常な事故を未然に防ぐための方法論が必要とされていたという事情がある。

予防倫理は、規則を細分化することによって事故を予防することは二つの理由から困難だと考える。第一の理由は、事故は個別の多様な要因の結果として生じるが、規則はそうしたあらゆる個別的事例をカバーできるわけではないというものであり、これは規則をめぐる伝統的な問題の一つである。第二の理由は、「規則に則っているから大丈夫だ」という安心感から、人は、規則上問題とはされないがその時々の場面で注目しなければならない事象や要因を見落としてしまったり軽視してしまったりすることがあるというものである。予防倫理は、科学技術上の業務に際して規則はまったく不要だと主張しているわけではない。そうではなく、規則だけで問題を回避しようとすることの限界を指摘しているのである。

では、どのようにして問題を回避するのか。その具体案として予防倫理の提唱するものが、洋の東西を問わず伝統的に「徳（virtue）」という名で呼ばれ、現在では「徳倫理学」として緩やかに一つの理論的な立場を形成している、倫理についての考え方である。徳とは、一人一人に性格としてそなわり、個別に問題を見つけだしそれに対処する能力である。したがって、予防倫理の提唱する「科学技術者が学び身につけるべき倫理」とは、一般的な規則を個別的な場面に適用することで問題に対処する倫理ではなく、科学技術者一人一人に性格としてそなわった徳を発揮して個別に問題に対処する倫理なのである。それゆえ、予防倫理の観点にたてば、そうした徳ある科学技術者の育成が重要な課題となる。

一・二　科学技術者への徳の教育

では、科学技術者はそうした徳をどのようにして学ぶのだろうか。科学技術倫理教育では「事例研究（case study）」を通じた倫理教育が広く行われている。それゆえ、なぜ事例研究が採用されているのかを考えることが答えの近道であろう。

「科学技術者の」という限定を外した一般的な徳（つまり、人としてそなえるべき倫理的な徳）を考えた場合、その中身として「親切心」などが思い浮かぶ。親切心のような一般的な倫理的徳は、規則として学ぶのではない。たとえば、優しい言葉をかけたり手を貸して助けたりすることが親切な行いである場合もあれば、声をかけなかったり助けなかったりすることが親切な行いである場合もある。何が親切な行いであるのかは、その時々で個別に決まるものであり、わたしたちは小さい頃から試行錯誤して学んでいく。言い換えれば、徳は、規則としてではなく、「実地」の学習によって学ばれる。家庭や小学校などのさまざまな場面で繰り返し失敗し親や先生に注意されたり、ときに成功して褒められたりしながら、徐々に習得していくのである。では、科学技術者がそなえるべき徳もそのようにして学ぶことができるのだろうか。

そうはいかない事情がある。たとえば製品のように、科学技術者が扱うものの多くは公衆を対象とし、科学技術者の手元を離れ、社会に流通していく。その際、製造側の人々の倫理観・倫理体質に問題があるとどうなるだろうか。たとえば、新製品の自動車は事故を起こしやすいことがわかっていたのに、そこで立ち止まることをせず、それでもそのまま販売してしまう場合や、事故を何度も起こしているのにリコール隠しをしてしまう場合などを考えてみればよい。こうしたことが起き、ひとたび欠陥品が流通してしまうと、不特定多数の人が（往往にして深刻な）被害を被ることとなる。それゆえ、科学技術者たちは、ともかく流通させてみて、問題が生じてそれで文句を言われたらそのときに自分たちの倫理観を改善すればよいというわけにはいかない。言い換えれば、公衆を対象とする科学技術に携わる人々は、事故を起こしながら倫理観を学ぶことが基本的には許されていないという意味で、自らの倫理観・倫理体質における欠点を浮き彫りにするための「実地」が与えられていないのである。

ではどのようにして学ぶのか。ここで登場するのが「事例研究」である。科学技術者がそなえるべき倫理的な徳は仮想的な事例を体験したり先行事例を追体験したりすることを通じて学ばれる。多くの技術者倫理の教科書で「事例研究」が用いられているのはこうした理由による。そして、事例を通じた学習により、規則として学ぶのではなく、個別的な場面でどのように対応するのかを学ぶことにもなる。

こうして、科学技術倫理の場面で徳を教育する際に事例研究が用いられる理由は、（1）倫理的に注目すべき事柄や求められる振る舞いを事例として提示することにより、明文化された規則に頼らない徳としての倫理性を育むこと、そして（2）実地での体験が難しいゆえに仮想事例・先行事例を通じて学習すること、の二点を兼ね備えた倫理教育の方法とみなされているからである。

一・三　徳への疑問――徳ある科学技術者になれるのだろうか

こうして、科学技術者がそなえるべき倫理とは徳としての倫理であり、またその学びのためには事例研究が有効であるとされているのである。科学技術者は、徳をそなえることにより、日々の業務の中で生じる些細な、しかし見落としてはならない変化や特徴に気づくことができ、また適切に対応することができるようになる。そのことが可能となるためには、規則を細分化しそれを教え込むのではなく、個々の状況に直面した際に何に注目しどう対応するのかを数多くの事例を追体験させることにより身につけることが重要となる。これが科学技術倫理学の分野において、徳倫理学を土台とした予防倫理の主張である。

しかし、この主張はどれほど説得力があるのだろうか。まず、徳として人にそなわる性格は本当にこうした期待に応えられるような代物なのだろうか。また仮にそうしたものだとして、わたしたちはそのように立派なものを身につけることができるのだろうか。つまり、わたしたちは徳ある人になることなどできるのだろうか。もしわたしたちにとって徳を身につけることがきわめて難しいことだとしたら、事例研究を強調してきた科学技術倫理教育は部分的にであれ再考しなければならないし、さらには別の道を模索しなければならないかもしれない。これが本章での問いである。

第二節　徳ある性格なんてあるのだろうか

世の中にはさまざまな性格の人がいる。優しい人、怒りっぽい人、真面目な人、怠惰な人、柔和な人、高圧的な人、正直な人、嘘つきな人など、人のもつ性格は多種多様である。一人一人がどういった性格なのかはよくよくつき合ってみなければわからないにしても、ともかくだれもが一定の性格をそなえているものだとわたしたちは思っている。しかし、こうしたわたしたちの日常的な感覚を覆しかねない研究が心理学の分野でなされてきた。それが今日「状況主義」と呼ばれている一群の研究である。わたしたちの行為は個別的な状況の下でおこなわれるが、状況主義は、そうしたさまざまな状況間で一貫した形で行動を生み出すような性格（心理学では「状況間一貫性」や「通状況的一貫性」という）を人はそなえてはいないと主張する。むしろ、人の行動は状況のもつ些細な要因に大きく影響されるという。

そこで本節では、状況主義の六つの著名な実験をみていくことを通じて、「性格」といったときにわたしたちが期待するものをわたしたちが本当にそなえているのかどうか疑わしいという状況主義の考え方を確認する。（なお、取り上げるものを以下の六つとすることにあたってはAlzola（2008）およびPrinz（2009）を参考にした。また、各実験を紹介するに際して、テクニカルなところや煩瑣と思われるところについては、適宜省略したり簡略化したりしてある。関心のある人は挙げられている原論文を参照してほしい。また、状況主義について包括的に知りたい場合は、Mischel（1968）、Krahé（1992）、渡邊（2010）などが参考になる。）

二・一　ムード効果

あなたが電話をするために（最近はあまり見かけなくなったが）公衆電話の電話ボックスに入ったとしよう。電話をかけて用件を済ませたあなたがボックスから出たとき、向こうから歩いてきた人がつまずいて抱えていた書類をあなたの目の前で地面に散乱させてしまう。さて、あなたはどうすべきだろうか。その状況であなたに求められる振舞いは、散乱した書類を拾うのを手伝うことであろう。もちろん、人にはいろいろな性格があるのだから、あなたは躊躇せず手伝える人かもしれないし、一瞬迷った後で手伝う人かもしれない。電車内で席を譲ることをためらってしまう人の多くがそうであるように、気恥ずかしいとか断られたらどうしようという思いから公衆の面前で人助けをすることができず、後ろめたく思いながらも結局そのまま素通りしてしまう人なのかもしれない。しかし、できるとできないにかかわらず、目の前で書類を散乱させた人を手助けすることが倫理的に求められる行為であることには変わりないであろう。

さて、こうした場面を人為的に作り出した研究がある（Isen and Levin 1972）。被験者たちに電話ボックスに入って電話をしてもらい、出てきたところで実験協力者（サクラ）が目の前で書類を散乱させたとき、落とした書類を拾い集めることを被験者たちが手伝うかどうかを観察したのである。ただしその際、一つの状況設定をおこなった。それは、電話ボックスの釣り銭口のところに小銭が入っていた人のグループと入っていなかった人のグループに分けたのである。つまり、釣り銭口で小銭を見つけたかどうかによって、手伝うか手伝わないかに違いがでるかどうかを調べたのである。結果は歴然だった。小銭を見つけた人の八七・五パーセントの人が手伝ったのに対し、見つけなかった人ではたった四パーセントの人しか手伝わなかったのである。わたしたちにはいろいろな性格があるが、「釣り銭口に小銭があれば困った人の手助けをする」ことを性格に基づいた行動とは考えない。わたしたちは「性格」をそうしたものとは考えていないからである。つまり、被験者たちの行動の違いは、性格に由来したものというよりはむしろ、電話ボックスの釣り銭口で小銭を見つけたかどうかという（倫理的な行為の理由としては）些細な状況的要因に由来していたということを示している。

二・二　傍観者効果

倫理的行動は周りにほかの人がいるかいないかにかかわりなく行うべきであるとわたしたちは考えている。しかし、わたしたちはそのように行動できるのだろうか。この問題に焦点を当てた実験を二つ紹介しよう。

最初の実験は、発作を起こした人の救助を求めるかどうかというものである（Darley and Latané 1968; Latané and Darley 1970）。（ニューヨークのマンハッタンという大都会にある）コロンビア大学の七二人の学生被験者に、新入生が都会での生活で抱える問題について議論をしてもらった。その際、各人はブースに入り、ヘッドセットを装着し、それぞれ順番に約二分ごとにマイクがオンになるのでそのあいだに喋ることで議論をしてもらう。順番に議論をしていくなかで、或るブースに入っている人の番になる。そのときその人（本当は録音テープ）がてんかんの発作を起こし、被験者はそれをヘッドフォンごしに耳にする（そしてそのマイクだけがオンになっているので、どう対応するのかを他の参加者と相談することができない）。そのとき、その被験者が議論を中断してその人の救助を求めるかどうかを調べたのである。録音テープが終わる二分のあいだに発作の報告をしたのは、発作の声を聞いたのは自分だけだと思った被験者の場合で八五パーセント、自分のほかに一人の被験者が聞いていると思った被験者の場合で六二パーセント、自分のほかに四人聞いている人がいると思った被験者の場合で三一パーセントだった。

二つめの実験は、部屋の中に立ち籠める煙について指摘するかどうかというものである（Latané and Darley 1969;

1970)。被験者は部屋のなかで書類を書かされているのだが、その最中に壁の通気口から(偽の)煙が部屋にはいってくる。その部屋に自分しかいない場合は七〇パーセントの人がそのことを報告したのに対してほかに二人いる(しかしその二人は実験協力者なので文句も言わず平然としている)場合には一〇パーセントの人しか報告しなかった。

こうした実験が示しているのは、わたしたちは援助行動や救援行動といったたぐいの倫理的行動を、ほかの人もたちあっている場合には自分は抑制してしまう傾向があるということである。

二・三　善きサマリア人の実験

善きサマリア人の説話というものがある。これは『新約聖書』の「ルカによる福音書」の第一〇章第二五節~第三七節のなかでキリストが語った次の話である。

【25】すると、ある律法の専門家が立ち上がり、イエスを試そうとして言った。「先生、何をしたら、永遠の命を受け継ぐことができるでしょうか。」【26】イエスが、「律法には何と書いてあるか。あなたはそれをどう読んでいるか」と言われると、【27】彼は答えた。「『心を尽くし、精神を尽くし、力を尽くし、思いを尽くして、あなたの神である主を愛しなさい、また、隣人を自分のように愛しなさい』とあります。」【28】イエスは言われた。「正しい答えだ。それを実行しなさい。そうすれば命が得られる。」【29】しかし、彼は自分を正当化しようとして、「では、わたしの隣人とはだれですか」と言った。【30】イエスはお答えになった。「ある人がエルサレムからエリコへ下って行く途中、追いはぎに襲われた。追いはぎはその人の服をはぎ取り、殴りつけ、半殺しにしたまま立ち去った。【31】ある祭司がたまたまその道を下って来たが、その人を見ると、道の向こう側を通って行った。【32】同じように、レビ人もその場所にやって来たが、その人を見ると、道の向こう側を通って行った。【33】と

ころが、旅をしていたあるサマリア人は、そばに来ると、その人を見て憐れに思い、【34】近寄って傷に油とぶどう酒を注ぎ、包帯をして、自分のろばに乗せ、宿屋に連れて行って介抱した。【35】そして、翌日になると、デナリオン銀貨二枚を取り出し、宿屋の主人に渡して言った。『この人を介抱してください。費用がもっとかかったら、帰りがけに払います。』【36】さて、あなたはこの三人の中で、だれが追いはぎに襲われた人の隣人になったと思うか。」【37】律法の専門家は言った。「その人を助けた人です。」そこで、イエスは言われた。「行って、あなたも同じようにしなさい。」

（新共同訳『新約聖書』より。http://www.bible.or.jp/read/vers_search.html）

この説話をめぐる聖書解釈上のさまざまな論点はそれ自体として興味深いものなのだが、それはとりあえず脇におくとしよう。その上でこの話の要点をまとめれば次のようになる。まず、この説話では隣人愛について語られている。祭司などの倫理的に立派であるはずの人たちは道ばたで倒れているユダヤ人を避けて通り過ぎていってしまう。反対に、ユダヤ人から酷い扱いを受けていたサマリア人だけが立ち止まり、手当てし、宿までつれていって介抱し、宿の人に後を託す。キリスト教（的隣人愛）について深い理解をもっていない筆者（＝立花）のような者でも、このサマリア人のように振る舞うことが倫理的に立派であることは知っている。ましてや、キリスト教を信仰しさらにその教説を専門に学んでいる人たちであればなおさらなはずである。

この説話を用いたある実験が行われた（Darley and Batson 1973 ※ただしダーリーらは、この説話の引用として第二五節から始めずに第二九節から始めている。終わりは同じく第三七節である）。プリンストン神学校に所属する四七名の学生たちに、報酬一ドルの質問紙への回答だけではわからないことがあるのでさらに一・五ドルの報酬をあげるからいまから隣の建物に行って、資料を基にした話を五分ほどしてほしいと頼む。その際、次のような計六つのグループ分けを行った。まず、上で引用した善きサマリア人の説話（第二九節〜第三七節）をそのまま資料として読んでもらい、それについて話してもらうグループと（helping-condition）、現代社会において神学校卒業後の進路および良き聖職者の役割が揺らいでいることにかんする資料を読んでもらい、それについて話してもらうグループ（task-relevant condition）の二つに分ける。そしてそのそれぞれのグループを、もう時間が過ぎてしまったといって大急ぎで隣の建物へ向かわせたグループ（high-hurry condition）、もう準備ができているといってある程度急がせたグループ（intermediate-hurry condition）、まもなく準備ができると言ってそれほど急がせなかったグループ（low-hurry condition）の三つにさらに分けるという、計六つのグループである。そのうえで、実験者たちは、それぞれの被験者の移動中、建物を出たところで人（実験協力者）が戸口にもたれかかって座り込んで動かず、頭をうなだれて目を閉じ咳き込んでいる場面に遭遇させた。そして、そのときにどれだけの神学校の学生たちがその人を助けたのかを調べたのである。その結果、動けなくなっていた人に声をかけるなどした人の割合は、それほど急がせなかったグループの場合で六三パーセント、ある程度急がせたグループの場合で二九パーセント、大急ぎで向かわせたグループの場合で一〇パーセントであった。しかし、読んでもらった資料の違いによっても、また別途調べた被験者一人一人の（信仰心などを含めた）性格の違いによっても、援助行動に統計上有意な差は生じなかった。つまり、援助行動の有無にはっきりとした関係が認められたのは、そのときどの程度急いでいたかということだけであり、信仰心などといった性格との関係は確認されなかったのである。

二・四　正直さ研究

嘘はつかないが拾得物をネコババし、さらに試験でカンニングまでするような人のことをわたしたちは正直者だとはいわない。つまり、正直な性格というのは、正直さが求められるさまざまに異なる状況の間で一貫して正直さを発揮する性格のことであり、一般にわたしたちはそうした状況間一貫性をそなえたものとして性格を理解している。かつて、この性格のもつ状況間一貫性を調べた大規模な実験があった（Hartshorne and May 1928）。数多くの学齢期の生徒を対象に三〇以上の状況でどう行動するのかを調査したのである。たとえば、正直さについていえば、自分のほかには誰もいない教室で小銭を見つけたときにネコババするかどうかという「窃盗状況」、教室内の試験で正答が見えたときにそれを書き写すかどうかという「カンニング状況」、そして友人のために先生に嘘をつくかどうかという「嘘つき状況」を設定し、被験者である生徒たちがどのように振る舞うのかを調べた。その結果、たとえば、こうした指標から任意の二つを選んで組み合わせたものの平均相関係数が〇・二三であったのに対して、正答を写さないという指標を六ヶ月後にもういちど実施した場合の平均相関係数は〇・七九であった。これが意味するのは、同種の状況では行動が一貫していたが（これを「通時的安定性」や「継時的安定性」という）、状況間一貫性はほとんどみられなかったということである。つまり、多くの生徒は或る状況では安定して正直に振る舞うものの、さまざまに異なる状況で正直に振る舞うという、わたしたちが正直な「性格」として理解しているような性格をそなえている生徒はほとんどいなかったのである。

二・五　アイヒマン実験・ミルグラム実験

上司や周りから「やれ」と言われても倫理的にやってはいけないことが世の中にはある。家族を人質に取られたとか、言うとおりにしなければ路頭に迷うとか、そういった事情があるならまだしも、やれと言われたことを断ったからといって自分に実害が生じるのでなければそうした指示は断るべきである。これはだれしもが同意する当たり前の倫理観であろう。そして、多くの善良な市民はそうしたまっとうな倫理観を性格としてそなえているだろうとわたしたちは考えている。

しかし、当たり前だと思っていたこの感覚を疑わしいものとする実験がある（Milgram 1963; 1974）。新聞広告等を見て集まった四〇人の人たちに、記憶と学習にかんする実験を行うと（嘘を）伝える。そして、実験の生徒役と教師役を無作為に割り振ったようにみせ、実際にはすべての被験者を教師役に割り当てる。そして部屋に連れて行き、そこで白衣を来た専門の博士が説明をする。生徒役の人に単語の連想にかんする質問を出し、間違えたら電流を流すように、しかも間違えるたびに電圧を上げながら電流を流すように指示される。最初は一五ボルトから始まり最高は四五〇ボルトである。ボルト数の強さについては、電気ショック発生装置のスイッチのところにそれぞれ言葉で説明が書かれている。まず、一五ボルトから六〇ボルトまでのところに「ちょっとした電気ショック（Slight Shock）」と書かれていて、そこから「ほどほどの電気ショック（Moderate Shock）」（七五～一二〇ボルト）、「強い電気ショック（Strong Shock）」（一三五～一八〇ボルト）、「非常に強い電気ショック（Very Strong Shock）」（一九五～二四〇ボルト）、「強烈な電気ショック（Intense Shock）」（二五五～三〇〇ボルト）、「極めて強烈な電気ショック（Extreme Intensity Shock）」（三一五～三六〇ボルト）「危険　深刻なショック（Danger: Severe Shock）」（三七五～四二〇ボルト）とつづき、最後の四三五～四五〇ボルトのところには（この文脈では「致死」を暗示させもする）「XXX」と書かれている。

始める前、試しにこんな感じだといって四五ボルトの電気ショックを被験者に実際に与えリアリティを出す。部屋の向こう側には生徒役の人（実際には実験協力者であるプロの役者）がいる。そして被験者が電気ショックを与えるたびに生徒役は（本当は電気ショックは与えられていないのだがプロの演技で見事にそれらしく）苦しむ。電圧が上がるたびに「もう止めてくれ」などと訴える。被験者の隣に立つ白衣に身を包んだ博士が「どうぞ続けてください」

などと促す。さて、被験者たちはどうしたのだろうか。実験前、研究者たちは、最高の四五〇ボルトまで与える被験者はせいぜい三パーセントだろうと考えていた。しかし、結果はまったく違っていた。全員が三〇〇ボルトまで電圧をあげ、六五パーセントの被験者たちが最高電圧である四五〇ボルトを与えたのである。

この実験は、ナチス政権下でホロコーストを指揮していたアドルフ・アイヒマンが自らの職務を厳格なまでに緻密に遂行したことと後の裁判（一九六一年）における「自分は平凡な人間で、単に上の命令に従っただけだ」という彼の弁明のもつギャップに対して人々が受けた衝撃との繋がりから、「アイヒマン実験」や研究者の名を冠して「ミルグラム実験」などと呼ばれている。この実験の解釈については多くの論争があるが、電気ショックを与えることを放棄しても自分にはなんら実害がないにもかかわらず、多くの（善良だと思われていた）人たちがその状況に飲み込まれ、普段であればしないようなことをしてしまったのである。

二・六　スタンフォード監獄実験

わたしたちはそれぞれ複数の「役割」を担っている。たとえば筆者（立花）の場合であれば、（日本国にとっては）国民・市民であり、（両親にとっては）息子であり、（妻にとっては）夫であり、（子どもたちにとっては）父親であり、（学者仲間にとっては）研究者であり、（勤務先の学生にとっては）教員である。そして、置かれる状況に応じて求められる振る舞いも変わってくる。社会では市民として、大学では教員として、学会では研究者として、家庭では父親や夫として、実家に帰れば息子として振る舞うことが求められるし、通常それらは自然にできる。つまり、状況ごとに役割があり、その時々の状況に基づいてわたしたちは自然と適切に振る舞えるのである。そしてさらに複数の状況のあいだのバランスの取り方も自然とわかっている。わたしは、大学で教員として仕事をしているときに市民としての義務を放棄したり父親としての約束を破ったりしてよいとは考えない。つまり、わたしたちは通常、目下置かれている状況に飲み込まれたりすることなく、それ以外の自分の役割などを踏まえて総合的に判断できるものだと考えているのである。

しかし、人が状況に飲み込まれてしまい、結果的にその中での役割のみを過剰に遂行してしまうことを示唆した実験がある（Haney et al. 1973）。スタンフォード大学の研究者たちは社会的にも精神的にも身体的にも問題がないとされる男性二四名を集め、一日一五ドルの報酬を支払うことで彼らに被験者として実験に参加してもらった。研究者たちは、まず被験者たちを看守役と囚人役にランダムに振り分けた。そして、大学の構内に作られた摸擬監獄で過ごしてもらい、その影響を二週間にわたって調べるという実験をおこなう計画を立てていた。ところが、研究者たちの予想に反し、そして予想以上に、被験者たちは自らの役割に染まっていった。看守役はきわめて看守らしく高圧的でサディスティックになり、囚人役を抑圧し、自尊心を踏みにじるような扱いをした。それに対して囚人役が実験開始からわずか二日で暴動を起こしたりするも、看守役が鎮圧し、さらに懲罰が与えられ、囚人役のなかには精神を病む者がではじめた。その結果、実験は六日で中止された。

この実験の解釈や是非については、実験そのものの倫理的妥当性や実験が頓挫したことなどもありさまざまな議論があるが、ポイントは比較的明瞭である。それは、精神的にも身体的にも健康で社会的にも問題を起こしたことのない「善良」な人々が、置かれた状況次第で倫理的に認められないようなことも行ってしまうということである。つまり、人々の行動は性格よりも状況に左右されるということである。——この実験をおこなった研究者たちは二五年後に寄稿した論文の中で「スタンフォード監獄実験のとき、有効なパーソナリティ・テストを幾つか用いたにもかかわらず、わたしたちにわかったのは、誰があんな風に振る舞うのか、そしてどうしてそんな風に振る舞うのかを予測することばかりか、後から説明することさえもできないということだった」と回顧している（Haney and Zimbardo 1998, 720）。

二・七　状況主義の指摘がもつ科学技術倫理学上の含意

わたしたちは、人にはそれぞれ性格というものがあり、それがわたしたちのさまざまな行動を生み出すと思ってきた。意地悪な人は何かにつけて意地悪だし、意気地のない人は何をやっても意気地なしである。注意深い人は何事も注意深くやってくれるし、時間にきちんとしている人は仕事でもプライベートでも約束の時間に落ち合える。それだから、人の行動をよくしたいのであれば、わたしたちはその人の性格をよいものにすればいいと考えるし、教育や刑法などでもそのことが陰に陽に前提とされてきた。心理学者たちも、人間には性格（パーソナリティ）があることを前提とした上で、その中身についてずっと研究してきた。

しかし、状況主義の主張によれば、わたしたちにはそうした状況間で一貫した性格はそなわっていない。電話ボックスの釣り銭口で小銭を見つけたかどうかだけで人助けをするかしないかが左右されてしまうし（ムード効果）、ほかの人も居合わせていたという理由だけで人助けをしなくなってしまう（傍観者効果）。「隣人愛とは善きサマリア人のように振る舞うことだ」という説話を読んでそれについて話をしに行くはずなのに、急がされただけで神学校の学生が目の前で倒れている人を無視してしまうようになる（善きサマリア人の実験）。特定の状況では正直に振る舞えるが他の状況になると振る舞わなくなる（正直さの実験）。閉鎖的な状況で偉い人に指示されたり、自分に役割が与えられたりすると、してはいけないことだと普段であれば思えていることも自ら進んで行ってしまう（アイヒマン実験、スタンフォード監獄実験）。このように、倫理的な判断の際の理由としてはふさわしくないと通常考えられている些細な状況的要因が、実際にはわたしたちの行動に大きな影響を与えているというのが、状況主義の知見なのである。そしてその知見に基づいて、状況間で一貫した性格というものは存在しないという主張がなされるのである。

状況主義のこの主張が正しいとすれば、徳が性格としてそなわるものである以上、徳もまた存在しないということになる。実際、状況主義のこうした研究を踏まえ、一部の哲学者たちは徳の存在を否定し、徳倫理学は理論的に破綻していると主張している（Harman 1999; Doris 2002 など）。これに対しては徳倫理学者の側からもさまざまな反論が提出されている。たしかに、心理学は経験科学であり、現在の知見が覆されるかもしれない。また、覆されるか否かにかかわらず、定量的な研究のため、状況主義の主張は極めてわずかの人間が状況間で一貫した性格を有していることと両立可能であるかもしれない。状況主義と徳倫理学のあいだの論争がどのようなかたちで決着がつくのかはまだ明らかではないが、しかし、現時点で全体をみたとき、多くの人々が徳ある性格を身につけることは極めて難しいというところまでは言えそうである（状況主義と徳倫理学のあいだの論争については立花（2015）を参照）。そうであるならば、本章で問題にしていたのは、予防倫理の観点から、社会の中で働く数多くの科学技術者たちが徳ある性格を身につけることができるのか否かであるのだから、わたしたちは状況主義からの批判の射程圏内にいることになる。では、状況主義の主張する通り、全体としてみたときに徳ある性格をそなえることなどできない（あるいは容易ではない）のだとしたら、個人に徳としての倫理性を身につけさせようと考えてきた科学技術倫理学はこれからどのように倫理教育の問題に取り組んでいけばよいのだろうか。

第三節　弱さを認めて強くなる

本節では、状況主義による性格概念批判（それゆえまた徳概念批判）を受け入れざるをえないとした場合に、代替的な科学技術倫理の教育としてどのようなかたちがありうるのかを模索する。まず最初に（だめ押しのようだが）状況主義以外にも考慮に入れた方がよいさまざまな知見が**社会心理学**にはあることを確認する（三・一）。ついで、これまでの知見をふまえ、科学技術倫理教育のあり方について発想の転換を提案する（三・二）。そして、この発想の転換を制度として組み込むために何が必要なのかを検討する（三・三）。

三・一　社会心理学上のさまざまな研究

前節では、状況主義の著名な六つの実験を紹介しながら、性格の存在を否定する状況主義的な心理学の立場をみてきた。そこでの主張の核となっていたのは、わたしたちの行動は性格よりもむしろ状況的要因に左右されるというものであった。

社会心理学の研究の多くが、性格の存在を否定するところまではいかずとも、わたしたちの行動に影響を及ぼす社会的な状況的要因について論じている。ここでは、いわゆる状況主義には分類されないが、わたしたちの行動に影響を与える社会的な状況的要因としてどういったものがあるのかについて視座を与えてくれる社会心理学の研究を駆け足で見ていこう。

科学技術者は企業なり部署なり何らかの**集団**のなかで業務に携わるが、集団のあいだに共有された規範（集団規範）がその成員一人一人の判断や感情に影響を与え、個人としては別のことを考え感じていた人でも、その集団にいることで判断や感情が集団規範に同調しやすくなることが研究によって知られている。さらにその同調そのものも研究の対象となっており、自発的に同調する内面的同調と集団規範からの圧力を感じた際に起こる外面的同調の二種類があるといわれている（アイヒマン実験をこの外面的同調と解釈する考え方もある）。反対に、集団規範からの圧力に抗した少数者たちが多数派の意見を変える少数者影響過程の研究もある。

また、集団という点では、自らの所属する内集団をそれ以外の外集団よりもひいきする内集団ひいき（内集団バイアス）もまた研究されている。そして、内集団ひいきによって、内集団の成功失敗要因を冷静に判断できなくなることや、内集団に利益を多く配分することなどが指摘されている。たとえば、判断の場合であれば、同じ失敗でも内集団の場合は環境要因のせいにし、外集団の場合は能力不足のせいにするなどである。これには、自分の性格などから自己を認識する個人的アイデンティティではなく、自分が所属する集団から自己を認識する社会的アイデンティティが影響していると言われている。

さらに、集団として課題に取り組む際に生じるロス（プロセス・ロス）も研究されている。たとえば、複数人で取り組んでいるために調整がうまくいかなくなる事態（調整ロス）や、ほかの人が頑張っているから自分は手を抜いてもいいだろうと判断しその人の生産性が低下する事態（社会的手抜き）、さらには、自分はなるべく楽をしながら集団の成果を享受しようとする事態（フリー・ライダー効果）などである。こうしたことなどとあわせて、集団の凝集性が高く内部情報に依拠しがちな集団の場合、集団の成員一人一人の判断よりも集団として下した判断（集団的意思決定）のほうが劣るのにそれに気づかず同調して行動してしまうという事態（集団的浅慮）が生じやすいことも指摘されている。

このように、社会心理学の研究によればわたしたちの行動は社会的にさまざまな状況的要因から影響を受けているのである。（かなりの駆け足ではあったが、ここで紹介されたものは関係する事柄の全てではない。社会心理学の研究領域はとにかく広い。もっと詳しく知りたい人は、まずは本節で参考とした山岸（2011）を読み通し、どういった研究があるのか見取り図を得たうえで、さらにそこから自分の関心に沿った書籍へと読み進めていくといいだろう。）

三・二　発想を転換してみる

こうしたさまざまな社会的・状況的要因による影響は、集団のなかで業務を遂行する科学技術者にもとうぜん当てはまる。それゆえ、科学技術者の倫理を考察する上で、状況主義のラディカルな批判とならんでこうした社会心理学の知見もまた考慮に入れる必要があろう。

では、自分自身の性格以外のさまざまな社会的・状況的要因によって人の行動が左右されるためにさまざまな状況に対応できるような徳ある性格を育むことが極めて困難であるとするならば、これからの科学技術倫理の教育にはどういった方法があるのだろうか。科学技術倫理の教育はこれまでとはべつのかたちで展開する必要があるとわたしは考える。そこで、ここではひとつ発想の転換を提案しようと思う。

わたしの提案とはこうである。わたしたちはこれまでずっと、どうしたら徳を身につけることができるだろうかを考えてきた。しかし、徳の習得がきわめて難しいとするならば、各人が有徳な人になるという道は思いきって諦めることにして、その反対に、徳を身につけなくともうまく回るような仕組みを作る方がよいのではないだろうか。言い換えれば、科学技術者一人一人の個人の倫理性に頼らない科学技術倫理を構築する方がよいのではないだろうか。これがわたしの提案である。

この提案を教育の観点から述べ直せば次のようになる。まず、わたしたちは「教育」とは人を立派で優れた人にすることだと考えている。こうした教育では、「状況に惑わされたり誘惑に負けたりすることなく、意志を強く持ち、きちんとした振る舞いをしましょう」ということが唱えられている。そしてこれは一人一人を立派にしようとする教育であり、いわば**頑張らせる教育**である。しかし、そうではない教育もありうる。つまり、一人一人が立派になることを目指さない教育、いわば**頑張らせない教育**である。この教育は「わたしたちは意志も弱く状況に惑わされたり誘惑に負けたりするものなのだから、悪いことをしてしまうような状況に陥らないよう気をつけましょう」と唱える。これはいわば、「君はやれば出来る子なんだから、もっとがんばろうよ」という青少年の頃に幾度となく耳にしてきた励ましから、「君はダメな子なんだから、ダメなりにうまくやっていこうよ」という、あまり（あるいはほとんど）聞いたこともなければ励ましとも言い難い、ある意味で消極的な考え方への転換なのである。

この発想の転換はどれほど有効なのだろうか。たしかに、「ダメなりにうまくやっていこう」と言うだけでは慰めにしかならない（いや、慰めにすらならないのかもしれない）。それだから、この慰めはより具体的にしていく必要がある。具体化のための資料は、これまでみてきた状況主義やそのほかの社会心理学などからの経験的な知見である。そこで、前節までの内容をふまえると、上記の「慰め」は、たとえばつぎのような「指摘」のかたちとして具体化することができる。

- 勤務中に不快なことがあった場合、仕事仲間に辛く当たる場合があります。
- 急いでいる場合、重要な情報を軽視したり見落としたりすることがあります。

- 複数人で作業している場合、一人一人の生産性が低下することがあります。
- 集団で意思決定を下す場合、同調圧力がかかり、重要な観点が見落とされたまま合意形成がなされることがあります。

この指摘のもつ二つの特徴を述べておこう。第一に、この指摘は「規則」ではなく「注意喚起」だということである。通常、「規則」とはそれに従わせる拘束力をもち、従わない違反者に対して処罰が下されるものである。たとえば、「運転中にお酒を飲んでいてはならない」という規則がある。それゆえ、わたしたちは運転中に飲みたくなっても飲んでいてはならないし（拘束力）、飲んで運転した場合には（たとえそれによって事故を起こさなかった場合でも）罰せられる（処罰）。飲酒運転禁止のような法的な規則でない場合も同様である。ほとんどの社会的な集団に「勤務中にお酒を飲んでいてはならない」という規則がある。それゆえ、勤務中は、お酒が飲みたくなっても飲んではならないし（拘束力）、飲みながら仕事している場合には（たとえそれで仕事上のミスを犯さなくとも）非難されたり処罰されたりする（処罰）。

これに対して、注意喚起は規則とは異なり、そうした拘束力もなければ処罰もない。たとえば、朝会社に出勤したらロビーが清掃中で「滑りやすいので注意」という張り紙がされていたとしよう。この場合、ソロソロ歩くよう拘束されてはいないので、ゆっくり歩く人々を尻目に、その注意喚起を無視して大股に歩いていってもいい。また、大股で歩いたからといって処罰されるわけでもなければ、転んで自分が怪我をしたところで（失笑されることはあっても）非難されたり処罰されたりもしない。たしかに、注意喚起の文体をしているもののなかには、拘束力や処罰がともなうものがある。たとえば、ふたたび運転の例で言えば、「歩行者飛び出し注意」という注意喚起は、たしかにわたしたちを拘束するように思えるし、実際、歩行者が飛び出してきて人身事故が生じた際には処罰の対象となる。しかしこれは、注意喚起に従わなかったから処罰されるのではなく、刑法上の決まり・規則である「過失」（あるいは刑法における注意義務違反）に基づいて処罰の対象となるのである。その証拠に、仮にその道路に「飛び出し注意」を喚起する看板がなかったとしても、飛び出してきた歩行者と接触した運転手は処罰の対象となる。言い換えれば、注意喚起そのものによって拘束力や処罰が発生するのではなく、注意喚起とは独立の規則によって拘束力や処罰が発生するのであり、注意喚起は拘束力や処罰の発生とは関係がないのである。

第二の特徴は、この「指摘」による注意喚起はつねにリアリストの立場からなされる指摘だということである。先に列挙された指摘はどれも、集団内で業務に携わる人が一般的に陥りやすい問題を指摘し注意を喚起している。こうした注意喚起はそれ自体としてはよく知られているものかもしれないが、ここでのポイントは業務遂行中の人がそうした状況に陥ってしまうことそれ自体を問題にしたりはしないということである。「勤務中に不快なこと」があったり「急いで」いたり「複数人で作業」したり「集団で意思決定」を下したりすることは集団内の業務や普通に生きていれば不可避的に生じることだからである。たとえば、勤務中に不快なことがあれば部下に若干厳しくなることもあるだろう。急いでいれば見落としだってあるだろう。この注意喚起は、「不快なことがあっても頑張って優しく接しろ」とか「急いでいても頑張って見落としをするな」という意味での注意喚起ではない。それでは依然として「頑張らせる教育」のままである。そうではなくて、これは、わたしたちは弱い存在だという現実を受け入れた上で、「不快なことがあれば辛く当たってしまうのだから、不快な心持ちの日はできるだけ他人と接するな」とか「急いでいれば見落としがあるのだから、急いでいるときは他の仕事をしろ」という意味での注意喚起なのである。

この点で、わたしの提案は運転中の「逆光注意」といった注意喚起と似ている。「逆光注意」という看板は「これから先に進むと逆光になるから、頑張って注意深くみろ」という注意喚起ではない。逆光のもとでは視界が不良となるのは人間の視覚の構造上仕方のないことだからである。むしろ、この注意喚起は、逆光になればどうしたって視界が不良になるのだから、「サングラスを掛けろ」とか「速度を落とせ」といった回避的な対応をせよということを意味している。つまり、「逆光注意」という看板は、逆光下では人間の視力ではどうしようもないという現実（視覚的な弱さ）を受け入れた上でそれを回避するための対応策をとるよう促す注意喚起なのである。それと同じように、わたしが提案しているのは、一定の状況下では人間の心ではどうしようもないという現実（心理的な弱さ）を受け入れた上で、回避的な対応策をとるよう促す注意喚起なのである。

列挙したかたちの記述の仕方で実効性があるかどうかは別途実証的に検討する必要がある。しかし、わたしが提案している発想の転換の意味は明確である。つまり、一人一人を立派にすることを目指すのではなく、一人一人が立派にならずともなんとかして目標を達成できるような、そうした考え方に発想を転換しようというのである。これは、頑張って対応できるようにする「頑張らせる教育」ではなく、わたしたちの弱さを認めた上で目標を達成するためには、どこでどう頑張ってはいけないのかを学習することに焦点をおいた「頑張らせない教育」への発想の転換なのである。

三・三　制度への組み込みと倫理教育の可能性

こうした「頑張らせない教育」やその具体的なかたちとして「注意喚起」を提案しても、社会や企業の制度のなかに組み込めないのであれば意味がない。では、わたしの提案はどのようなかたちで組み込むことができるのだろうか。

わたしの考えでは、少なくとも二つのかたちを併用する必要があると思われる。第一のかたちは、注意喚起される事態が生じにくくなるような制度設計をするということである。たとえば、「勤務中に不快なことがあった場合、仕事仲間に辛く当たる場合」があるのならば、勤務中にできるだけ不快感が生じないような職場環境を整えることが実装の一つのかたちになる。これには、たとえば定例会議のスケジュールや社内データのやりとりの仕方といった仕組み上のものから、窓を広くして採光したり観葉植物を置いたりするといった環境上のものまで、さまざまなものが考えられるだろう。こうすることにより、そもそもできるだけ不快にならないようにするというかたちで注意喚起を活かすことができる。

第二のかたちは、注意喚起されている事態が生じた場合に、回避できるようにするということである。職場環境を仕組みの面でも物品の面でも整えたとしても、不快感は生じてしまうことがある。その場合、「いま気持ちが不快なのでこの仕事は後に（あるいは別の人に）回そう」という対応をとることができれば、結果的に不測の事態は回避することができる。あるいは「いま急いでいるのでこのデータの確認は別の人に回そう」という場合もそうである。このように、注意喚起されている事態が生じた場合にその事態を回避するというかたちで、注意喚起を活かすこともできるのである。

たしかに、とりわけ第二のものについては異論があり得よう。「いま急いでいるので」や、とりわけ「いま不愉快な気分なので」は、通常、仕事を後回しにしたり他人に回したりする理由にはならない。労働基準法で定められた所定の労働時間の遵守や労働者の心身の健康をまもるための産業医制度の遵守は理解できても、「不愉快だから他人に回す」などといった考え方は「甘え」であり、自分が頑張ってなんとかすべきものであるとわたしたちは感じてしまうだろう。しかし、わたしたちが徳をそなえた倫理的に立派な人になれないとするならば、そうした感覚から脱却し、

「甘え」とは考えないあり方を模索した方がよいのではないだろうか。そのためには、今述べた二つのかたちを併用するという仕方で注意喚起を社会に実装し、それによって不測の事態の発生を事前に回避するという道を真面目に検討すべきではないだろうか。

科学哲学者の戸田山和久は「技術者倫理自体が一種の工学」であると主張し、科学技術者が日々活動している現場の制度設計が重要であり、制度設計を考察するうえで社会心理学が有益な知見を提供してくれると指摘する（戸田山 2012, 107, 111）。また、アリストテレス研究者にしてビジネス倫理学者であるエドウィン・ハートマンは、人が状況的要因に容易に影響されるという社会心理学の知見がビジネス倫理を考える上で重要であることを指摘した上で、自分たちがどういった場合に影響されるのかを事前に知ることにより、それ以前と比べてより問題に対処できるようになるという知見を紹介している（Hartman 2013）。そして、電機メーカーに勤務する企業人の田中基寛は、社会が組織制御の方法として「法–規格–リスク」という仕組みを確立していったことで個人による問題解決に頼らない仕組みが進んできていると述べている【◆本書第二章第三節】。彼らの指摘や報告はわたしのこれまでの提案と同じ路線であり、基本的には同意する。「基本的には」と限定を付したのは、制度設計によってすべて達成できるかどうかは検討する必要があるからである。たとえば、制度設計にできることには限りがあり、部分的には性格を依然として問題とする心理学や倫理学としての側面が残る可能性も考えられる。

そう考えられる理由は二つある。第一に、すべてを制度設計とすることは規則の細分化を不可避的に含む。注意喚起の細分化やそれに伴う制度や仕組みの精緻化には、関係する規則を細かく整備していくことが含まれることは避けられないだろう。しかし、規則の細分化によっては問題は解消されないというのが予防倫理の考え方の一つであった。（予防倫理の考え方は、規則の精緻化によって問題は解消できないという主張と、それを補うものとしての徳という主張の二つからなる。本章が否定的に捉えているのは二つめだけである。）それゆえ、予防倫理のこの考え方を維持するならば、工学的な営みだけで問題を解消する道をとることは適切ではない。むしろ、制度設計によって解消できる部分とできない部分を見定め、できる部分は科学技術倫理的工学に任せ、できない部分は心理学と手を携えた倫理教育が担うという余地を検討する必要がある。

第二の理由は、すでに指摘したように状況主義的な考え方自体がまだ論争中の議論だというものである。したがって、状況主義的な主張が修正を迫られた場合、性格にかんする心理学や倫理学の取り組みが、制度設計以外の面で活用される可能性が考えられる。この点を検討するためにはつぎの二つのことに取り組む必要があるだろう。一つは、状況主義の主張の妥当性の検討である。状況主義に対する徳倫理学の側からの批判と応酬をふまえて、状況主義的な主張がどこまで妥当なのかを再検討した上で、性格として成り立つ部分と成り立ちがたい部分とを明らかにする必要がある（徳倫理学と状況主義のあいだの論争については立花（2015）を参照）。そこから、教育によって人間を倫理的にすることがどこまで、またどのようにして可能なのかを示し、それに基づいて科学技術者に対する倫理教育のかたちを提案することが必要となる。二つめは、人はどのようにして状況を選ぶのかという問題の検討である。人と状況の関係として、本章ではこれまで状況が人の性格や行動に影響を与える仕方をみてきたが、他方で、人は状況を選択する存在でもある。人の性格（「性格」といったときその中身がどの程度残されたものになるのかは議論があるが）が状況の選択に与える影響にかんする研究も進められている（Krahé 1992）。そうした研究をふまえ、不適切な状況を避けるための方策を、制度設計という手立てとは別に、状況を適切に選択する性格を育む倫理教育として検討する必要がある。

結語

状況から独立した徳ある性格という考え方をこれまで通り維持することはおそらく困難である。そのことが意味するのは、わたしたちは、倫理的には自分が思っていた以上に弱い存在だということを認めざるをえないということである。しかしこれを認めることは倫理的な敗北宣言ではない。これまで論じてきたように、わたしたちが陥りやすい状況に対する注意喚起をおこない、またそうした注意喚起を集団や企業のなかにさまざまな仕方で実装することによって、わたしたちは自分の倫理的な弱さが露呈してしまいそうな状況を避けることができる。そして、そうした状況を避けることにより、わたしたちは倫理的に不適切な判断や振る舞いを避け、その反対に、結果的に適切な判断や振る舞いをとることができるようになる。これはつまり、自分たちが倫理的に弱い存在であることを認めることによって、結果として倫理的に強い存在となることができるということである。これからの科学技術倫理は、科学技術者にあまり過度な要求をするのではなく、そうしないですむような環境を全体としてどのようにして作り上げることができるのかを考察し、また提案していくことが求められているのである。

日本語文献

■立花幸司（2011）「科学技術の倫理の学び方——学習方法の視点から」、所収『科学技術の倫理学』、勢力尚雅編、梓出版社、pp. 149–180

■———（2015）「徳と状況」所収『モラル・サイコロジーII』、太田紘史編著、春秋社、近刊

- 戸田山和久（2012）「社会心理学によそから期待したいのだが……」、所収『心と社会を科学する』、唐沢かおり・戸田山和久編、東京大学出版会、pp. 95－115
- 山岸俊男監修（2011）『徹底図解　社会心理学』、神星出版社
- 渡邊芳之（2010）『性格とは何だったのか――心理学と日常概念』新曜社

英語文献

- Alzola, M., (2008) Character and Environment: The Stats of Virtues in Organizations. *Journal of Business Ethics*, 78: 343－357.
- Darley, J. M. and C. D. Batson, (1973) From Jerusalem to Jericho: A Study of Situational and Dispositional Variables In Helping Behavior. *Journal of Personality and Social Psychology*, 27: 100－108.
- Darley, J. M. and B. Latané, (1968) Bystander Intervention in Emergencies: Diffusion of Responsibility. *Journal of Personality and Social Psychology*, 8: 377－383.
- Doris, J. M., (2002) *Lack of Character: Personality and Moral Behavior*. Cambridge University Press.
- Haney, G. C. Banks, and P. Zimbardo, (1973) Interpersonal Dynamics in a Simulated Prison. *International Journal of Criminology and Penology*, 1: 69－97.
- Haney, G. and P. Zimbardo, (1998) The Past and Future of U.S. Prison Policy: Twenty-Five Years after the Stanford Prison Experiment. *American Psychologist*, 53(7): 709－727.
- Harman, G., (1999) Moral Philosophy Meets Social Psychology: Virtue Ethics and the Fundamental Attribution Error. *Proceedings of the Aristotelian Society New Series*, 99: 315－331.

- Hartman, E., (2013) The Virtue Approach to Business Ethics. In: *The Cambridge Companion to Virtue Ethics*. Edited by D. C. Russell. Cambridge University Press, pp. 240–264.〔邦訳：エドウィン・ハートマン（2015）「ビジネス倫理に対する、徳にもとづくアプローチ」佐良土茂樹・稲村一隆翻訳、所収　ダニエル・C・ラッセル編（2015）『徳倫理学――ケンブリッジ・コンパニオン・シリーズ』、立花幸司監訳、相澤康隆・稲村一隆・佐良土茂樹翻訳、春秋社、近刊〕
- Hartshorne, H. and M. A. May, (1928) *Studies in the Nature of Character. Vol. I: Studies in Deceit*. Macmillan.
- Isen, A. M. and P. F. Levin, (1972) Effect of Feeling Good on Helping: Cookies and Kindness. *Journal of Personality and Social Psychology*, 21: 384–388.
- Krahé, B., (1992) *Personality and Social Psychology: Towards a Synthesis*. Sage Publication.〔邦訳：B・クラーエ（1996）『社会的状況とパーソナリティ』、掘毛一也編訳、北大路書房〕
- Latané, B. and J. M. Darley, (1969) Bystander "Apathy". *American Scientist*, 57(2): 244–268.
- ――――, (1970) *The Unresponsive Bystander: Why Doesn't He Help?* Appelton-Century Crofts.
- Milgram, S. (1963) Behavioral Study of Obedience. *Journal of Abnormal and Social Psychology* 67: 371–378.
- ――――, (1974) *Obedience to Authority*. Harper and Row.〔邦訳：スタンレー・ミルグラム（2012）『服従の心理』山形浩生翻訳、河出文庫〕
- Mischel, W., (1968) *Personality and Assessment*. John Wiley and Sons.〔邦訳：ウォルター・ミッシェル（1992）『パーソナリティの理論：状況主義的アプローチ』、詫摩武俊監訳、誠信書房〕
- Prinz, J., (2009) The Normativity Challenge: Cultural Psychology Provides the Real Threat to Virtue Ethics. *The Journal of Ethics*, 13:117–144.

※本稿はＪＳＰＳ科研費２６７７０００７の助成を受けたものである。

コラム⑤ 倫理について 私たちはどこまで知っているだろうか?

矢島壮平

本書は「科学技術の倫理」を標題に掲げており、科学技術の倫理にまつわる諸問題を扱っているが、科学技術の倫理の問題とは、「科学技術の」という修飾語が付いているとはいえ、基本的には「倫理」の問題であると言って差し支えないだろう。十七世紀から十八世紀にかけてのイギリスの思想家であるバーナード・マンデヴィルは、その主著『蜂の寓話』の冒頭で次のように述べている。

自分自身のことを理解する人のこれほどに少ない大きな理由の一つは、ほとんどの著述家が、人がどうすべきかを彼らに教えるのであって、彼らが本当は何であるのかを伝えることについては、ほとんど頭を悩ませることがないからである。

本書は「倫理」の本である以上、「人がどうすべきか」について語る本である。倫理的問題は常に待ったなしでの解決を求めてくる以上、私たちは「人がどうすべきか」について語ることをやめるわけにはいかない。しかし一方で、「人がどうすべきか」について語る際に、そのように語る私たち自身が「本当は何であるのか」について、私たちはどれだけのことを知っているだろうか。未解決のまま日々あふれ返る倫理的問題の数々を眺めると、倫理的問題を解決する私たちの能力は、いまだ成熟しきっていないようにも思われる。仮にそうであるなら、こうした未成熟の理由の一つは、私たち自身が「本当は何であるのか」について、そして私たち自身の本質的な一部としての「倫理」について、私たちがそもそもあまりよく知らないことにあるのではないだろうか。

こうした問題意識の下、このコラムでは、まず私たちの倫理において重要な位置を占める「意図的」という概念についての実験研究を検討し、この概念に未知の部分があることを確認する。次に、この未知の部分について知ろうとするアダム・スミスの試みを概観した上で、倫理的問題の解決のためにも、倫理の「科学」の試みを進め続けなくてはならないと結論する。

「意図的」という概念

倫理において重要な位置を占めており、古来哲学的議論の対象となっている概念の一つに、「意図的(intentional/intentionally)」というものがある。日常生活においても、わざと（つまり意図的に）やったかどうかによって、その行為に対して向けられる非難の大きさが変わってくるし、法律においても、犯罪行為が故意である（つまり意図的である）かどうかによって、刑罰の有無や量刑が変わってくる。「意図的」という概念は、私たちの生活に深く浸透しており、しかも、私たちが倫理について語る際には、意識的であるにしろ、無意識的であるにしろ、避けては通れない概念であるようにすら思える。そしてこれは、「科学技術の」倫理について語る際にも言えることである。たとえば、ある科学的実験のデータが信頼性を欠くとき、そのデータを意図的に「捏造」されたものとみなすかどうかは、その実験者に対する私たちの倫理的評価に大きな影響を与えるだろう。このように、ある行為が「意図的」かどうかというのは、倫理において非常に重要な（そしておそらくは不可欠な）役割を果たしているように思える。

「意図的」というのはそれほどまでに重要な概念なのだから、私たちは当然この概念について十分に理解しているはずである。むしろ、そうした理解なしに倫理について語ることなど不可能であるようにも思える。しかしここで、私たちがこの概念を十分理解していないことを示す事例として、哲学者のジョシュア・ノーブが行った心理実験を一つ紹介したい（Knobe 2003）。彼はこの実験で、被験者に二つのエピソードを読んでもらった。第一のエピソードは次のようなものだ。

> ある会社の副社長が代表取締役のところに出向いてこう言った。「新しい事業計画を開始しようと考えています。この計画はわが社の収益の増加に貢献しますが、同時に自然環境を破壊します。」
>
> 代表取締役はこう答えた。「自然環境を破壊するかなんてどうでもいい。私はただできるだけ収益をあげたいだけだ。その新しい計画を始めようじゃないか。」
>
> 彼らは新しい事業計画を開始した。もちろん自然環境は破壊された。

このエピソードを読んでもらったあとで、ノーブは被験者に「代表取締役は意図的に自然環境を破壊したか」という質問をした。結果として大多数（八二パーセント）の被験者が、意図的であると回答した。

次にノーブは、同じ被験者に第二のエピソードを読んでもらった。

> ある会社の副社長が代表取締役のところに出向いてこう言った。「新しい事業計画を開始しようと考えていま

す。この計画はわが社の収益の増加に貢献しますが、同時に自然環境を改善します。」
代表取締役はこう答えた。「自然環境を改善するかなんてどうでもいい。私はただできるだけ収益をあげたいだけだ。その新しい計画を始めようじゃないか。」
彼らは新しい事業計画を開始した。もちろん自然環境は改善された。

このエピソードを読んでもらったあとで、やはりノーブは被験者に「代表取締役は意図的に自然環境を改善したか」という質問をした。結果は第一のエピソードのときと対照的であり、今度は七七パーセントの被験者がこれは意図的ではないと回答した。しかし、第一のエピソードと第二のエピソードを比べてもらえればわかるが、両者が違うのは、「破壊」か「改善」かだけである。にもかかわらず、代表取締役の行為は第一のエピソードでは意図的であると判断され、第二のエピソードでは意図的ではないと判断されるのである。

この現象に対するノーブの説明は、次のようなものである。まず、私たちは通常、「意図的」という概念が「意図（intention）」という名詞の形容詞／副詞形であり、「意図のある／意図を持って」という意味で使われていると考えがちであるが、そうではない。実際に右の二つのエピソードについて、代表取締役に自然環境を改善する／破壊する「意図」があったかどうかと被験者に尋ねると、自然環境を改善する第二のエピソードについてだけでなく、自然環境を破壊する第一のエピソードについても、代表取締役にそれぞれの意図があると答えたのは少数派（第一のエピソードについて二九パーセント、第二のエピソードについて〇パーセント）だった（Knobe 2004）。つまり、第一のエピソードにおいて、代表取締役の自然環境を破壊するという行為は、意図はなかったが、意図的であると判断されているのである。こうした実験結果は、「意図」という概念と「意図的」という概念とが、二つの異なる概念であることを示している。ノーブの言い方で言えば、「意図」という概念は、行為を予測し説明するためのツールとして使われる「純粋に心理学的な概念」である。しかし、「意図的」という概念は、「改善」か「破壊」かによって、つまり、行為が利益をもたらすか損害をもたらすかによって、概念の適用が影響を受けるという点において、「何らかの根本的な意味で、道徳的なもの」なのである（Knobe & Burra 2006, p. 123）。

ノーブのこうした説明の力点は、「意図的」という概念が、普通考えられている「意図のある／意図を持って」というような意味を持つ素朴心理学的概念ではなく、もっと根本的に道徳的、倫理的な概念であるというところに置かれているようである。しかし、こうしたノーブの説明の内容自体の妥当性についてはおくにしても、彼は、右の実験結果を見て私たちが一番興味深く感じ、そして知りたいと思うはずのことを説明していないように思える。すなわち、私たちが知りたいのは、自然環境の「改善」か「破壊」かによって、つまりは、行為が利益をもたらすか損害をもたらすかによって、「意図的」という倫理的概念の適用が影響を受ける、その理由ではないだろうか。

「意図的」というこの倫理的に重要な概念について、このように私たちの知らない部分があるということを、ノーブの実験は確かに浮き彫りにしている。だが、ノーブの実験、そして冒頭で引用したマンデヴィルの指摘を待つまでもなく、こうした倫理についての無知を克服する試みは学として古代から連綿と続いているのであり、現在それは倫理学や道徳哲学と呼ばれる分野をなしている。そしてこれらの学問分野において、この利益と損害の非対称性については、実はよく認識されているのである。

次節では一例として、十八世紀のイギリスの哲学者であるアダム・スミスが、こうした利益と損害の非対称性とその理由について、どのように説明していたのかを見てみよう。彼によれば、ノーブの実験に見られるような利益と損害の非対称性の理由は、私たち人間の本性が志向する目的により説明されることとなる。

正義と慈恵

アダム・スミスの著作として最も有名なのは、経済学を主題とする『国富論』だろうが、彼には道徳哲学に関する『道徳感情論』という著作もあることは比較的知られていない。この本の第二部第二篇は「正義と慈恵について（Of Justice and Beneficence）」と題されており、正義と慈恵という二種類の徳が比較されている。まず、スミスによれば、「適切な動機から生じる、有益な傾向性を持つ行為」は、感謝（gratitude）の適切な対象であって報償（reward）に値し、また同様にして「不適切な動機から生じる、有害な傾向性を持つ行為」は、憤怒（resentment）の適切な対象であって処罰（punishment）に値する（Smith 1976, II.ii.1.1–2, p. 78、強調付加）。そして、スミスにおける慈恵の徳とは、報償に値する行為、すなわち、他人に利益をもたらす行為をする人が持つ徳であり、一方で正義の徳とは、処罰に値する行為、すなわち、他人に損害をもたらす行為をしない人が持つ徳のことである。

さらにスミスは、利益と損害の非対称性、慈恵と正義の徳の間の非対称性について認識していた。彼は、「慈恵は常に、自由で、力により強要されるものではなく、それを欠いているというだけで処罰にさらされることはない」と述べる一方で、正義については、「その遵守は私たち自身の意志の自由に任されるものではなく、それは力により強要することが許され、その侵害は憤怒に、そして結果として処罰にさらされる」と述べている（*ibid.*, II.ii.1.3 & 5, pp. 78 & 79）。このような、処罰により強制される危害禁止の義務（正義）と、処罰により強制されることのない援助義務（慈恵）との区別自体は、完全義務と不完全義務の区別として、道徳哲学の分野ではよく知られている。だが、そのなかでも特異的であるのは、この二つの徳の区別と、その区別を生み出している利益と損害の非対称性の理由について、スミスが与えた説明である。

スミスによれば、正義が力により強制され、慈恵が強制されないという非対称性が存在する理由は、「社会は、その最も快適な状態ではないにしろ、慈恵なしでも存続できるが、不正義の横行は完全にそれを破壊するに違いない」からである（*ibid.*, II.ii.3.3, p. 86）。確かに、人々が互いに助け合わない社会は、発展はしないにしろ、すぐ滅びることはないだろうが、人々が互いに害しあうような社会が滅亡を免れるのは難しいだろう。つまり彼によれば、正義が強制されて慈恵が強制されないのは、社会の存続という目的のためなのである。これだけを見ると、スミスは功利主義者だったのかと思われるかもしれない。処罰により強制される正義がもたらす社会効用をスミスが認識していたという一面において、確かに彼を功利主義者と呼ぶことはできるだろう。しかしまた別の一面において、彼はまったく功利主義者ではなかった。なぜなら彼は、そうした功利主義的な目的を「人間の知恵（the wisdom of man）」にではなく、「神の知恵（the wisdom of God）」に帰していたからである（*ibid.*, II.ii.3.5, p. 87）。

スミスは、人間が社会を存続させようと配慮することが処罰の動機となることを完全に否定するわけではないが、一方で、「私たちがまず最初に、個人に対して犯された罪に対する処罰に関心を抱くのは、社会の保存への配慮によってではない」ということ、つまり、人間がそもそも処罰へと突き動かされるのは、社会を存続させようという功利主義的思考によるのではないことを強調する（*ibid.*, II.ii.3.10, p. 89）。そうではなく、「私たちを最も即時的かつ直接的に処罰へと駆り立てる」のは、憤怒という感情なのである（*ibid.*, II.i.1.2, p. 68）。そしてこうした憤怒の感情は、社会の存続という目的、ひいては、「社会の中でしか生存できない」人間という動物の「自己保存、そして種の拡散」という目的のために、「自然の創造主（Author of nature）」たる神が人間本性（human nature）の一部として人間に植え付けたものなのである（*ibid.*, II.i.5.10, p. 77; II.ii.3.1, p. 85）。

正確に言えば、スミスがこのように説明した利益と損害の非対称性は、前節でノーブが実験的に指摘した非対称性と異なる。ノーブが指摘していたのは、「意図的」という概念の適用の非対称性だったが、スミスが説明しているのは、処罰による強制の非対称性である。実際のところ、スミスは「意図的」という概念については、ノーブの言うような非対称性があることに気づいていなかったようである（cf. *ibid.*, II.iii.2.6–10, pp. 101–104）。

しかし、「意図的」という概念の適用の非対称性についても、スミスの説明を次のようにあてはめることはできるだろう。すなわち、社会の存続という目的を達成するには、他人に利益を与える行為を強制する必要はないが、他人に損害を与える行為をしないように強制する必要がある。そしてこれは、行為に「意図」があるかどうかにかかわらずそうである。なぜなら、そこに「意図」があろうがなかろうが、他人に損害を与える行為は社会の存続を脅かす可能性があるからである。そこで、社会の存続という目的から、他人に損害を与える行為に対しては、実際の「意図」の有無にかかわらず、他人に利益を与える行為よりも「意図的」という倫理的概念を広く適用することで、その行為を処罰や非難の対象とするよう、人間本性はできていると考えることができる。

倫理の科学

前節で見た、利益と損害の非対称性の理由についてのスミスの説明に対し、失望を禁じ得ないという人もいるかもしれない。なぜなら、その説明の最後のところで神という超自然的な存在に訴えているからであり、これは確かに科学技術の発達した現代に生きる私たちにとって、なかなか受け入れがたい主張である。その意味では、利益と損害の非対称性の理由は依然として未知であり続けている。

だが本当に重要なのは、スミスが、倫理の基盤をなす私たち自身の人間本性について未知の部分があることを十分認識し、それについて知ろうとする試みをやめなかったという事実である。スミスは『天文学史』という論文で次のように述べている（Smith 1980, II.12, p. 45）。

> 哲学（philosophy）とは、自然を結び付ける原理の科学（science）である。

また別の箇所で、スミスは哲学を「自然の多様な現れを統合する、隠された結び付きを明らかにしようとする科学」

（*ibid*., III.3, p.51）と述べている。ここで言われている「科学」は、今日よりも広い意味で使われている。この「science」という英単語の語源はラテン語の「scientia（スキエンティア）」であり、これは「知っていること、知識」を意味する。つまりスミスにとって、倫理を探究する「道徳哲学（moral philosophy）」とは、人間の内なる自然、人間本性の因果関係を結び付ける原理・法則を知ろうとする学問として、倫理の「科学」だったのである（Smith 1976b, V.i.f.25, pp. 768–769）。そしてこの倫理の科学は、人間本性としての倫理に関する知識を追究する学問を広く包含するのであり、現代で言えば、それはいわゆる倫理学、道徳哲学にとどまらない諸学を包含することになるだろう。

右で見た利益と損害の非対称性を含め、倫理について、人間本性について、私たちが知らないことは、まだまだ多いのではないだろうか。もし私たちが「人がどうすべきか」について語り、「科学技術の」倫理の問題を含めた倫理的諸問題を解決したいと考えるなら、私たち自身が「本当は何であるのか」を追究する倫理の科学の試みを進め続けなくてはならない。そして、その共通の目的の下では、「人文」や「社会」、「自然」という接頭語での限定には何の意味もないように思える。

参考文献

- Knobe, J. (2003). Intentional Action and Side Effects in Ordinary Language. *Analysis* 63, 190–194.
- Knobe, J. (2004). Intention, Intentional Action and Moral Considerations. *Analysis* 64, 181–187.
- Knobe, J. and Burra, A. (2006). The Folk Concepts of Intention and Intentional Action: A Cross-Cultural Study. *Journal of Culture and Cognition* 6, 113–132.
- Knobe, J. (2008). The Concept of Intentional Action: A Case Study in the Uses of Folk Psychology. In J. Knobe and S. Nichols (Eds.), *Experimental Philosophy*. New York: Oxford University Press.
- Mandeville, B. (1924). *The Fable of the Bees: or Private Vices, Publick Benefits, Vols. 1–2*. Ed. by F. B. Kaye. Oxford University Press. Reprinted by Liberty Fund.（邦訳 バーナード・マンデヴィル『蜂の寓話——私悪すなわち公益』、泉谷治訳、法政大学出版局、一九八五年）
- Smith, A. (1976a). *The Theory of Moral Sentiments, the Glasgow Edition of the Works and Correspondence of Adam Smith 1*. Ed. by D. D. Raphael and A. L. Macfie. Oxford University Press. Reprinted by Liberty Fund.（邦訳 アダム・スミス『道徳感情論』、高哲男訳、講談社学術文庫、

二〇一三年）

■Smith, A. (1976b). *An Inquiry into the Nature and Causes of the Wealth of Nations, the Glasgow Edition of the Works and Correspondence of Adam Smith 2*. Ed. by R. H. Campbell and A. S. Skinner. Oxford University Press. Reprinted by Liberty Fund.（邦訳 アダム・スミス『国富論』一〜三、大河内一男監訳、中公文庫、一九七八年）

■Smith, A. (1980). History of Astronomy. In W. P. D.Wightman (Ed.), *Essays on Philosophical Subjects, the Glasgow Edition of the Works and Correspondence of Adam Smith 3*, pp. 33–105. Oxford University Press. Reprinted by Liberty Fund.（邦訳 アダム・スミス『アダム・スミス哲学論文集』、水田洋ほか訳、名古屋大学出版会、一九九三年）

＊なお、本文中の訳文は筆者によるものである。

コラム⑥「相当の対価」の倫理的根拠

矢島壮平

このコラムの執筆時（二〇一四年一〇月現在）において、科学技術と関連して最も世間をにぎわしている話題の一つが、特許法における職務発明制度の問題である。この問題が話題となっている理由は二つあり、一つには、政府が職務発明制度を見直す方向で特許法を改正する方針であると盛んに報道されているということがある。そして、もう一つの理由は、青色発光ダイオード訴訟で職務発明の対価を争ったことで有名な中村修二が、二〇一四年のノーベル物理学賞を受賞することが決定したからである。このコラムでは、特許法の職務発明規定、特に「相当の対価」に関する規定の倫理的根拠について考察してみたい。

わが国の現行（二〇一四年現在）の特許法において、いわゆる職務発明について規定しているのは第三五条であるが、この内容を理解するため、まずは「特許権」と「特許を受ける権利」という二つの権利の違いについて見てみよう。特許権とは、産業の発達に寄与する発明（特許法第二条第一項で「発明」とは、「自然法則を利用した技術的思想の創作のうち高度のもの」と定義されている）をした者に対し、その発明を公開する代償として国家権力から与えられる、業としての発明の実施に関する独占排他権である。たとえば、あなたがAという発明について特許権を持っていれば、他の者が勝手にAという発明を実施して何か商売をすることは、あなたの特許権を侵害することになる。

これに対し、特許を受ける権利とは、ある発明をした発明者が、その発明という行為によって獲得する権利であり、その発明について特許出願をし、特許権を取得できる権利である（特許法第二九条第一項柱書）。つまり、特許を受ける権利とは、原始的には必ず発明者である自然人（生物学的ヒト）に帰属し、この権利を持つ者以外は、その発明について特許出願をして特許権を得ることができない。そこで、もし発明者以外の者（自然人や法人）がその発明について特許権を得ようとするのであれば、発明者から特許を受ける権利を譲り受けて特許出願をするか、あるいは、すでに特許権を持つ者からそれを譲り受けるしかないということになる。

我が国における二〇一三年の特許出願件数は三二万八、四三六件であり、そのうち法人による出願は三一万八、九四四件であって、出願件数全体の約九七パーセントを占めている（特許庁編『特許行政年次報告書二〇一四年版――統計・資料編』による）。発明者は常に自然人であり、法人が発明者となることはないので、我が国の特許出願の大半は、法人が自然人である個人から特許を受ける権利を譲り受けて出願しているということになる。そしてこのような出願の多くは、企業や大学などの研究機関が出願人であり、それら研究機関に勤務する研究者が発明者である。つまり、研究者である従業者等が、使用者等（企業や大学）の研究設備や資金を後ろ盾に発明を行い、その後、使用者等は従業者等から特許を受ける権利を譲り受けて特許出願し、特許権の取得を目指すパターンが、現在の特許出願の主流をなしている。

ここで、従業者等がした発明であって、その性質上使用者等の業務範囲に属し、かつ、その発明をするに至った行為が使用者等における従業者等の現在または過去の職務に属する発明が、職務発明であると定義されている（特許法第三五条第一項）。右で述べたような事情を鑑みると、我が国での特許出願の多くが、企業や大学等の研究機関に所属する研究者の職務発明に関するものであると言える。特許法第三五条第一項及び第二項は、職務発明に関する特許権について、使用者等に通常実施権（ライセンス）を認めるとともに、事前に従業者等との間で権利を承継する契約等を結ぶこと（予約承継と呼ばれる）を許容し、発明のための資金提供や設備投資等を行った使用者等の利益を保護している。一方で、特許法第三五条第三項から第五項は、従業者等から使用者等へ、職務発明についての権利（特許を受ける権利または特許権）の承継がなされた場合には、従業者等には「相当の対価」の支払いを受ける権利があることを定めて、従業者等の権利保護を図っている。

さて、職務発明規定に関して現実に主な争点となるのは、この「相当の対価」についてである。ここで、特許法のこうした規定を定める根拠となった私たちの倫理的規範を、たとえば次のように表現することができるだろう。

規範① 使用者等は、従業者等がした職務発明による貢献に対し、相応の代償を支払うべきである。

この規範に従えば、たとえば、企業の社員による特許発明について、その企業が権利を承継し、結果としてその発明がその企業の売上に大きく貢献したならば、その貢献に応じてその社員に相応の代償（「相当の対価」）を支払うべきであるということになる。

では、そもそもなぜ私たちは、法律にしてまでこの規範①を守るべきなのだろうか。言い換えれば、使用者等が従業者等の貢献に報いなければならない根拠、理由は何なのだろうか。

政策や法制という観点から言えば、従業者等に正当に報いることによって、彼らの発明への意欲を増進させ、ひいては産業の発達を促すためだと言うこともできる。実際に特許法の法目的は、「発明の保護及び利用を図ることにより、発明を奨励し、もつて産業の発達に寄与すること」と定められている（特許法第一条）。だが一方でこの説明は、従業者等が正当に報いられることを求める理由については何も述べていない。産業の発達という目的とは無関係に、従業者等は、自らの貢献に対し正当な報償があるべきだと考えるだろう。また、当事者のみならず第三者の立場から見ても、産業の発達という目的がなくとも、使用者等は従業者等の貢献に報いるべきだと思うのではないだろうか。仮にそうだとすると、規範①を守ることには、産業の発達という目的のほかに、もっと別の根本的な理由があると考えられる。

　そこで、規範①を守るべき理由として、たとえばさらにもっと一般化された次の倫理的規範②を挙げることができるだろう。

規範②　集団は、個人の貢献に対し、相応の見返りを与えるべきである。

もしこの規範②が遵守されるべきであるのなら、使用者等は集団であり、従業者等は個人であるのだから、より個別具体的な倫理的規範①も遵守すべきであるということになる。規範②は規範①の根拠、理由となるのである。

　しかし、問題は依然として残っている。すなわち今度は、私たちがなぜ規範②という倫理的規範を守るべきであるのか、その理由が問われるからである。つまり、規範①の理由として規範②を挙げることは、問題を一段上へと棚上げしたに過ぎないとも言える。だが、この棚上げにより、個別具体的な職務発明規定の根拠の問いは、より一般的な倫理的規範の根拠、理由の問いへと移行する。そして、必要であればこうした棚上げを繰り返しつつ、倫理的規範の究極的根拠を問うことは、コラム⑤で述べた「倫理の科学」の課題の一つであると言えるだろう。

参考文献

- 特許庁編『特許行政年次報告書二〇一四年版――統計・資料編』（http://www.jpo.go.jp/shiryou/toushin/nenji/nenpou2014_index.htm）
- 特許庁編『工業所有権法（産業財産権法）逐条解説〔第19版〕』（http://www.jpo.go.jp/shiryou/hourei/kakokai/cikujyoukaisetu.htm）

第六章

技術から科学技術へ、科学技術から「人間の学」へ

西塚俊太

●本章のキーワード
自然と環境　発明と発見　責任の所在　コミュニケーションの「場」　人と人との間柄　意図と結果

第一節　三木清の『技術哲学』

黒船来航と「科学技術」

嘉永六（一八五三）年、アメリカ合衆国東インド艦隊司令長官マシュー・カルブレイス・ペリーに率いられて、樹脂で黒塗りされた四隻の軍艦が浦賀沖に現れた。黒船の来航として知られるこの出来事が当時の日本人に与えた衝撃は、おそらく、現代を生きる私たちが歴史史料を通じて想像する状況をはるかに超えて大きなものであったことだろう。というのも、来航した四隻の軍艦には、高くそびえる煙突から煙を立ち上らせる二隻の蒸気船が含まれていたか

らである。多くの日本人はこのとき初めて、巨大な軍艦を蒸気機関という人工の動力によって意のままに操縦する驚くべき様を目の当たりにした。黒船の来航を介して**「科学技術」**という未知の原理と出会い、それが可能にする強大な力に圧倒されたのである。

当然のことながら、当時の日本にも世界的水準から見ても決してひけをとることのない、職人たちの練達の技芸に裏打ちされた**「技術」**が無数に存在していた。木材の性質を極限まで活かしながら寸分の狂いもなく製作された家具や建築物、美術品のみならず日用の細かな品々に至るまで丁寧に施された華麗な装飾、実用性と美を高度に調和させた刀剣や鍔、美麗でどこまでも柔らかな絹織物など、日本の職人が有する技術は西洋の人々に驚きを与えるに十分な水準を誇るものであった。

しかし、それにもかかわらず、幕末から明治時代にかけての時期に流入した西洋の文物は、大きな衝撃を伴って迎えられた。江戸時代末期の思想家・佐久間象山は、「東洋道徳、西洋芸術（技術のこと）」（『省諐録《せいけんろく》』）という表現のもと、東洋の伝統的思想を残しつつ西洋の知識や技術を採り入れていくという考え方を示したが、これはすなわち、「西洋芸術（技術）」というものが、古代中国から連綿と受け継がれてきた誇り高い「東洋道徳」を対置しなければならない程に、圧倒的な力を有するものとして、さらには、それまでの日本の技術とは質を異にするものとして、佐久間象山の目に映っていたということでもある。つまり、当時の日本の技術と「西洋芸術」との間には、程度の大小の差と同時に質の違いもまた存在していたと言えるのである。

幕末から明治時代にかけての日本人が経験したのは、「西洋芸術」、今日の言葉でいうところの「科学技術」という未知の原理・力との出会いであった。それでは、それまでの日本に存在していた技術と西洋が新たにもたらした科学技術との間にあった質の違いとは、一体何だったのだろうか。この技術と科学技術の関係について、本章では以下、日本近代の哲学者・三木清（一八九七―一九四五）の思想、特に、昭和十七（一九四二）年に公刊された著作『技術哲学』を導きとしながら考察を進めていくことになる。

「自然」と「環境」

三木の『技術哲学』は、昭和十六（一九四一）年に岩波講座『倫理学』の一冊として中心論文「技術哲学」が発表され、これに附録二篇を加えて成立したものである。この点について注目されるのは、日本近代哲学史を通じて最も早い段階で技術の問題を哲学の主題に据えたこの著作が、倫理学講座の一冊として企画され、「技術」を人間の行為と関連付けて論じているということである。技術の問題が倫理学の課題として、つまり、人間の行為に関する問題として考察されているのである。

『技術哲学』の中で三木はまず、私たち人間がつねに何かしらの「環境」の中に存在しており、その環境から働きかけられ、また逆にその環境に働きかけているという事態に注目する。ここでいうところの環境とは、単に「自然」のみを意味するものではないという点に注意したい。「自然環境」という表現がすでに市民権を得て広く使用されていることが示すように、私たちは現在、自然と環境という二つの用語をほぼ同一の意味で使用することが多い。しかし、人間との関係という視点に立つ場合、自然と環境は異なる意味合いを帯びることになる。

例えば自然という用語は英語で言うnatureに相当する。すなわち、日照・降雨・気温・湿度といった天候状況や気象現象、土地・海洋やそこに生息する動植物、その中でも人間の活動の影響が少なく比較的手付かずのまま保たれている地勢や生態系などがとりわけ「自然」と呼ばれる。つまり自然は人間の活動と関わりを持たずともそれとして成立するもの、さらに言えば、人間との関係性が希薄となる程に自然本来の意味が強まるものと考えることが出来る。

これに対して環境は私たち人間を取り囲み影響を与えるものと定義される。空調の効いた快適な室内も、通勤・通学客ですし詰めになっている人いきれに満ちた電車内も、無数の人々が行き交う超高層ビル群の一角も、私たち人間を取り囲み影響を与えるものである場合、それがたとえ人工物や機械設備であっても「環境」とされるのである。また、周囲の人々や倫理・道徳・慣習・制度・条例・法律といった社会的なルールなども、日常における私たちの振舞い方に大きく影響する「社会的環境」と考えられる。そしてもちろん、自然も人間の活動に影響を及ぼす場合は環境の一部とみなされることになる。

要するに、自然と環境という用語の間にある概念上の相違は人間の活動との関係という点に集約されるのであり、以下では、技術的な行為との関係から環境に焦点を絞って考察を進めていくことになる。【◆この自然と環境の相違は、近年関心が高まっている自然保護・環境保護の問題と深く関係する。この点について、本章第二節において現代の問題の一例を確認する。（事例①）】

「技術」の成立

さて三木は、技術の誕生は新しい行為の形の「発明」であると論じる。人間は環境に対して、さしあたり、反射的・本能的に適応することで生きてゆくことが出来る。しかしその適応には限界があり、環境が大きく変化した場合には、反射的・本能的な行為の仕方では対応し切れない事態が生じてしまう。この人間と環境との不調和や対立を解消して新しい環境に適応するために、新たな行為の形が発明されていく。三木はここに技術の成立を見て取るのである。技術とは、一度断絶してしまった人間と環境とを再び結び付けて調和させる媒介として発明されるものなのである。

技術は本能とは異なっている。例えばハチやクモが作り出す巣は、精巧な幾何学的構造を有している。しかしハチやクモが巣を作り出す能力は、他の製品を新たに生み出すことの出来ない、本能によって固定された融通のきかない能力であると三木は指摘する。繰り返しとなるが、本能とは異なる「技術」とは、人間と環境との間の不調和や対立を前提とし、そしてその不調和・対立を乗り越えて人間が環境と再び結び付くための新しい行為の形として生み出されるものと、三木は考えている。三木の思想においては、新しい行為の形としての技術を生み出すことが出来るという点に、人間と動物との差異が、さらには他の動物に対する人間の優越性さえもが見出されているのである。【◆技術をめぐる人間と他の動植物との差異という点は、三木の思想の理解を大きく左右する重要な論点と言える。コラム⑦では、「自然の技術」に関する三木の論述を通じて、技術をめぐる三木の思考が内含する可能性と残された課題の一端を確認することになる。】

「W・ケーラーによる「洞察学習」の実験」

三木は、新たな技術の発明を人間特有の能力とする一方で、技術の原型は人間以外の動物にもみとめられるとも論じている。特に、チンパンジーの「洞察学習」に関するヴォルフガング・ケーラーの実験の中に、技術の成立の原型の一つを見出している。

ケーラーによる洞察学習の実験とは、次のような手順のもとに進められたものである。

①チンパンジーを檻の中に入れ、檻の外や部屋の天井などの手の届かない場所に、好物のバナナを設置する。

②檻の中には「バナナには届かない程度の短い棒」や「いくつかの空き箱」を、檻の外には「長い棒」を置く。

③その結果、「空き箱を積み上げてバナナを手に入れるもの」や、「短い棒によって檻の外の長い棒を手繰り寄せて、長い棒を用いてバナナを手に入れるもの」、中には「短い棒と長い棒をつないで新たな道具を作り出すもの」まで現れた。

④これは「練習」や「試行錯誤」によらずに突如として解決手段を見出す「洞察」の存在を示したものと言える。

「発明」と「発見」

技術は新たに発明されるもの、つまり、それまで存在していなかったものである。この点において技術（発明）は**「発見」**とは異なっている。発明と発見の相違に関する三木の表現を引用してみよう。

アメリカはコロンブスによって発見された、この大陸はそれ以前から既に存在していてただ知られていなかったのみである。しかるに火薬は発明されたものである、それは、それが技術家によって作られる以前には全く存在しなかったのであるから。発見というのは、従来誰も気付かなかったにしても、自然界においては既に存在していた種々の関係を知覚することである。発見されるものは我々の心から独立に存在しているもの、即ち全く客観的なものである。我々の心の活動はただそれが従来は覆い隠されていたのを顕わにするだけである。これに反して発明というのは未だ嘗て存在したことのない関係を樹立することである。それは既存の要素を構成的に同化して、行動の新しい総合、新しい型或いは形態を形成することである。即ち発明はその本質において創造的である。

自然の法則は人間の作るものでなく、ただ人間によって発見されるのであり、科学の仕事はその発見にある。発明は本来の意味では技術の領域においてのみ語られることができる。

（『技術哲学』（『三木清全集　第七巻』）、二二四－二二五頁）

すでに存在しているものを見出す「発見」に対して、「発明」は新たなものを創造する営みである。この発明と発見の関係について三木が注目するのは、ジョージ・スティーブンソンによる蒸気機関車の実用化である。スティーブンソンが蒸気機関車をレール上で成功裏に走行させた時点で、鉄をレール状に加工して利用する方法はすでに知られていた。また同様に、蒸気機関の原理も知られていた。つまり、蒸気機関車を構成する「鉄のレール」と「蒸気機関」という二つの要素はすでに存在していたわけである。それにもかかわらずスティーブンソンによる蒸気機関車の実用化が十九世紀における最も重要な発明とされるのは、「鉄のレール」と「蒸気機関」という二つの要素を一つに総合し、人間が環境に対して適応する新しい行為の形を生み出したからである。

「G・スティーブンソンによる「蒸気機関車」の実用化」

一般的に「鉄道の父」と言えばジョージ・スティーブンソンのことを指すが、軌道上を実動する世界初の蒸気機関車を開発したのはリチャード・トレビシックである。それにもかかわらずスティーブンソンが「鉄道の父」とされているのは、彼が蒸気機関車を用いた公共鉄道の実用化に成功したことによる。トレビシックの開発した蒸気機関車は走行には成功したものの、レールの強度不足により鉄道としての本格的な実用には至らなかった。トレビシックが用いたレールは強度に難のある鋳鉄製レールであったため、機関車の重量に耐えられずに破損してしまったのである。

蒸気機関車の発明をめぐるこの事例は、私たちに次の二つのことを示しているように思われる。それは、

①発明の社会的な認知には、「実用化」という契機が深く関わってくる。

②発明は、それを具現化するための素材開発や先行技術を必要とする場合がある。

の二点である。これは、発明はつねにその時々の社会的な環境と不可分に結びついているということでもある。

「道具」と「機械」

ところで、技術の多くは**「道具」**と深いつながりをもっているものである。発明の歴史は道具の発展の歴史とみなすことも出来るだろう。その歴史の中で重要となるのが道具から**「機械」**への発展である。機械は広義には道具の一種であるが、単純な道具と機械との間には、やはり、質的な差異が存在しているように思われる。

道具の根本的な特徴の一つは、それが人間の手との結び付きを持つという点にある。道具の性能を最大限に引き出して有効に使用出来るか否かは、その道具の使用者の熟練度によって大きく左右される。道具はいわば人間の手の延長なのであり、また、道具にとっての動力は人間の身体なのである。特に日本においては、自身の技能を磨き上げることと道具が有する性能を十全に引き出すこととが渾然となった「職人」や「名人」の手仕事の技術が高く評価されることが多い。（日本の芸術・芸道における「名人」概念の意義については、田中久文『日本美を哲学する――あはれ・幽玄・さ

び・いき』（青土社、二〇一三年）の「第五章　茶の湯」を参照して欲しい。）

道具のこの特徴と比べた場合の機械の決定的な特徴は、人間からの独立という点に存在している。すなわち、熟練した職人の手が実現していた精密な動作を機構（メカニズム）に代替し、人間の身体が与えていた動力を蒸気機関などの人工の外的動力に代替することで、機械は人間から独立するのである。そしてその結果として、機械は人間の手と結び付いていた従来の道具を中心とする技術ではとうていなし得なかった水準の生産力を可能とし、また一方で、その生産力を背景として機械自体がさらなる発展を遂げることになる。近代以降の社会においては、このようなサイクルのもとで、「機械技術」が加速度的に自己発展し続けていく。幕末の日本人が黒船を通じて垣間見たのは、人間から独立した動力を有する機械技術の姿であり、また、近代科学と結び付いて日々飛躍的に自己発展を遂げてゆく「科学技術」の圧倒的な力だったのである。

「科学技術」と日常

日本語において、ありふれた出来事は「日常茶飯事」と表現される。すなわち、日々繰り返される、食事をしてお茶を飲むというあり様こそが、日常を代表する姿であると考えられているわけである。さてこの日常のあり方であるが、現代社会においては、科学技術こそが日常を代表するものとなっているのではないだろうか。交通・物流・通信システムの運用、セキュリティ管理、食品まで含む製造ラインのコントロール、電気・ガス・上下水道などのライフラインの整備・保守などなど、例を挙げ尽くせない程に私たちの日常生活は科学技術によって支えられている。

このように現代の私たちの生活に不可欠な科学技術であるが、「科学技術」という用語は「科学」と「技術」という二つの要素によって成り立っている。そしてこの「科学」と「技術」はつねに結び付いているわけではない。金槌で釘を打つことや包丁で野菜を切ることのように科学を必要としない技術は無数に存在しているし、技術化されることのない科学についても同様である。大まかな分類としては、科学は自然の客観的・一般的・普遍的な法則や真理を求める営みで、技術は実践的な行為として表れるものということになるだろう。つまり科学と技術はそれぞれ独立したカテゴリーなのであるが、近代以降、科学の進展が技術の発達を促し、また一方で、新しい技術の開発が科学の進歩の一助となるという形で、科学と技術が相互に影響を与え合い、両者が密接に結び付いた「科学技術」として急速に発展してきた。そして今や、科学技術は私たちの生活の隅々まで溶け込んで日常茶飯に用いられるようになっている。【◆「科学」と「技術」のフィードバック・サイクル（循環システム）については、第三章において具体例を用いて詳しく論じられている。】

これは、本来は日常の「知」をはるかに超えているはずの高度な科学が、技術化されることを通じて日常的に用いられているということを意味している。そしてここにこそ、現代の科学技術をめぐる問題を考察するにあたっての最大の難点が存在しているのである。日常生活において当たり前のように用いられている科学技術であるが、私たちはそれらがどのような原理によって成り立っているのかほとんど知ってはいない。社会的なインフラストラクチャーの背後で働くシステムの全体を見通すことが出来ない。それ故に、例えば身近な電化製品に些末な不具合が起きるだけで日常生活は円滑なものではなくなってしまうし、発電施設に事故が発生することで引き起こされる社会的影響は専門家の想像をはるかに凌駕する規模となってしまうのである。【◆この問題について、本章第二節で現代の事例を一点確認する。（事例②）】

科学技術と責任の所在

近代以降の技術のもう一つの特徴は、技術の使用者や製品の作り手の顔が見えないことが多いという点にある。このことについて三木は、『人生論ノート』に所収されている「人間の条件について」(昭和十四(一九三九)年)という一篇の中で次のように論じている。

以前の人間は限定された世界のうちに生活していた。その住む地域は端から端まで見通しのできるものであった。その用いる道具は何処の何某が作ったものであり、その技量はどれほどのものであるかが分っていた。また彼が得る報道や知識にしても、何処の何某から出たものであり、その人がどれほど信用のできる男であるかが知られていた。このように彼の生活条件、彼の環境が限定されたものであったところから、従って形の見えるものであったところから、人間自身も、その精神においても、その表情においても、その風貌においても、はっきりした形のあるものであった。つまり以前の人間には性格があった。

しかるに今日の人間の条件は異っている。現代人は無限定な世界に住んでいる。私は私の使っている道具が何処の何某の作ったものであるかを知らないし、私が拠り所にしている報道や知識も何処の何某から出たものであるかを知らない。すべてがアノニム(無名)のものであるというのみでない。すべてがアモルフ(無定形)のものである。かような生活条件のうちに生きるものとして現代人自身も無名な、無定形なものとなり、無性格なものとなっている。

(「人間の条件について」『三木清全集 第一巻』、二五七―二五八頁)

近代以降の技術、特に機械技術は、人間からの独立という点にその特徴を有しているのであった。それと並行するようにして、「私は私の使っている道具が何処の何某の作ったものであるかを知らない」という現象が社会に現れることになる。科学技術が社会の隅々まで浸透しているにもかかわらず、というよりもむしろ、日常においてもはや意識されないいい程に浸透していいるからこそ、私たちは自らが日々の生活の中で利用している技術や製品が「何処の何某の作ったものである」のか、いかなるシステムのもとで運用されているものであるのかを知らないのである。

そもそも技術というものは、人間と環境との間の不調和や対立を再び結び付ける媒介として生み出されるものなのであった。それが近代以降、人間から独立する傾向を帯び始め、現代においては科学技術が原因となる社会問題も多数発生するに至っている。科学技術こそが、人間と環境との間に不調和や対立を生み出す根源となっているのである。それでは、科学技術やそれを用いて生み出される数多くの製品についての善さや悪さという価値評価は、いかなる地点で発生するものなのだろうか。

科学技術やそれによって生み出される製品は、それら自体においては善さや悪さといった価値に対して中立的であるとする考え方が、まずはあり得るだろう。この場合、善さ・悪さは人間による利用の仕方との関わりの中で生じてくるということになる。例えば鋭利なナイフは、「食材」を美味しい「料理」へと調理することを可能にしてくれるという善い性質をもつ一方で、場合によっては人間同士がお互いを傷付け合うための悪い性質を有する道具にもなり得るものである。他方では、科学技術やその製品自体がつねに避け難く何かしらの善さや悪さの価値を帯びているとする見方を採ることもまた、十分に可能である。例えば兵器が「戦闘」のための道具以外のなにものでもなく、コンピュータ・ウイルスがコンピュータ・システムに侵入してデータやプログラムを破壊するソフトウェアであるように、現在使用されている多くの製品は使用目的と分かち難く結び付きながら存在している。【◆この問題に関しては、本章第二節において具体的事例を用いて考察する。（事例③）】

ここで問題となるのが、科学技術が何かしらの事故を引き起こしてしまった際の**責任の所在**である。科学技術とその製品が善さ・悪さといった価値に対して中立的であるとすると、すべては使用する人間の問題ということになり、事故を引き起こした当該の科学技術や製品自体の問題が不問に付されてしまうことにもつながる。海外において銃を用いた犯罪や事故が起きた際、銃規制の声が一定程度広がりながらも最終的には使用者の自己責任や抵抗権の問題として落着してしまうことなどが、その一例であろう。また反対に、科学技術とその製品自体が善さや悪さを生み出す要因であるとすれば、私たちは事故に対する責任を使用者に問うことが困難となってしまうことだろう。

さらには、現代における技術や製品の多くが「何処の何某の作ったものである」のか不透明である故に、誰にいかなる形で事故の責任を問えばよいのかという点が問題となる。社会全体に科学技術が浸透しているということは、科学技術に起因する事故の責任を社会全体が負っているということとも考えられる。そして社会全体に責任があるということは、科学技術に起因する事故が発生した際に、丸山真男が『現代政治の思想と行動』の中で「無責任の体系」として指摘したような、個人としては誰一人として責任を負わないという事態にもつながってしまいかねないのである。

科学技術と対話の「場」

三木は技術の発展とそれによって引き起こされる問題との関係について、次のように述べている。

> 機械の発達は生産力の増大となって人間生活の発展に大きな寄与をなした。その影響はいわゆる産業革命となって人間の社会生活に大きな変化を生じた。ところで人間生活の発展に役立ったものがやがてその桎梏に転化する

というのは歴史の一般的法則である。人間生活を発達させた機械はやがて人間生活を圧迫するに至ったのである。そしてここに技術に関する重大な社会的並びに道徳的問題が生じたのである。そしてその時以来、技術の問題が問題として自覚され、一般的関心を喚び起すようになったのである。

（『技術哲学』（『三木清全集 第七巻』）、二四六―二四七頁）

ここで三木が触れている技術の問題に関する一般的関心の一つの例として、近年、専門家のみで形成されるコミュニティに閉じることのない、一般市民まで含む開かれたコミュニケーションの「場」を創出する試みがなされている。しかしながらその試みには、当該の分野における専門家でさえ完全には見通すことの出来ない高度な科学技術の問題に一般市民が取り組むことにまつわる困難が、不可避的に付いて回るように思われる。生活上の諸事を抱えながら日々の仕事を忙しくこなし、その上でさらに科学技術に関する高度な知識を得て討論の場に参加するというのは、非現実的とまでは言わないまでも、非専門家である一般市民にとっては非常に高い壁であることは間違いない。だからと言って、日常的な感覚のみに基づいて発言してみても、その発言は、現代の高度な科学技術の問題に対しては有効に働かないのみならず、事態をもつれさせ悪化させる一因ともなってしまいかねない。

感情のみを拠りどころとして発せられた言葉は、異なる感情を抱いている者との間に合意を形成することがない。本音をさらけ出し合う対話が事態を好転させるというのは多くの場合において単なる理想論に過ぎず、感情と感情の対立は往々にして互いの間にある溝をより深く広いものとなして事態のいっそうの混乱をもたらしてしまう。また一方で、論理のみに基づいた判断は他者の心へと届き得ず、思いを動かすことが出来ない。正義感ばかりに支えられて社会的な不正を暴き出す者は、その思いとは裏腹に次なる対立を生み出す種を植える者ともなりかねない。つまり、科学技術にまつわる問題の難しさは、感情と論理の双方を併せ持たなくてはならないという点に集約されるのである。これは言い換えると、みずからの思いや感情あるいは信念を拠りどころとしつつも、それらを論理のもとに言い取り、自身とは異なる考えを持つ人々との対話を重ねていくという、人間としての極めて高度な姿勢が要求されるということでもある。

分業化と対話

分業化が進んだ現代においては、しばしば、ある分野で専門家である者は他の分野では素人に近い程度の知識しか有していないということがあるし、特定の立場に置かれている個人が全体的な状況を見通した上で判断を下すことはほぼ不可能であると言える。要するに、科学技術に関する問題を前にした時には科学技術者も含めた当事者のそれぞれが知識の量と問題の捉え方を異にしているのであり、その点に問題解決に際しての難しさが存在している。

このような科学技術が引き起こす現代の諸問題に対して「倫理学」という学問分野がなし得る最大の働きは、科学技術に完全に依存してしまっている現代社会のあり様を描写して鋭く批判するという点には存在していないように思われる。まして、日々の生活の中で抱く個人的な違和感を表明することではないだろう。これはもちろん、科学技術の使用が生み出す社会問題や自然に与えてしまっている負荷を顧みる必要がない、ということでは決してない。社会のあり様に関する絶えざる反省という営みが倫理学という学問の重要な責務の一つであることは間違いない。しかしそれでも忘れてはならないのは、倫理学者や科学技術の倫理学を学ぶ者もまた、科学技術やその問題の全体像を知り尽くすことの出来ない特定の立場に置かれた個人であり、その意見は唯一の正しいビジョンなどではなく、対話の場を形作る意見の一つだということである。

困難を乗り越えるためにおそらく最も重要となるのは、問題に関わっている当事者が互いの違いを理解した上で解決の道を探っていくという、「人と人との間」にある人間としての対話の「場」の創出であるだろう。科学技術によって引き起こされる問題に関係している者が対話を重ねていくために、それぞれが全体的な状況や問題の本質についての理解を共有することを可能とする地盤が必要不可欠となるのである。そして倫理学が果たし得る・果たすべきであるのは、まさにこの対話の場の創出という役割であると考えられる。

「倫理」と「人間」

そもそも倫理学とは一体何をどのように学ぶ学問なのだろうか。日本近代を代表する倫理学者である和辻哲郎（一八八九―一九六〇）は、その著作『人間の学としての倫理学』の中で、「倫理学とは人間関係・従って人間の共同態の根柢たる秩序・道理を明らかにしようとする学問である」と述べている（岩波文庫『人間の学としての倫理学』、一七頁）。**「倫理」**という言葉は、「なかま」を意味する「倫」という語と「ことわり」や「すじ道」を指す「理」という語の組み合わせによって成り立つものであり、また、「人間」という言葉は、現代の私たちが日常的に用いているように ある一人の人物のことを意味するとともに、文字通り「人の間」として多数の人々が関係し合う「よのなか」や「世間」といった社会のこともまた表している。すなわち、私たち「人間」はつねに個人として存在しているとともに社会的なつながりの中で生きているという**「二重性格」**を有しているのであり、それゆえ、「なかま（倫）」の「ことわり（理）」である「倫理」とつねに避け難く関わっているのである。

倫理学はこのような、人間関係を下支えしている倫理のあり方について、問い、考え、明らかにしていくことを目指す学問である。したがって、倫理ひいてはそれを学ぶ倫理学について、それを単なる個人の考え方の表明となすことも、また、一人ひとりの自由を外側から制限してくる社会の強制力のようなものとみなすことも出来ない。倫理学を個人主義的な観点のみから論じる立場も、単なる社会的な制度や法令の問題として捉える立場も、ともに倫理に関する一面的な理解にしか到達し得ないのである。

もちろんこのような、倫理や人間という日本語の言葉の成り立ちや意味合いの分析から倫理と倫理学を説き出していく和辻の方法に対しては、科学技術をめぐる現代的な問題を扱うにはふさわしくない時代遅れの手立てと感じる者もいるだろうし、あるいはより強く、単なる言葉遊びの一種に過ぎないものと見る者もいるかもしれない。実際、和辻とほぼ同時代を生きた戸坂潤（一九〇〇－一九四五）は、「倫理上の言葉の文義的又は語義的解釈を手懸りとして「学術的」分析が始められる」（戸坂潤「日本倫理学と人間学」（『日本イデオロギー論』岩波文庫、一九七七年）、一五五頁）和辻倫理学について、「倫理という言葉の分析の結果は、倫理という事物関係そのものが亦そうであることの証明になるものではない。ましてそうした倫理関係が一等「倫理的」（もはや日本語としてではなく国際的な訳語としての）なものでなければならぬ、という証拠になどはならぬ」（同上、一五七－一五八頁、傍点原文）というように、和辻の方法のあり方自体を批判の対象としている。

ここで指摘されているのは、「倫理」や「人間」という語の語義的解釈に基づく和辻倫理学がはたして現実の社会の構造を捉え得るのか、また、その方法は本当により善い人間や社会のあり方を提示し得るものであるのかという問題である。しかし、このような指摘が存在しているにもかかわらず、和辻が示した倫理学の思考の枠組みは、やはり、現代の「科学技術の倫理学」について考察を進めていくにあたって今なお見過ごすことの出来ないものであり続けていると言える。ここで再び和辻の表現を、今度は彼の主著である『倫理学』の序論の中から引いてみよう。

倫理問題の場所は孤立的個人の意識にではなくしてまさに人と人との間柄にある。だから倫理学は人間の学なのである。人と人との間柄の問題としてでなくては行為の善悪も義務も責任も徳も真に解くことができない。
（和辻哲郎『倫理学（一）』（岩波文庫）、二〇頁、傍点原文）

倫理問題の場所は「人と人との間柄」にあり、そう理解しなくては「行為の善悪も義務も責任も徳も真に解くことができない」のだと和辻は言う。ここで思い返してみると、科学技術をめぐる問題の難しさは、科学技術が社会全体に浸透することによって科学技術自体・個人・社会全体それぞれが負うべき責任の範囲が不分明となっているという点に存在しているのであった。それ故に、人間を個人的かつ社会的な存在として総体的に捉える思考の枠組みが現代において改めて重要となるのであり、その枠組みのもとに「人と人との間柄の問題」として据え直さなければ科学技術をめぐる問題の「行為の善悪も義務も責任も徳も真に解くことができない」と考えられるのである。【◆和辻倫理学については、第四章の考察も参照して欲しい。】

科学技術と「人間の学としての倫理学」

科学技術は、おそらく、今後も進歩・発展し続けていく。そして、かつての蒸気機関やポケットベル・携帯電話などのすべての技術や製品がそうであったように、社会にすでに存在している人間関係のあり方と、あるものは対立して消え去り、あるものは結び付いていくことだろう。またあるものは、大きな社会問題を新たに引き起こすことになるかもしれない。

そうであるからこそ重要となるのは、科学技術をめぐる問題を「人と人との間柄の問題」として捉え直す視点であろう。現代の科学技術がもたらす大きな恩恵に目を奪われるあまりに忘れてしまいがちであるが、三木が指摘していたように、科学技術もまた人間にとっての環境を形作る、社会の中のひとつの要素である。言い換えれば、私たち人間がつねに個人的であるとともに社会的な存在であることと同様に、科学技術もまたつねに社会的な存在なのである。そのことを忘れて社会的な制約を踏み越えてしまうところに、科学技術にまつわる問題が生まれてしまうことになる。本節において近代以降の機械技術や科学技術が人間から独立して自己発展するものへと変容していったことを指摘したが、それでもなお、機械技術や科学技術は決して社会の外側に存在しているわけではない。人間によって生み出され、何らかの目的のために使用されるものである以上、それは多くの人々が関わり合って成り立っている「人の間」としての社会の一部をなしている。すなわち、科学技術をめぐる問題もまた「人と人との間柄の問題」なのであり、私たち人間が「人の間」としての人間である限り科学技術と倫理はつねに結び付いているし、その結び付きを忘れてはならない。倫理学という学問分野が現代の科学技術とその問題を扱うに当たってなすべき課題は、多くのコミュニケーションの場を創出し、機械技術や科学技術を「人と人との間柄」の地平に取り戻すことなのである。

第二節　現代的な課題

本節では、第一節で触れた諸問題の三点について、現代的な課題を用いて思考する練習を試みることにしたい。

事例①「自然保護／環境保護」
あなたは、一九六六年から二〇一二年にかけての四十年程の間の日本の森林面積の推移について、①二十パーセント以上増加している、②ほぼ増減はなく横ばいである、③二十パーセント以上減少している、という三つの選択肢のうちのどのイメージを抱いているだろうか。試みに、正しい説明になっていると思われる選択肢を一つ選んでみて欲しい。

右の問題の正解は②「ほぼ増減はなく横ばい」である。林野庁の発表によると、日本の森林面積は国土の約七割（六十六パーセント）・約二千五百万ヘクタールで過去四十年間大きな変化を見せていない（詳細については、次頁の図を参照して欲しい）。さて、あなたは正解することが出来ただろうか。

前節において確認した通り、「自然」と「環境」という用語は一般的に同じような意味合いで使用されることが多いが、人間の活動とのかかわりの有無という点において相違が存在している。つまり、自然が人間と関係せずとも自然とされるのに対して、環境は定義上つねに人間との関係を含む用語なのである。この観点に立つと、自然としての日本の森林面積はこの四十年の間増減していないと言うことが出来る。その一方で、環境としての日本の森林面積は急速に減少ないし悪化していると考えられる。さてこのように言えるのは、一体なぜだろうか。

日本の森林については、近年の林業の衰退により荒れてやせ細り保水力を失った森林が増加していることが指摘されている。従来は、**間伐**（過密となった森林の一部や枝を切る作業）により個々の木々に充分な生育スペースと栄養

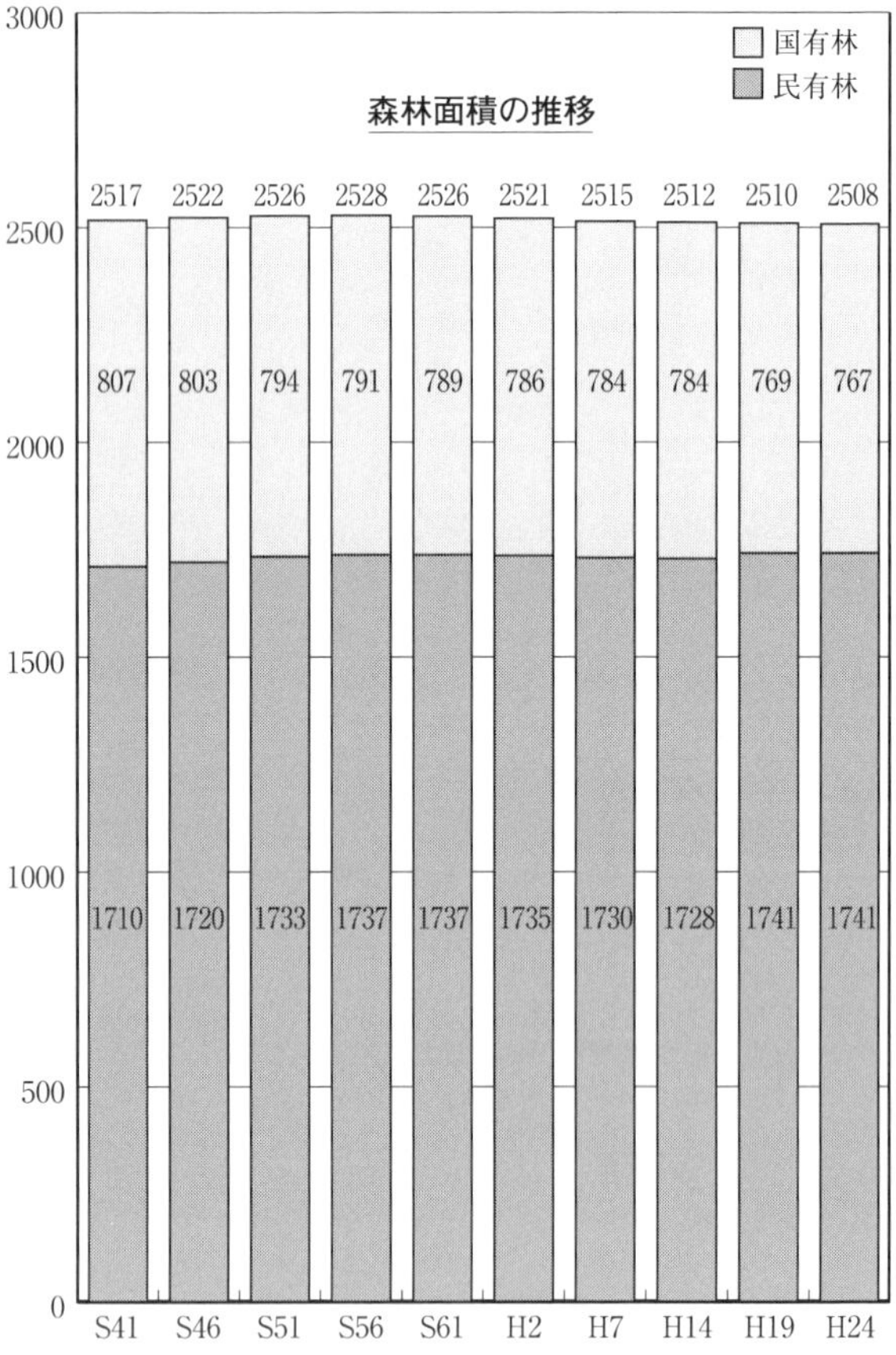

（林野庁「森林資源の現況」（平成二十四年三月三十一日現在）
http://www.rinya.maff.go.jp/j/keikaku/genkyou/h24/pdf/joukyou1_2_h24.pdfによる）

と日光が確保され、立派な建築材が提供される健康な森林が守られていたが、現在ではこの間伐が十分に行われていないことによって、痩せた木々が互いにぶつかり合うように密集して日光が差し込まない「**荒廃林**」の割合が増加しているのである。

森林の保護を目指して対策を講じようとしてみても、その対策の前提となる知識自体が間違っていたならば、誤った方策が採られてしまうことだろう。環境保護という観点から現在の日本の森林が置かれている状況について言えば、森林面積の減少が問題なのではなく、間伐などの適切な手入れが不十分であるために樹木一本一本に十分な生育スペースと栄養と日光が確保されていない荒廃した森林の割合が増加してきているという点が問題なのである。したがって、適度な間伐による整備と間伐材の用途開発・利用促進という対策が採られるべきということになる。

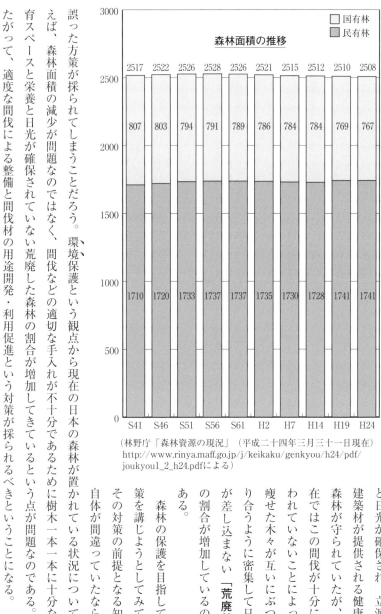

その一方で、自然保護という観点から言えば、森林は間伐などといった人間の手による管理が入らない状態こそが本来の自然が回復された理想的なあり方であるとみなすことも可能となる。人間の生活との関係からするとどれだけ「荒れて」「鬱蒼とした」「暗い」森林に見えるとしても、それは私たち人間の生活のための利用という観点による価値評価に過ぎないものと考える立場も存在するのである。この立場からすると、森林に対しては人間の生活の影響が出来る限り及ばない状態を保つための方策が検討されていくことになる。

この事例から、同じ「森林の保護」という課題に対しても、概念や視点の相違によって最終的に全く逆の方向性をもった結論が導かれることさえあり得るということがわかるだろう。

事例②「サリドマイドの「意図」と「結果」」

一九五七年に西ドイツのグリュネンタール社が開発・発売した「サリドマイド」は、当初、癲癇患者の抗癲癇薬として開発されたが、その効果は認められず、催眠効果をもった催眠鎮静薬として発売されることになった。（日本では一九五八年初頭に発売されている。）

その後、特に妊婦のつわりや不眠の対策として用いられるようになったが、先天異常「サリドマイド胎芽症」や胎児の死亡などの催奇性が指摘されて回収されることになった。だが、日本では回収作業が西洋に較べて遅れて被害を拡大させてしまった。

このサリドマイドにまつわる問題は近年さらなる展開を見せている。ハンセン病やガンへの治療効果・エイズウイルスの増殖抑制効果などが報告されたのである。その結果、日本ではこの薬が個人輸入され始めており、薬の使用方法や保管状況をめぐって新たな課題を生み出している。

右の事例については、各種の傍線の変化が示している「意図」と「結果」の移り変わりに注目して欲しい。科学技術の最先端をゆく分野の一つである薬学分野であっても、というよりもむしろ専門の細分化・高度化が進んでいるからこそ実験の開始時点で結果を見通すことが難しい場合は多く、右の事例が示しているように意図と結果が幾度も、そして根本的に変容してしまうことがあり得るのである。ちなみに、現在においてもなお、サリドマイドの作用メカニズムは完全な解明に至ってはいない。そのような未解明の技術や製品や薬剤が使用されてしまうことの是非も改めて問題となると考えられる。

事例③「食品の安全性／危険性」

（独立行政法人 国民生活センターの発表「ミニカップタイプのこんにゃく入りゼリーによる事故防止のために」（平成十九年七月五日）を元に作成）

独立行政法人「国民生活センター」には、一九九五年から二〇〇七年六月までの間に「コンニャク入りゼリー」を喉に詰まらせてしまい死亡に至ったという事故が十四件報告されている。それでは、コンニャク入りゼリーは問題がある製品と言えるだろうか、それとも言えないだろうか。またその際、「問題がある」「問題はない」と判断する理由はどのようなものであろうか。

この事例③の問いに対しては、「問題がある」と「問題はない」のどちらの回答も想定することが可能である。「問題がある」とする立場を採る場合は、実際に死亡事故が起きているという事実を柱として論を組み立てていくことになると考えられる。十四件（年平均一件強）という数値を多いと見るか少ないと見るかという点については意見が分かれるところであろうが、人が死亡しているという事態は、それ自体が、数値によって判断することの出来ない、何物にも代え難い重みを有している。またこの立場においては、死亡には至らなかった窒息事故の事例数や、問題を引き起こした製品の大きさ・形状・固さ（弾力性）等の要素をさらに追究していくことによって、製品としての問題性を提示することが目指されることになるだろう。

これに対して「問題はない」とする立場においては、まず、製品の利用者・消費者側の使用方法の問題を指摘することになると考えられる。ハサミやボールペンといったありふれた文房具でさえも時として人を傷つけてしまうことがあるように、いかなる製品であっても誤った使い方をするならば重大な事故を引き起こしてしまう可能性を有している。また、この立場を採る者は次のような資料を提示することによって、自身の論の補強を目指すかもしれない。

次に挙げた追加資料から読み取られる年間百六十八件という「もち」の窒息事故の発生件数を見るならば、十二年間で十四件の死亡事故が起きているというコンニャク入りゼリーは、相対的に安全な製品であると主張することが出来るように思われる。

しかし、はたして本当にそうなのだろうか。「数値」が持つ意味は一定ではなく、扱い方次第で自在に変化させることが出来る。例えば追加資料の数値に、私たちが日常生活において各食品を口にする機会を分母として付け加えてみた場合はどうだろうか。私たちが日々、もち・パン・米飯（おにぎりを含む）・寿司を食しているその回数は、人によって異なるにせよ、一般的に言って、コンニャク入りゼリーを食する機会に比して圧倒的に多いと推測される。

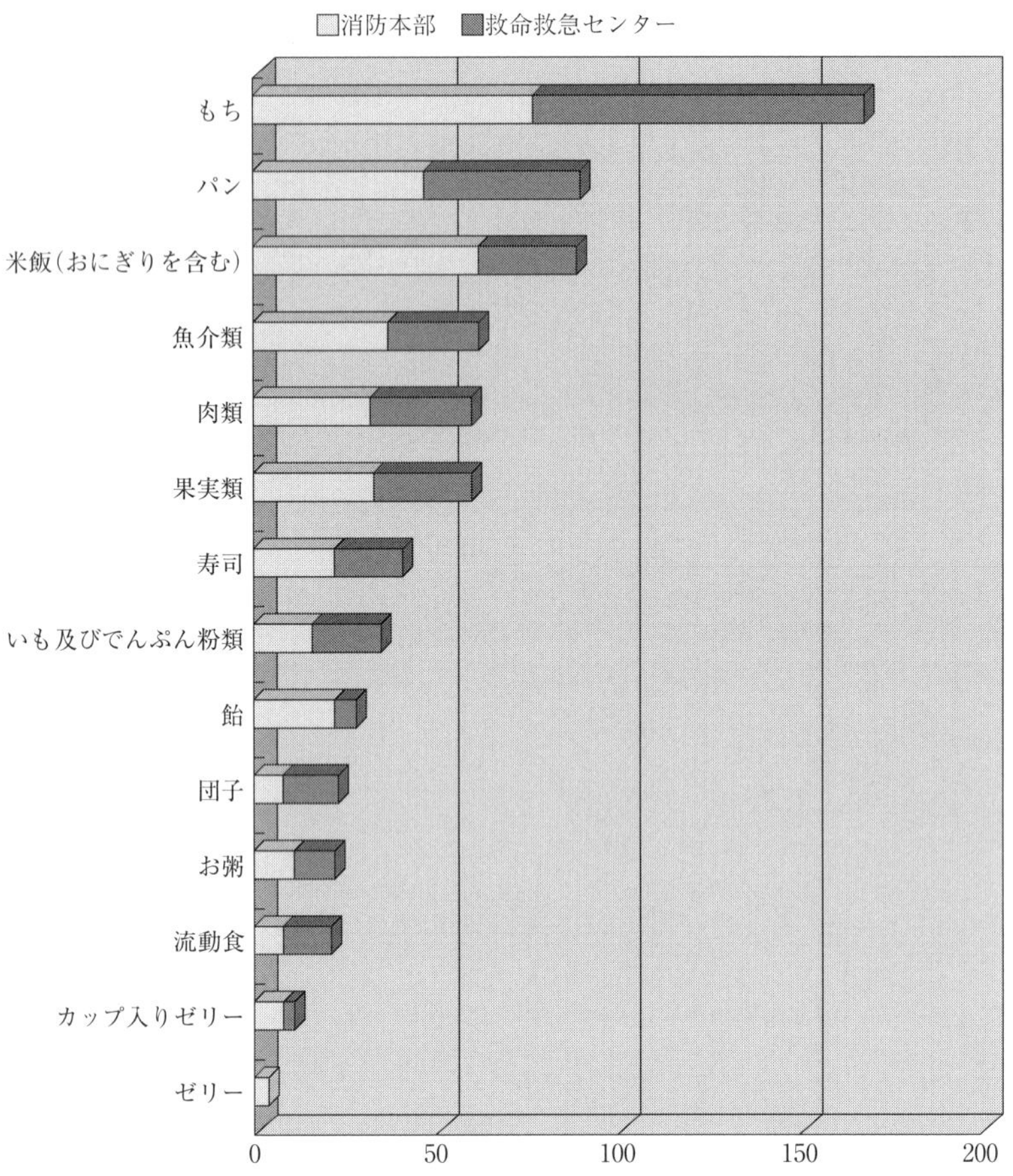

	ゼリー	カップ入りゼリー	流動食	お粥	団子	飴	いも及びでんぷん粉	寿司	果実類	肉類	魚介類	米飯（おにぎりを含む）	パン	もち
■救命救急センター		3	13	11	15	6	19	19	27	28	25	28	43	91
□消防本部	4	8	8	11	8	22	16	22	33	32	37	61	47	77

事例③の追加資料「さまざまな食品の窒息事故の発生件数」

厚生労働科学特別研究事業　総括研究報告「食品による窒息の現状把握と原因分析研究」（調査対象は消防本部と救命救急センター、調査期間は平成18年1月1日からの1年間）を元に作成そうであるならば、窒息事故が発生する確率・可能性という観点においては、コンニャク入りゼリーは相対的に危険な製品であるとみなすことも可能となるのである。

ただし当然のことながら、コンニャク入りゼリーが特別な危険性を含んだ製品であるわけでは決してなく、その危険性のみをいたずらに拡大して捉えることは、やはり不当な扱いであると言える。この製品については、特に乳幼児や高齢者の摂取に関する危険性が指摘されることが多いが、先に挙げた追加資料の「もち」や「パン」「米飯（おにぎりを含む）」を例に出すまでもなく、乳幼児や高齢者にとっては、多くの食品が窒息事故を招いてしまう可能性をそれぞれ有しているものである。また、乳幼児は身の回りにある物を何でもすぐに口に入れてしまうことがあり、それらの物のどれもが誤飲による窒息事故の危険性を含んだものであるが、だからと言って、世の中に流通しているすべての製品に誤飲による窒息事故の危険性についての注意書きをしなければならないとしたらナンセンスであろう。消費者・利用者側の過失や不適切な使用によって生じた事故については、自身でその責めを負うべきものであると考えられる。

本節で扱った三つの事例は、あくまでも科学技術に関して無数に存在する問題群のほんの一部に過ぎない。現実社会の具体的な状況においては、各人が、それぞれ置かれている立場や状況に応じて適切な判断をそのつど下さなければならないのであるが、倫理的な問題の難しさは、その問題に対する唯一絶対の正解が存在していないことも多いという点にある。「いつでも・どのような場合であっても正しい」というような、無条件にみなが納得して受け入れる解決の道は、社会における人間関係にはほとんど存在していない。例えば、一般的にはみずからが所属している組織に対して忠誠心をもって働くことは善いことであると考えられるだろう。だがもし、みずからが属する組織自体が一致団結して悪事を企んでいるような場合、それでもなお、組織への忠誠は善いことであると言えるだろうか。社会全体のためにはなるものの一部の人々には犠牲を強いることになる行為は、善い行為と悪い行為のどちらと言えるだろうか。ある集団にとっての善さが他の集団にとっての悪さに該当している場合はどうだろうか。

人間には人それぞれ、幼い頃から少しずつ育まれてきた思考の習慣があり、異なる価値観があり、利害関係がある。そしてそれらは多くの場合、容易に変更することが出来ない程に深く広く根を張っているものである。とはいえ、このような「人それぞれ考え方は異なっている」という事情にあぐらをかいて、コミュニケーションの道を閉ざしてしまうことは、それ自体が無責任なあり方であろう。人それぞれ考え方は異なるという地点で開き直って思考を停止してしまうことなく、みずからと意見を異にしている他者たちとの対話を粘り強く重ねていくことこそが、科学技術が社会の隅々まで浸透した現代社会において重要なのである。

文献紹介

■三木清『技術哲学』(『三木清全集 第七巻』所収)、岩波書店、一九六七年(原本は一九四二年)
(本章で引用されている三木清の議論をより詳しく知りたい者は、『技術哲学』を是非手にとってみて欲しい。入手が容易ではなく、かつ、読み慣れるまでに時間がかかるかもしれないが、世界的に見ても非常に早い段階で技術の問題を哲学の主題に据えた日本の哲学者の思考を追体験することが出来る。)

■和辻哲郎『人間の学としての倫理学』、岩波文庫、二〇〇七年

■和辻哲郎『倫理学(一)〜(四)』、岩波文庫、二〇〇七年

■齊藤了文・坂下浩司編『はじめての工学倫理』、昭和堂、二〇〇一年

（多くの事例がわかり易くまとめてあり、科学技術をめぐる問題を実際の事例に即して考えることが出来る。）

※本稿は本書のために書き下ろされたものであるが、部分的に、西塚俊太「人間の学としての「科学技術の倫理学」」およびコラム②「科学技術と対話の「技術」」（勢力尚雅 編著『科学技術の倫理学』梓出版社、二〇一一年、四〇―七五頁）の記述を継続して組み込んでいる箇所がある。

コラム⑦ 人間の技術と「自然の技術」

西塚俊太

本章では三木清の『技術哲学』の思想を導きとしながら、人間の技術の成立とその特徴および問題点について考察を進めてきた。そこでは、一度断絶してしまった人間と環境とを再び結び付ける媒介として技術が位置付けられていたのであった。

ところが、三木の『技術哲学』の中には、右の構図に収まり切らない独特の思考が含まれている。それは「自然の技術 Technik der Natur」に関する思考である。三木はアリストテレスやカントなどの思想を参照しながら、「与えられたものの形を変じてこれに新しい形を与え」(『技術哲学』、二五三頁)ていくという「自然の技術」を語り出していく。その中でも特に注目されるのが、「人間の技術は自然の技術を継続するということができる」(同上、二五五頁)とした上で次のように語り出されているという点である。

> 自然の技術を継続する人間の技術はしかし単に自然を模倣するのでなく、また自然を完成するのである。技術は物をしてその本質を発揮させる。人間の技術は自然のうちにない新しい形、意味、価値を形成することによって文化と呼ばれるものを形成するのである。しかも自然の技術も人間の技術も歴史的世界の自己形成の要素或いは段階にほかならない。(同上、二五五―二五六頁)

右の引用には、技術をめぐる三木の思考の可能性と残された課題・問題点の双方がともに含まれ、切り結んでいるように思われる。まず三木の思考が有する可能性は、「歴史的世界」の形成という概念のもとに「人間の技術」と「自然の技術」の両者を統一的に把握するという大きなビジョンを提示しているという点にある。例えば本章で扱った自然や環境の保護の問題は、人間が自然や環境を意のままに利用することを基軸とする技術観によっては解決が見込めないのではないだろうか。そこで必要となるのは、人間と自然や環境とを一体のものとして総体的に把握していく技術論であり、その一つの例が、「自然の技術」を論じる三木の思考であるように思われるのである。

とはいえ、技術を自然にまで拡大して見出すことは、それまでの三木の技術論から言えばやはり過剰な拡大という側面を有することは否み難いだろう。冒頭でも確認した通り、三木の思想において技術は人間と環境との間の不調和や対立を乗り越えるために生み出されるもの、本能による適応とは位相を異にするものとされているのであった。三木は「自然の技術」を論じるに際して、「一本の木、一茎の花」や「生物の種《しゅ》」（同上、二五三および二五四頁）にも言及しているのであるが、これは三木自身が技術とは異なる本能の具体例として挙げたクモやハチの巣作りといかなる点において相違しているのか説明されないままとなっている。

また、三木の思考には人間の技術が自然や環境との間に不調和や対立を生み出してしまう最大の要因ともなり得るという発想が含まれていない。現代社会のあり様を顧みれば気付くように、人間の技術こそが、自然や環境をいともたやすく、しかも二度と取り返しのつかない水準まで破壊してしまう最たるものと言える。三木の技術論においては、技術によって人間と自然や環境が再び調和を取り戻すということが前提とされてしまっているのであり、それ故に、人間の技術と「自然の技術」とをいささか素朴な形で接続させてしまっているのではないだろうか。

この「自然の技術」をめぐる問題は、三木の死によって課題として残されたままとなっているが、右にも述べた通り、三木の技術論、特に「自然の技術」をめぐる思考には人間と自然や環境とを総体的に把握していくにあたっての導きとなる大きな可能性も含まれている。その可能性と残された課題・問題点の双方ともに、現代を生きる私たちが受け継ぎ検討し続けていく意義を十分過ぎる程に有していると言えるだろう。【◆「自然の技術」を論じるにあたって三木も参照しているアリストテレスの「自然」と「技術」をめぐる思想については、第七章において詳細に検討されている。また第九章においては、三木の技術論が「構想力」との関係から考察されている。】

第七章

人は人を生み、技術は自然を模倣する

技術と自然との関係をアリストテレスに探る

高橋幸平

●本章のキーワード

環境問題、持続可能性、リサイクル、問い・こたえ・返す、探求、原因、はじめ、学ぶ、知る、観る（観想）、人は人を生む、技術は自然を模倣する、相似、優劣、因果関係、全体・部分、一つ（統一）、組織・有機体・システム、うるはしさ、目的、ある・あらぬ、常にある、永遠、神、生物・生命・生きている、種の継続、永続、円移動・円環、この世界、自然に反して・自然に沿って

はじめに

地球温暖化に顕著なように、現代の**環境問題**はますます深刻になってきている。撲滅したとされる疫病が新たな仕方で流行し、薬剤耐性をもつ疾病が次々と出現する。また、さきの震災による原発事故の被害は甚大であり、その影

響は不可逆的である。日々直に、そして大規模に、我々はいのちが危険にさらされているのを感じ、なおさらに、ますます事態は悪化してゆきそうな予感もする。このような科学技術をめぐる情況のなかで、技術と自然の調和をはかることは人類にとって危急の課題である。たとえば、社会や産業の**持続可能性**が目標に掲げられるのも、このような危機感のあらわれであろう。

だが、この世界は宇宙も自然も人類もふくめて、いつか、ほどなく、必ず絶えて滅び、なくなってしまうものだと、ほとんどのひとが考えている現代に、では、人類の社会や技術、地球の自然は今から後も持続してゆかねばならないと、なぜいえるのだろうか。

この「なにゆえに」という**問い**に対して、現代の我々はしっかりと**こたえ**を組み立て、**返す**ことができないでいる。まさにこのことに、我々はただ驚き、ゆくてを見失うばかりである。たしかに、こたえを返すのは問いを立てた今から後ではあるが、「稽古照今（いにしへをかむがへて、いまにてらす）」［『古事記』序］というように、こたえは今より前のできごとのなかに探し、考えるほかない。つまり、考える手がかりは問いを立てた今より前にある。手がかりはまた、このようにして今より前を常に考察しつづけてきた、我々の知の積み重ねでもある。そして、今より前の我々の知は必ず、今の我々へと流れ込み、今と共なる内容を含んでいるはずだが、その一方で、今の我々とは異なる内容を含み、今とは異なる前提に立ってもいるはずである。だからこそ、古へを考察することは今の我々を照らすことになるのだ。今の我々が何を前提や根拠**（はじめ）**とし、どんな考えを組み立てているかを、似た異なるものが明らかにするからである。【◆このような知のあり方から逸脱してゆく現代社会のリスク化については、第四章を参照】

この章では、技術と自然の関係はいかにあるべきか、その手がかりを現代の科学技術の基礎の一つであるアリストテレスの思想のなかに探る。第一節では、『自然学』の議論をもとに技術と自然のモデルを概観する。第二節では、両者の関係を解明するため、**「技術は自然を模倣する」**という記述に着目し、続く第三～五節では、ひろくアリストテレスの著述のなかに模倣の用例を求めて、その意味を考察する。すなわち、技術による自然の**うるはしさの模倣**は**永遠性の模倣**と深く結びついており、種を継続してゆく生物の生命を模倣するという仕方で、技術は自然を含む**この世界**の永遠性・うるはしさの内に位置づけられている。第六節では、技術はもともと自然と対立する契機を内包しているが、それでもなお、技術は自然の永続性に従い、調整されると想定されていることを示す。

なお、引用はすべてアリストテレスの著述からであり、和訳は筆者による。和訳の括弧の区別は、次の通り。――（ ）同じ意味の別の訳語へのいいかえ、漢語・和語のいいかえ等。｛ ｝原文から補った語。〔 〕原文にはない、意味内容を説明するために補足した語――。また、紙幅の都合により引用を省いたアリストテレスの参照箇所（各節ごとに【①】【②】……と付した）を、章末の文献案内に示した。これらについてもアリストテレスの記述に直にあたりながら、考察を進めてほしい。

第一節　技術と自然

制作する技術

まずはじめに、アリストテレスが技術と自然をどのように捉えていたのか、おおまかに眺めてみよう。

古代ギリシア語の「τέχνη《テクネー》」は、現代英語の「technic」「technology」など技術・工学に関連する語の源となったことばである。「τέχνη」は、現代でいう科学・技術・藝術を広く意味するが、「τέκτων《テクトーン》」（木を加工してものを作るひと、大工）や「τέκνον《テクノン》」（産まれた者、子ども）や「τίκτω《ティクトー》」（産む）などの語とも共通して「tek-」という語根からなると推定され、

「作る」「生み出す」という元義を含んでいる。アリストテレスもまた、技術とは学術のなかでも特に、ものをつくること、制作の技術であるとしている【①】。

さて、アリストテレスは技術の具体例として、しばしば建築と医療を持ち出す。すなわち、大工はあらかじめ修得した【②】建築術によって、材木や石材や煉瓦などの材料を加工し組み立て、それら材料から家を建てる。この際、大工がもっている技術は、後で完成するはずの家の構造や機能とは何であるか【③】、そして、どんな材料が適切か、どのようにして材料から家を作るのか【④】など、家と材料についての知識や理解【⑤】を中身としている。また、医者はあらかじめ修得した医術によって、患者の身体に投薬や手術などの適切な処方を行い、患者の身体を治し健康にする。医術の中身は、健康と病気【⑥】とは何であるか、そして、人の身体はどのようにして健康や病気になるのか【⑦】、という健康と身体【⑧】についての理解である。

アリストテレスはこれを四つの要素、いわゆる「四原因」に整理している【⑨】。

〈1〉たとえば、家の「動きがそれからであるそれ（始動因）」は技術、つまり、大工であり、「それのためのそれ（目的）」は成果であり、「素材」は土や石であり、「形相」は〔家の〕ロゴス（ことば〔による把握〕）である。

〔『形而上学』996b6-8〕

すなわち、⑴材木は家へと作られてゆくもの、家の素材（ὕλη《ヒュレー》）であり、⑵大工は家を作る者、家の始動因（αἴτιον《アイティオン》）であり、⑶技術の中身は「家とは何であるか」、家の形相（εἶδος《エイドス》）であり、⑷素材からそれのために作られた家は制作物・成果であり目的（τέλος《テロス》）である。制作する技術はこのようなモデルによって把握される。

技術の特徴――素材・始動因・目的の外在――

ここで、技術の特徴を二つ挙げることができる。一つは目的の立つ位置である。家を建てつつある時、大工は技術を実際にはたらかせているが、まだ家は完成していない。家が完成した後には、もはや大工は活動していない【⑩】。大工が活動するのは家のためであり、いつまでも家が完成しない建築活動は基本的には意味をなさない。建築術の目的は、建築術そのものとは別の、成果である制作物にあるからである【⑪】。医術においても、目的は医者の治療活動ではなく、患者の健康である【⑫】。アリストテレスはこれを次のように説明している。

〈2〉さらに、自然は、それが生成として語られている場合には、「自然への道」である。つまり、治療は医術への道ではなく健康への道である、といわれる如くではない。なぜなら、治療とは医術からではあるが医術へではないのが必然であるが、しかし、自然が自然に対するのは、この〔医術の〕ような仕方によってではなくて、むしろ、生まれるものは〔同じ〕「何か」から「何か」へと進む……〔中略〕……のである。

〔『自然学』193b12-17〕

このように、制作する技術はほかのもののためにある、つまり、技術は本来それ自体のためにあるのではなく、目的である制作物が外にあることを特徴としている。なおまた、家のような制作物の場合には、これを使用する住人の生活がさらなる目的とされなければならない【⑬】。

もう一つの特徴は、始動因の立つ位置である。材木〔素材〕は技術をもった大工〔始動因〕が加工し組み立てなければ、自づから家にならない【⑭】。材木は家になる始動因を己の内にもっていないからである。つまり、材木を加工し組み

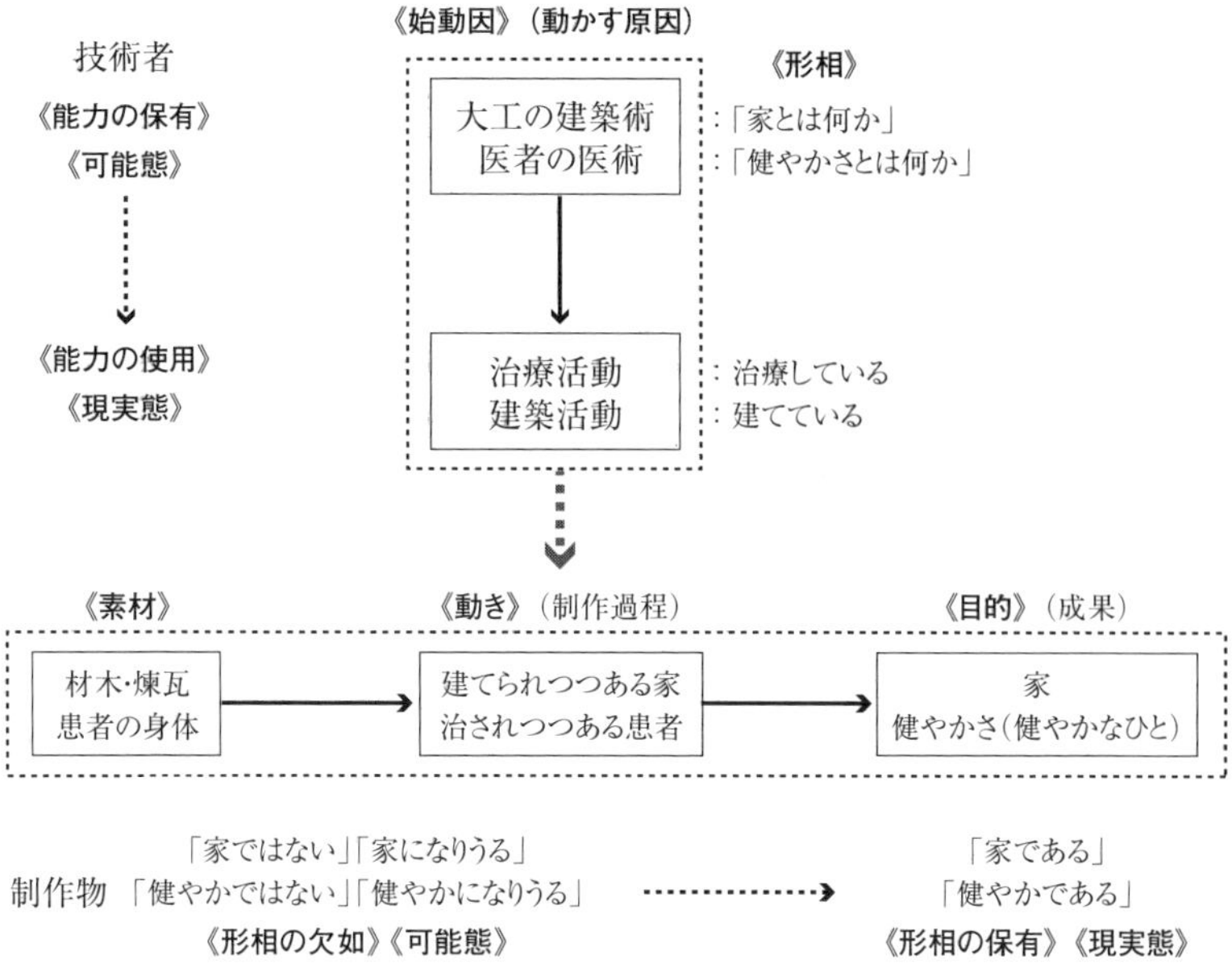

図1「技術のモデル」

立てて家へと作る原因は大工や建築術であり、材木の外にある別のものなのである【⑮】。また、医者や医術も患者の身体ではなく、身体の外にある原因である。このように、制作の始動因が素材の外にあることが、技術の第二の特徴である。

生成する自然 —— 技術から自然へ ——

以上のような技術に対して、自然にはどのような特徴があるのだろうか。ソフィストのアンティフォンらの主張を批判的に援用しつつ【⑯】、アリストテレスは両者を比較している。

〈3〉さらに、人は人から生まれるが、寝台は寝台からは生まれない。だから、(寝台という)「かたち」がではなくて「材木(木)」が「自然」である、「もしそれが芽を出すとするならば、寝台ではなく木が生まれることになるだろうから」とひとびとは主張しているのである。

〔『自然学』193b8-11〕

もしも大工が建築をやめて、材木をそのまま放置したらどうなるだろうか。情況によっては、芽を出して木が生えることもあるだろう。しかしそれは、本来は木である材木の内には木としての力（始動因）、自然本性があるからである【⑰】。外にある技術によって材木は寝台に作られるが、内にある自然によって木は自づから木になる、つまり、木は自然に生成する。

〈4〉そこで、技術はほかのものの内なる「はじめ」であり、自然は己の内なる「はじめ」である。つまり、人は人を生む。

〔『形而上学』1070a7-8〕

技術も自然も何かを作り出し、生み出す点では同じであり、同様のモデルによって捉えられるが、制作の始動因は素材の外にある技術であり、生成の始動因は生成するものの内にある自然本性である点で異なっている【⑱】。自然の生成と技術による制作をこのように対比して、「人は人から生まれるが、寝台は寝台からは生まれない」とアリストテレスは述べているのである。

さらに、引用〈2〉で治療は医術（始動因）から健康（目的）への道であるといわれているように、治療する者・医術をもつ者（始動因）は医者であり、治療される者（素材）・健康になる者（目的）は患者であり、それぞれ別人である。だが、医者は自分が病気になった時、自分のために自分で自分を治療することもできる【⑲】。同じ者が目的にも始動因にも素材にもなりうるのである。ただし、これは患者がたまたま医者でもあった【⑳】から可能なのだが、始動因と目的、そして素材が常に同じになる場合こそ、自然の生成に相当する。

〈5〉さらに、己が己を治療する時に、〔自然に目的が内在していることは〕とりわけ明白である。たしかに、自然はこのことにふさわしいのである。

〔『自然学』199b30-32〕

つまり、自然の生成は自然（始動因）から自然（目的）への道（引用〈2〉）といえるのである。こうして寝台から芽が出るとか医者の自己治療といった技術にかかわる特殊な例を足がかりにすることで、アリストテレスは技術から自然へと対象をずらしつつ、同じ四原因のモデルによって自然の生成の特徴を明らかにするのである。

自然の特徴――素材・始動因・目的の内在――

あらためて、自然の生成とはどのようなものなのか、確認しておこう。**「人は人を生む」**とか**「人は人から生まれる」**といわれているように【㉑】、アリストテレスは**生物**の**生命**活動を自然の典型としている。すなわち、有性生殖によって親が子を生むことである【㉒】。具体的には、次のように考えられていた【㉓】。――生殖において父親は精液（現代でいえば精子、以下同じ）を母体の内に送り入れる。母親は体内に月経血（卵子と胎盤）を用意しておき、父親から受け入れた精液によって月経血はひとたび作用を受ける（受精）と、後は自然に胚（胎児）になり（細胞分裂）、胚が一定の完成に至ると体外に産み落とされる――。ここで、父親および精液は始動因、月経血は未完成の素材、成果として生まれた子は目的である、というように、生物の発生も技術と相似のモデルによって把握できる。大工が技術によって材木から家を作るように、父親は精液によって母親の月経血から子を生みだす、というわけである【㉔】。

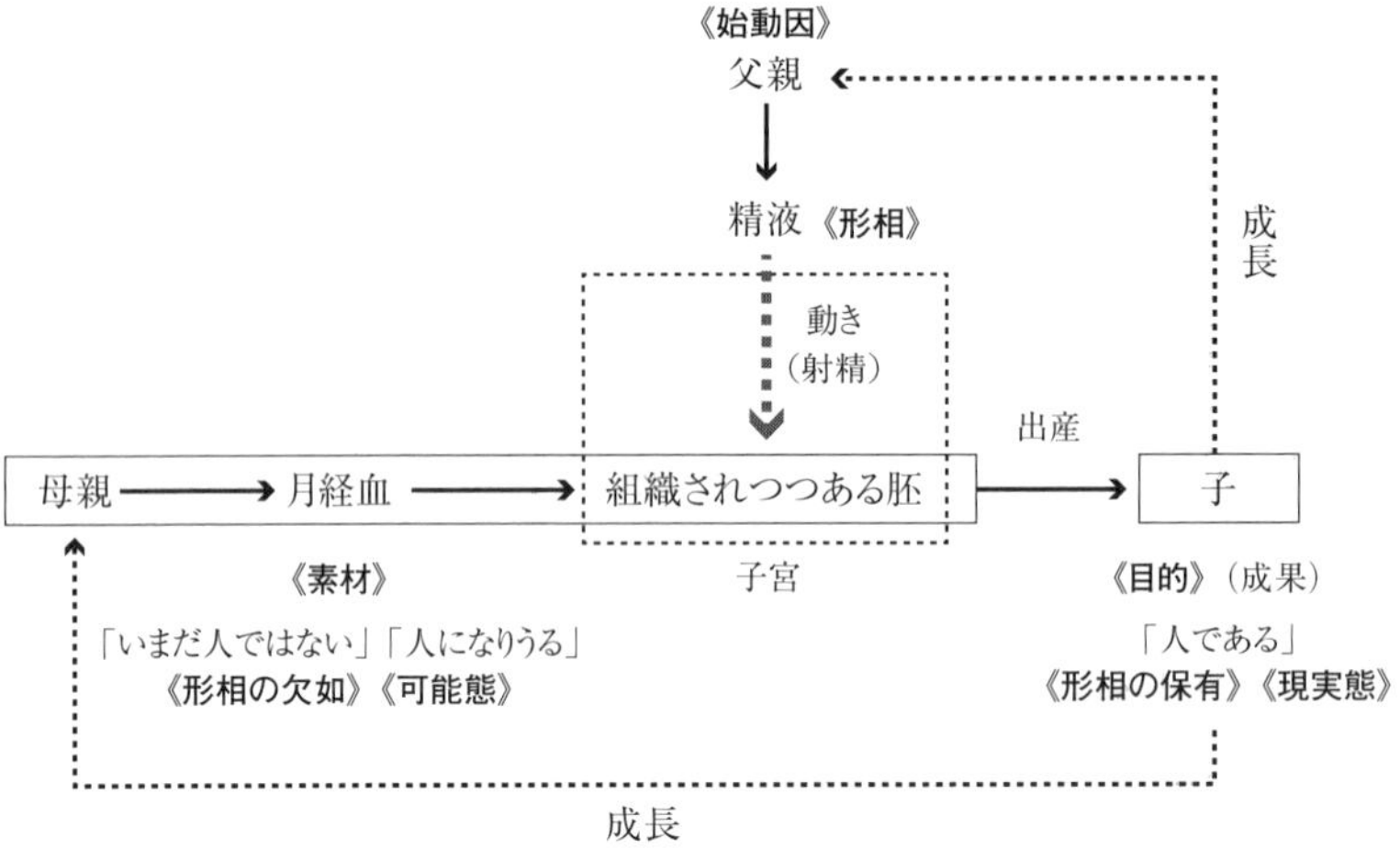

図2「自然のモデル」

さらにまた、父親も母親も子も人であり、人の精液であり人の月経血であるから、人は人によって人から生まれるといえる。もちろん、親と子と精液と月経血は同一のものではなく、あくまで人という同じ名で呼ばれるもの、同種のものである【㉕】。このように生物の発生においては、始動因と目的および素材を同じ名で呼ぶことができる。いいかえれば、生物が生まれるためには、その生物の外にある別の原因や要素を直接には必要としない。これが生物の生命を典型とする自然の生成のモデルである。

第二節　技術は自然を模倣する

模倣という糸口

さて、以上のように概観された自然の生成と技術の制作は、どのような関係を結びうるのだろうか。アリストテレスがしばしば**「技術は自然を模倣する」**と述べていることに着目してみよう。次の引用はその最たる例である。

〈6〉さらに、それらの内に何らかの「おわり〔目的〕」があるかぎり、それらにおいてはみな、〔おわり〕より先の相続く〔継続する〕ものはこの〔おわりの〕ために行われる。まさしく、各々のものは、もし何も妨げないならば、そう行われる仕方で自づから〔生まれ〕、また、自づからそう〔生まれる〕仕方で行われるのである。ところで、〔技術によるものは〕何かのために行われる。それゆえ、〔自然によるものも〕また自づから何かのために〔生まれる〕のである。たとえば、もし仮に家が自然に生まれるものの一つであったとすれば、現に技術によって〔行われる〕ように生まれたであろう。だが、もし自然によるものがただ自然によってだけでなく技術によっても生まれるとするならば、自づから〔そう生まれる〕のと同じ仕方で〔技術によっても〕生まれることになるだろう。……〔中略〕……。ただし、およそ技術は、たしかに、自然が自づから仕上げること能わざるものをなし遂げるが、しかし〔自然が自づから仕上げるものを〕模倣しているのである。かくして、もし技術に沿ったものが何かのために〔行われる〕ならば、明らかに、自然に沿ったものもまた〔何かのために生まれるの〕である。

〔『自然学』199a8-18〕

技術には目的があるという明らかな事実から、自然にも目的が内在することを類推するのが、右の議論のおおまかな流れである。したがって、ここでの自然と技術は**相似**で比較可能であり、また両者の目的は対等なものとして語られているように見える。

しかし、「技術は自然が自づから仕上げること能わざるものをなし遂げるが、しかし自然を模倣している」という文には、それだけではない別の含みがある。つまり、技術と自然はただ相似なだけではない、何らか不等な関係にあるらしい。さらにまた、この一文は相反するような二つの部分からなっているが、それら二つの内容はどのように連関しているのだろうか。技術は自然を超える何かをなしうるのか、それとも、自然にならい、自然に従うのか。

こうした疑問を解明するために、アリストテレスのさまざまな記述のなかに模倣の意味を探ることにしよう。

さまざまな模倣――学び、相似と優劣――

「**模倣**（μίμησις《ミーメーシス》）」の最も基本的な意味は、何かをまねて作り、また行うことである。たとえば、鳥や人がほかの動物の鳴き声をまねる「ものまね」【①】に顕著なように、そこには手本にならい、本物をまねて、似せものを作り、似たことを行うという真実と虚像の関係がある。さらに人についていえば、模倣する力は生まれながらに人にそなわっており、模倣によって対象を把握し、最初の**学び**を行う【②】。対象が不快なものであっても、それが精密に模倣されているなら快や驚きを与えるという仕方で、模倣（まねび）と学習（まなび・ならひ）・知ることは内的に連関している。

〈7〉というのは、模倣することは、子どもの頃から人に生まれそなわっており、〔人は〕最も模倣しうるものであり、模倣によって最初の学びを〔自づから〕為すという点において、そのほかの動物と異なっているからである。また、誰でも模倣されたものを悦ぶこともまた〔子どもの頃から人に生まれそなわっている〕からである。実際におきていることがこのことの證である。すなわち、我々がそのものとしては厭々見るものですら、その似姿がこの上なく精確に〔模倣〕されているなら、たとえば最も卑しい獣や屍の形姿をも、我々は観て悦ぶ。さらに、この原因はまた、学ぶことは愛智者にとってのみならずそのほかのひとにも同じく――ただし彼らはこのことにわずかにかかわるにすぎないが――最も快いことだからである。というのは、彼らが似姿を見て悦ぶのは、〔似姿を〕観ることで各々が何であるかを、たとえば、この〔似姿の〕ひとはあの〔本物の〕ひとであるというように、学ぶ、つまり、推論することがおきることによってであるから。

〔『詩学』1448b5-17〕

模倣と学びとのこのような連関に着目することで、自然の模倣物である技術の観察を通して自然の真相を解明しようとする引用〈6〉の議論の意図が、いっそうはっきりするだろう。技術が媒介となるのは、技術の方が自然よりも容易に観察され、理解されやすいからである。第一節で見たように、技術による制作では四つの原因が別々に外在しており、それゆえに、それぞれを分析してとりだすことによって、たとえば制作者の意図というかたちで目的を、把握しやすい。いいかえれば、自然を模擬実験する際の模型として技術は用いられているのである【③】。したがって、両者はそれぞれ『自然学』の冒頭〔184a10-21〕にいう「我々にとって知られるもの」と「自然において知られるもの」に対応し、模倣物である技術によって自然の真相を解明することは、前者から後者へと進む『自然学』の探求の筋道とも合致する。

このように、模倣が技術と自然との相似を意味する場合も少なくない【④】。だがそれでも、「技術は自然を模倣する」という定型のみが用いられ、その逆の「自然は技術を模倣する」といういい方はされずに、内容にかかわらず表現上は一方向のみ指し示していることを見逃してはならない。次のような例も、一見するとただの相似のようだが、別の意味を読むことができる。

〈8〉ところで、およそ生活については、そのほかの動物による人の生活の多くの模倣物を〔誰しも〕観るだろう。また、大きな〔動物〕よりも小さな〔動物〕において、思考の念入り〔精密〕さを誰しも見出すだろう。鳥においては第一に、燕の巣作りのように。

〔『動物誌』612b18-22〕

燕の巣が自然本能に【⑤】、家が人為的技術に対応するとすれば、自然と技術との模倣関係と逆転するようだが、そうではない。ここでの規準は「思考の念入り〔精確・精密〕さ」であり、人と燕、大きな動物と小さな動物が、制作技術という観点において比較されているのである。そして、「動物による人の模倣物」という句は、燕の巣よりも人の家の方が精密さ――いかに工夫をこらしているか、つまり、いかに複雑な要素から統一した制作物を生み出したか――という点で優れていることをいいあらわしている。

このように模倣とは、比較された両者の**相似**だけでなく、何らかの**優劣**をも意味する語なのである。

第三節　うるはしさの模倣

組織のうるはしさ

では、どのように、あるいは、対象の何を模倣すればよいのだろうか。『詩学』の記述を見てみよう。

〈9〉そこで、ちょうどそのほかの模倣〔技術〕においても一つの模倣が一つの〔全体の模倣〕であるように、〔劇の〕筋もまた行いの模倣であるのだから、一つ〔の行い〕の、しかも、その全体の〔模倣〕でなければならない。つまり、できごとの諸部分は、そのいかなる部分でさえ置き換えられたり取り除かれたりするなら全体が違えられ動かされるようにして、組織されてあらねばならないのである。なぜなら、付け加わっても付け加わらなくてもはっきりしないものは、決して全体の部分ではないからである。

〔『詩学』1451a30-35〕

『詩学』は文藝作品についての論考だが、引用の冒頭にあるように、これらの規定はそのほかの技術による模倣の場合にもあてはまる。文藝作品が模倣・再現する対象である登場人物の一連の行為をふくめて、ひろく模倣の対象となるのは諸**部分**・**要素**が**一つの全体**として**組織**されたもの、いわゆる**有機体**（**システム**）（σύστασις《シュスタシス》, σύστημα《シュステーマ》）である。全体の内にある諸部分は、緊密に組織されていなければならない。すなわち、組織全体の部分といえるのは、ただ全体の内に含まれるものというだけでもなく、なおまた、その有無が全体の有無を左右するという意味で必要不可欠なものというだけでもなくて、全体のあり方を左右するという意味で重要な内在要素でなければならない。こうした組織の全体性、統一性、秩序を技術は模倣し、制作物の内に再現するのである。

さらに、文藝作品は、あたかも一個の完全な**生物**の**生きている**姿がそれぞれに固有の快を**観る者**【①】にもたらすかのように、作られていなければならない。

〈10〉〔叙事詩の〕筋を、悲劇においてのように、劇〔行い〕の〔筋〕として、つまり、「はじめ」と「なか」と「おわり」をもつ全体としての完全な一つの行いをめぐって組織しなければならない、ちょうど一つの全体としての動物〔生物〕のように、固有の快を生み出すために、ということは明らかである。〔『詩学』1459a18-21〕

第一節で指摘したように、アリストテレスにとって生物は自然に組織された有機体の典型である【②】。したがって、組織を模倣した作品そのものもまた、生物と同じように、一つの全体として緊密に組織されていなければならないのである。

ところで、生物をはじめとする自然の有機体が観る者に快をもたらすのは、組織としての**うるはしさ**のゆえである。

〈11〉なぜなら、いかなる〔動物〕の内にもみな何らかの自然なうるはしさ〔自然美〕があるからである。すなわち、諸々の自然のしわざには、偶さか〔偶然〕ではなくて「何かのために〔目的〕」が、しかも、最もよくある。そして、〔自然なものが〕それのために組織され、生成してある「おわり〔目的〕」は、うるはしさのありかを占めているのである。

〔『動物部分論』645a22-26〕

この**うるはしさ**が組織の**目的**をなしている。つまり、相異なる諸要素が緊密に結びついて同じ一つの全体となっていることが自然による組織の秩序であり、うるはしさであり、目的なのである。したがって、たとえば、絵画や音楽が多くの異なる音や色からつくられた一つの作品であるのは、秩序あるこの「**うるはしい世界**（κόσμος《コスモス》）」が相異なり相反する多様で複雑な諸要素から一つに組織された全体、共鳴や調和（いわば均衡やバランス【◆本書「まえがき」参照】）であることと相似であり、これを技術による自然の模倣の一例として敷衍するなら【③】、世界や自然の事物を対象として単純に複写することではなくて、その有機的なうるはしさを再現することこそ模倣であるという真相【④】を、よく把握したことになるだろう。

　以上から、アリストテレスが**この世界**全体を一つの**組織**として捉えていたことがわかる。すなわち、この世界は複雑で多様な諸要素からなるうるはしい組織であり、自然の物体や生物などの世界の内なる諸要素はそれぞれ相異なり、ときに対立しあい、生成と消滅、生と死を繰り返しながらも、世界は一つの秩序ある全体として組織されている。そして、さまざまな要素・部分そのものも、それぞれがまた一つの組織であり一つの全体であり、これらが大小の階層をなしてこの世界全体を組織している。単純な物体と呼ばれる火・風・水・土などの元素、生物、天体に至るまで、大小さまざまな自然のものはそれぞれが組織である。模倣とは、このような世界とその内部の組織としてのあり方を

うつし、再現し、**学び**、**知る**ことなのである。【◆章末コラム⑧「組織のうるはしさを観ること」】

「うるはしさ」と「ある」ことの優劣

さて、技術が自然のうるはしさ・目的をこのように模倣するとき、技術がうつして作るうるはしさは自然のうるはしさと**相似**ではある。しかし、技術と自然はうるはしさ・目的において対等ではなく、**優劣**の関係にある。

〈12〉ただし、「それのためのそれ（目的）」すなわち「うるはしさ」は、技術のしわざの内よりも自然のしわざの内にいっそう多くある。
〔『動物部分論』639b19-21〕

なぜなら、技術による制作物もまた組織ではあるが、自然の組織よりも全体性や統一性において劣るからである【⑤】。

第一節で見たとおり、アリストテレスは自然と技術を、探求の方法論上、相互に比較可能なものとして扱っていたが、厳密には、自然に生成したものと技術によって制作されたものとを対等な「**ある**もの（存在）」とはみなしていない。生成消滅するもののなかで自然に組織されたものとその原因のみを、アリストテレスは「実有（οὐσία《ウーシア》）」、すなわち、ほんとうにあるものとみとめているからである【⑥】。そして、この規定を最もよく満たすものは**生物**である。したがって、技術の制作物は自然の生物に比べて「**ある**」こと、および「**うるはしさ**」において劣っている、ということになる。

「ある」ことにおいて技術が自然に劣るとは、具体的にいいかえれば、「人は人を生むが、寝台は寝台を生まない」ということにほかならない。自然は外から人の手が加わらずに自づから同じ生成を繰り返すが、技術は自然の素材に外からはたらきかけて制作し、制作されたものはそのままでは維持されず、同じものも再生産されない。それゆえ、技術による制作物は自然に比べて滅びやすく、制作は継続しがたい、つまり、「ある」ことが少ないといえる。「**技術は自然を模倣する**」という句が含意するのは、このような**優劣**関係なのである。

第四節　永遠にありつづけるうるはしさ

円環・永遠性の模倣

自然は技術より「うるはしさ」と「ある」ことにおいて優れていると、アリストテレスが考えていたことが明らかになった。それではこのとき、「うるはしさ」と「ある」はどのように関連しているのだろうか。それはまた、制作する技術一般とどのように関係するのだろうか。あるいは、うるはしさを模倣する技術は藝術に限定されるのではないのだろうか。さらなる問いが生まれる。次にこれらの疑問を考察してみよう。

手がかりとなるのは、再び、模倣の用例である。

〈13〉ところで、この〔生成と消滅が継続する〕ことの原因は、前に幾度も述べられたように、〔恒星天の〕まるい移動〔円移動〕である。なぜなら、それのみが連続だからである。それゆえに、様態と力という点で互いに転化しあうかぎりのそのほかのものもみな、たとえば単純な物体の如く、まるい移動を模倣している。というのは、水から風が生まれ、そして、風から火が生まれ、また再び火から〔風を経て〕水が生まれてある時、再びもとに戻っているのだから、生成はまるくめぐっている、と我々は主張する。

〔『生成消滅論』336b34-337a6〕

引用の直前〔336b25-34〕で、アリストテレスは次のように述べている。物体などの無生物や生物を含めた自然のあらゆるものは、変化や生成消滅を、**あるとあらぬ**を常に繰り返して止まない。それは目の前に今、自然におきている、まぎれもない事実である。では、自然が生成と消滅を繰り返すのは、なぜだろうか。それは「ある」ことは「あらぬ」ことより善いからである【①】。したがって、最善なあり方は（同じ一つのものとして【②】）「常にある」ことだが、自然に生成し消滅するものにとってそれは不可能であるから、次善のあり方として、常に生成を繰り返し、「あらぬ」を間に挟みつつ「ある」を繋ぎ合わせてゆく。だが、こうして生成が継続する原因は、**常にある**ものに求めなければならない。原因があることを止めれば、自然の生成も止むだろうからである。

そこで、自然の生成の原因とされるのが、右に引用された恒星天球の日周する**円移動**（円運動）である。アリストテレスは、当時の天体観測にも基づいて、恒星天は常に永遠にあり、同じ一つのものとして連続して止むことなく同一軌道を回転している、と考えた【③】。恒星天が永遠に連続して円移動することによって、自然の生成は継続して生み出される。ここでいう原因は始動因と理解してよい。右の引用で「円移動の模倣」といわれているのは、この自然と恒星天との関係、つまり、現に自然におきていることとその原因との関係である。いまこれを自然による**「永遠性の模倣」**と呼んでおく。

うるはしさとあることの「はじめ」としての「神」

だが、**原因の探求**はこれだけでは終わらない。というのも、この恒星天も同じ一つの円移動を変わらずにつづけるとはいえ、ある時にはそこにあり、ある時にはそこにあらぬ、という仕方で場所を変える点では、厳密には「常にある」とはいえないからである【④】。こうして、さらに恒星天の原因として求められるのが**「神」**であり、いかなる意味でも「あらぬ」ことなく**常にある**、つまり、今ある己のあり方から動かされたり変わることのない【⑤】、**永遠**（常磐）の実有である。

〈14〉動かされずに〔恒星天を〕動かす何かがある、それは永遠（常磐）なものであり、実有であり、現実態であるところの〔実有〕である。
〔『形而上学』1072a25-26〕

「**神**」は天を含む自然のあらゆる運動の第一の始動因であるが、その動かし方はそのほかのいかなる始動因ともまったく異なっている。自然の物体間の作用・反作用のような始動因にせよ、技術による制作のような始動因にせよ、それらはすべて、何らかの仕方で己も動き・動かされてほかのものを動かすが【⑥】、永遠にある神はいかなる点においても動かされない・動かないのだから、神は動かされずに動かす始動因、いわゆる「不動の動者」でなければならない。アリストテレスは神のこの特異な原因としてのあり方を、「**うるはしくあり、また、そのような仕方でのはじめである**」〔『形而上学』1072b10f〕と述べて、始動因であるとともに目的であるとしている。また、目的としての神がそのほかのあらゆるものを動かす仕方を、「**恋われるものが**〔恋うものを〕**動かすように**」〔『形而上学』1072b3〕自ら動かされず・動かずに動かす、と恋に喩えて説明している。つまり、神はすべてのものの目的であり最もうるはしく最善であり、かつ、永遠にありつづけ、生きている【⑦】。そのほかのものは、あたかも神にあこがれ恋するかのように、そのあり方になるべく近づこうと欲して、それぞれに可能な仕方で動く【◆第五節】。「**この世界**」の永遠性とうるはしさは同じ一つの原因、「**神**」に窮まるのである。

このように「神」を始動因かつ目的として、天は連続して円移動し、自然は生成と消滅を繰り返す。つまり、**永遠**

性の模倣とは、天が神に依拠し、自然が天に依拠して、「この世界」が全体として永遠に継続する（永続する）ことを意味する。ここでの模倣は、原因とそれによって現にあるもの・それに依拠してあるものとの**因果関係**を指しているのである。

神とこの世界

そうだとすると、うるはしく永遠にありつづける「神」について、アリストテレスはなぜ語るのか、その理由も見えてくるはずだ。「この世界」もその内なる自然の事物もみな、それぞれうるはしい組織である。**生物**をはじめとして、我々の目の前に今あるさまざまな自然の事物は、たしかにあり、あるいは、たしかに生きている。そして、「この世界」全体は、今までもありつづけてきたし、今もあり、今から後もありつづけるだろう。なぜなら、「**あることはあらぬことより、生きていることは生きていないことより善い**」〔『動物発生論』731b30〕、うるはしいからである。我々を含む「この世界」とその内なる自然の**うるはしさ**、そして、それらが「**ある**」こと、**生きている**ことへの驚き、あこがれ、よろこびは、我々にとって素直に、たしかに感じられることである。しかしさらに、この思いはその根拠（**はじめ**）へと、つまり、目の前に今あるものがなにゆえにこのようにうるはしくあるのか、という**原因の探求**へと我々を向かわせる。探求の極においてアリストテレスが触れたのが、ほかでもなく「神」なのである。【◆章末コラム⑧】

この「**神**」を原因とすることによって、「**この世界**」が全体としては生成消滅することなく、永遠にうるはしくありつづけることは確保される【⑧】。つまり、この世界には時間としてのはじめもおわりもなく、その前の別の世界もその後の別の世界もない、ただ一つの世界としてある【⑨】。したがって、「この世界」は、技術による制作物のように、かつて作られたものでも、いつかこわされる・こわれるものでもない。それゆえに、この「神」は世界を作った原因、創造神ではない【⑩】。世界と神についてのこのような理解は、とりわけアリストテレスに特異なものである。

第五節　種の継続

生命の永続——人は人を生む——

さて、自然の**生物**が永遠性を模倣する仕方は、次のように述べられている。

〈15〉完全な……〔中略〕……生き物にとって、諸々の活動のなかで最も自然であるのは、できるかぎり「常に〔あることと」すなわち「神からの〔神的な〕こと」にかかわろうとして、動物は動物を、植物は植物を〔という仕方で〕、己のような別のものを作り出すことである。なぜなら、あらゆるものはこのことを欲し、自然に沿って実行しうるかぎりのことをこのことのために実行しているからである。……〔中略〕……。こうして、滅びうるものは何ひとつ、同じものが、つまり、数において一つのものが留まることは許されないがゆえに、「常に〔ある〕こと」すなわち「神からのこと」に連続において共なることは不可能であるのだから、各々のものがかかわりうる仕方において、大なり小なり、〔常にあること・神からのことに〕共なっている、つまり、己がではなく、己のようなものが留まる、数において一つのものがではなくて、種において一つのものが〔留まるの〕である。

〔『霊魂論』415a26-b7〕

生物は同一の個体が、「神」のように、永遠に生きつづけることはできない。そこで、己に似た別の個体、つまり、同じ種の次世代を生み出して、死ぬ。生殖によって生物の種は継続してゆくのである。ここで「継続」とは、同じ一つのものが「連続」することに対して、一つ一つのものは滅びながらも、似たものが相次いでゆくことである【①】。それは、神の永遠性をまねた、生物に可能なかぎりのあり方である。「神からのことに共なる」とは、神そのものになるのではなく、神のような、神に似たあり方に近づくことである【②】。

種の継続という自然の生成の特徴こそ、第一節で見た**「人が人を生む」**によっていいあらわされていた**生物**の**生命**活動である。この場合のそれぞれの「人」は親と子であり、個体としては相異なっている。しかし、子を生んだ親もまた、かつては親から生まれた子であり、生まれた子もいつかは親として子を生むことになる。こうして親と子が循環しめぐる仕方は、恒星天の永遠の**円移動**を模倣しているといえる。これこそ、技術による制作と比べて、生物の種の継続が「ある」ことにおいて優る理由である。

ただし、地球の生物の生殖の直接の原因は神ではない。神によって恒星天が、恒星天によって惑星が、惑星のなかの日（太陽）によって生物を含む自然が動かされるのである【③】。それぞれの動きは、「あらぬ」ことが増えるに従い、この順に複雑になり揺らいでゆく【④】。恒星天の円移動の単純さに比べれば、日の運行やそれに依拠する自然は精確さに劣り、いっそう蓋然的なものとなる。すなわち、日の動きは季節によって変動する。とはいえ、季節のめぐりもただの偶然ではなく、秩序に沿った一定の精確さ、いわば定常性をもっている【⑤】。

〈16〉ところが、自然なものにおいては、何も妨げないならば、常にこのように生る（生成する）のである。

〔『自然学』199b25-26〕

この自然の精確さを模倣して、技術は道具や計算に利用している【⑥】。念入りな制作には精密な道具や計算が必要であるが、その規準や範型となるのもまた自然である。それゆえ、**精確さの模倣**もまた、永遠性やうるはしさの模倣と重なるといえるだろう。

模倣の意味

ここで、これまでに明らかになった模倣の意味をまとめておこう。**模倣**とは、二者間の**相似**関係、**優劣**関係、**因果**関係を意味する。また、模倣することによって対象を**学び**、**知る**という仕方で、模倣は人の知とも深く連関している。したがって、**「技術は自然を模倣する」**とは次のような意味となるだろう。

技術が自然を知るための模型となるのは、双方とも四原因によるモデルで捉えられるという点で相似であるからだが、原因の内在と外在という点では異なっている。この相違は両者の優劣関係にかかわる。**うるはしさの模倣**、**永遠性の模倣**、**円移動の模倣**、**精確さの模倣**の用例は、技術は自然より「うるはしさ」と「ある」という点で、すなわち、組織としての全体性、統一性、秩序、持続(継続)性、円環性、再現性、定常性、蓋然性において劣ることを示している。いいかえれば、自然の方が全体として安定した組織(システム)だということになるだろう。そして、生物の生殖、物質の相互変化などの自然の運動には、それが永遠性を模倣しているかぎり、何らかの**円環**構造が見出されることになる。

ところで、優劣関係は優れたものが劣ったものの原因であるという仕方で因果関係として把握される。自然がそのうるはしさや永続性を、惑星や恒星を経て最終的には神に依拠していることは明らかであるから、自然より劣る技術もまた、自然より弱く、また間接的にこれらに依拠していると考えられる。したがって、技術もまたこの世界の永続性やうるはしさの内に、そして自然の後に、位置づけられるということが、おそらく、その因果関係の中身であろう。

以上から、技術が模倣する自然のあり方・うるはしさとは、直接には生物の種の継続、生命の永続に代表される自然の生成であるが、さらに生物が惑星や恒星天などの円移動を、そして天体が神を模倣することによって、技術は間接的に神の永遠性とうるはしさを模倣していることになる。したがって、うるはしさの模倣は藝術に限らず、あらゆる制作技術にかかわることがらなのである。

第六節　人の生存のための技術

自然に反する技術

技術は世界の永続性とうるはしさのなかに、その複雑な要素の一つとして組み込まれている。それでは、引用〈６〉においてアリストテレスが技術に与えた「自然が自づから仕上げること能わざるものをなし遂げる」という規定は、どのように理解しうるだろうか。技術が自然を超え出ることを含意し許容しているのだろうか。あるいは、第五節を受けていえば、技術が自然の後に位置づけられるとか自然より弱く原因に依拠しているとは、どういうことなのだろうか。

擬書とされる『機械学』によれば、人が技術を必要とする理由は自然の定常性にある。自然は常に同じ仕方で生成するが、人にとって役立つことはさまざまに変化する。それゆえ、自然はしばしば我々の利益と対立するものを生み出すことがある。そのとき、**自然に反して**人の利益を追求するために技術が必要とされるのである。

〈17〉或ることは自然に沿っておきるが、それらの原因が知られていないかぎり、驚かれ、或ることは自然に反して〔おきる〕が、人々の利益のために技術によって生み出されているかぎり、驚かれる。なるほど、多くの場合において自然は、我々にとって役立つものに対立するものを作る。なぜなら、自然は常に同じ仕方で、つまり、ひとえ〔単純〕に〔己を〕保っているが、〔我々にとって〕役立つものはさまざまな仕方で変わるからである。かくして、何か自然に反したことを実行しなければならない時、〔そのような実行は〕困難のためにゆきづまりを惹き起し、技術を必要とするだろう。だから、技術のなかでこのようなゆきづまりに対して助ける部分〔部門〕を、我々は機械術と呼ぶのである。実際、作家のアンティフォンがこう詩作した如くなのである。すなわち、我々が自然によって負かされたものに、我々は技術によってうち勝つ、と。

〔『機械学』847a11-21〕

まさに、自然が技術を生み出した、といえるだろう。しかし、「我々が自然によって負かされたものに、我々は技術によってうち勝つ」という作家のアンティフォン〔第一節で指摘されたソフィストのアンティフォンとは別人〕の詩句への言及は、あたかも人は己の生存や利益のためなら技術によって**自然に反して**もよいかのようにも聞こえる。だが、はたしてそうだろうか。アリストテレスの対話篇の断篇とされる一節では、農業がこれと同じ例として挙げられている。

〈18〉たしかに、種子の或るものは、たとえいかなる土に落ちるとしても、きっと〔外からの〕見守りなしに〔次の個体を〕生み出すであろうが、或るものは農業の技術を加えて必要としている。さらに、同じく、動物の或るものは己によって自然〔本性〕をすべて取り戻すが、しかし、人は、最初の生成〔誕生〕の点でも、なおまた、その後の栄養〔成長〕の点でも、生存のために多くの技術を必要としている。

〔『哲学の勧め』断篇［Iamblicus, Protrepticus, ch.9, 50.5-12（Pistelli）］〕

土に落ちた種子は自づから発芽し成長する。そこには、人為的に技術を外から加える必要はない。しかし、条件が悪ければ、そのまま枯れてしまうかもしれない。農業はこうした「妨げ」（引用〈６〉〈16〉）を除き、あるいは、好条件を促進して、自然の生成を助ける。その植物を食べて栄養とする人の生存のためである。このように、もとより人は生存のために多くの技術を必要とすることを、右の断篇も認めている。

しかし、同時にこれは、人の利益という外的目的が自然に反する事態を惹き起こしうることを、あるいは、惹き起こさざるをえないことを予想した上での発言でもある。では、こうした場合に、技術と自然の目的はどちらが優先されるのだろうか。同じ断篇は引用〈18〉のすぐ前で、こう述べている。

〈19〉なるほど、自然に沿ったものというのは、何かのために生まれるけれども、技術によるものがそうであるよりも、常に、いっそう善いことのために組織されている。なぜなら、自然が技術を模倣しているのではなくて、技術が自然を模倣しているのであり、かつまた、自然の残されている諸々のことを助けたり満たしたりすることを目指しているからである。

〔『哲学の勧め』断篇［Iamblicus, Protrepticus, ch.9, 49.26-50.2（Pistelli）］〕

技術が自然を模倣しているのであり、その逆ではない。自然の目的の方が技術よりも優れているのだから、技術は自然の延長・補完として【①】、あくまで自然に沿ったものを作り、行うのである。

したがって、技術は自然の永続性を破壊するような制作を意図していないが、自然と対立する場合には、技術は己の目的を自然の目的、永続性やうるはしさ以上に優先することなく、むしろ、**自然に沿う**ように自ら調整し修正しなければならない、と推測される。技術がもともと自然と対立する契機を含んでいるからこそ、それに対して、「**技術は自然を模倣する**」という一方向のみが常に示されるのであろう。そして、技術が自然に反することがありうるということこそ、技術が永遠性やうるはしさの原因に自然より弱く依拠していることの中身だといえるだろう。

もしこれらの断篇や擬書がアリストテレスの思想を充分に反映しているとすれば、「技術は自然が自づから仕上げること能わざるものをなし遂げる」という技術の特徴は、あくまで「**技術は自然を模倣する**」ことの内に位置づけて理解されなければならないはずである。【◆後の近現代におけるこの問題への応答の一例として、三木清による技術と自然の理解を紹介する第六章コラム⑦を参照】

自然を模倣する技術のすがた

最後に、以上のような解釈に沿った技術と自然との関係を、もう少し具体的に示しておこう。技術が活躍する場面は二つ考えられる。一つは、自然の生成が何かによって妨げられる場合である。技術による制作は自然の生成と相似なのだから、妨害された生成の過程を模倣・再現することによって、技術は自然の生成の**円環**を補完することができる。もう一つは、人間の生存や利益のために、自然の生成の円環から素材などを引き離して取り出し、変化させて加工したり生産したりする、技術にごく一般的な場面である。このような生産活動は、技術が自然の永続性やうるはしさを模倣するのだから、自然の生成を妨げない仕方で、自然に沿って円環をなすもの、円環をこわさないものでなけ

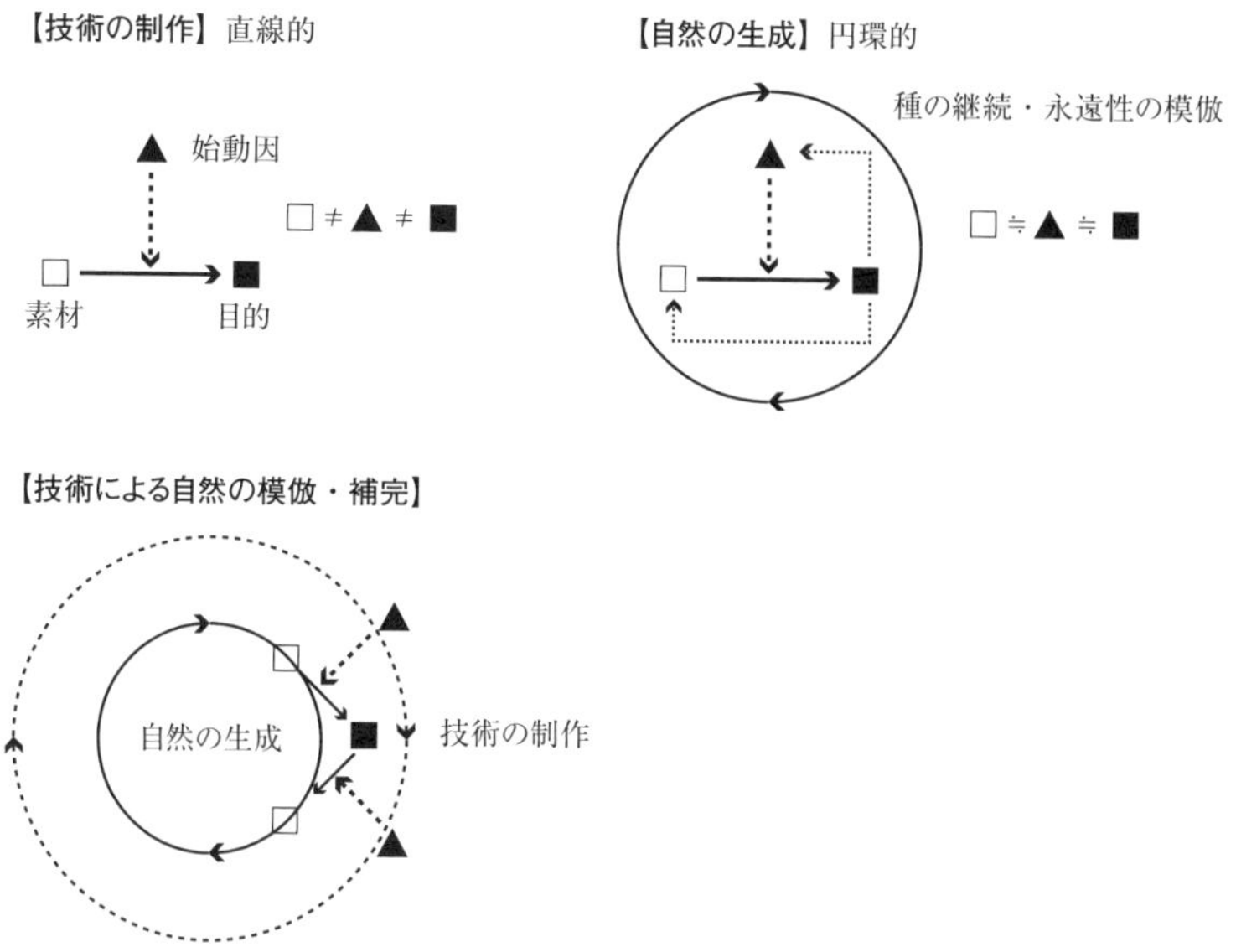

図３「技術による自然の模倣」

ればならない。また、その生産物は自然から取り出した不安定な滅びやすい（または、非常に安定的で自然の円環を逸脱しやすい）組織であるのだから、破壊され分解されたり、使用を終えたときには、自然の生成の円環に再び戻さなければならない。現代において**リサイクル**とか**持続可能性**と呼ばれる目標は、このような仕方で意味を与えることができる。さらに技術者の教育もまた、生物の親と子のように、円環をなすものとなるだろう。

おわりに

模倣という一筋の糸口をたぐって技術と自然の関係を探るなかで、永遠性・うるはしさを根拠（はじめ）とするアリストテレスの世界観へと至った。アリストテレスにおいて技術は、人間の独自性や革新性の一つとして自らを限りなく称揚するのではなく、世界のうちに住まう人間の活動の一つとして、永遠にありつづけるうるはしさを自らもかたちづくろうとするいとなみである。人は人を生み、技術は人の技術なのだから、自然の永続性・うるはしさのもとでこそ技術もまた持続可能なのである。

それゆえに、アリストテレスの自然と技術への理解は、現代の宇宙論や進化論といった自然科学、あるいは、終末・来世・彼岸信仰、刹那主義に基づく世界観とは相容れないだろう。我々の多くは次のような世界観を前提としているだろうからである。——この世界はいつか滅びてなくなってしまう、はかない仮のものであり、大事なものではなく、むしろ、醜く劣悪なものである。あるいは、このような悪しき世界とは別の遥かによい世界、ほんとうの世界があり、我々はその別の世界にゆくことができるし、また、ゆくべきであり、その世界でこそ、永遠に生き、ほんとうによく生きることができる、等々——。だが、現代のこうした世界観のなかで我々は、技術と自然との対立が己のいのちに影響を及ぼすとき、はかない己の生存をつかのま維持するというよりほかの、どんな根拠によってこれに対処しうるのだろうか。

複雑さや動揺を内に含みつつ常にありつづけるうるはしいものとして、この世界を驚きやあこがれをおぼえながら一つ一つ観たとき、アリストテレスは永遠性に触れていたにちがいない。我々もまた、もし今あるこの世界にうるはしさ・よさを観て、それがけふもあすも末永くあるものと想定し、あるいは、そう欲して、この世界で生きてゆくのならば——。我々の技術と自然との関係について考える手がかりはほかにも、アリストテレスの思想のうちに見出すことができるだろう。

文献案内

引用以外のアリストテレスの記述の参照箇所を、各節ごとに示す。書名の次は原文の行数である。書名略号は次のとおり。

自『自然学』 **天**『天体論』 **気**『気象論』 **生**『生成消滅論』 **宇**『宇宙論』 **魂**『霊魂論』 **誌**『動物誌』 **部**『動物部分論』 **発**『動物発生論』 **聞**『聞こえるものについて』 **機**『機械学』 **形**『形而上学』 **倫**『ニコマコス倫理学』 **政**『政治学』 **弁**『弁論術』 **詩**『詩学』 **哲**『哲学の勧め』

■第一節…①倫 1140a9f ②部 640a29-32; 形 1046a26-28; 1070a21ff ③部 639b14-19; 形 1032a25-b6; 1043a14-19 ④自 194a24f; 194b5-7; 倫 1140a10-14 ⑤形 1034a23f ⑥形 1032b2-6; 1070b28 ⑦形 1032b6-26 ⑧自 194a23f ⑨自 194b29-195a3; 195a15-26 ⑩自 195b3-6; 195b16-21 ⑪倫 1094a3-6; 1140b6f ⑫政 1278b37-1279a8 ⑬倫 1139b1-3 ⑭生 335b32f; 部 640a29-32 ⑮自 192b16ff; 発 735a2-4; 形 1070a6-8; 倫 1140a10-16 ⑯自 193a9-17; 生 336a2 ⑰自 192b8-23; 発 735a2-4 ⑱自 194b7f; 形 1014b16-20 ⑲形 1019a15-18 ⑳自 192b23-32; 政 1278b37-1279a8 ㉑自 193b8（引用〈3〉）; 194b13; 発 735a20f; 形 1034b2; 1070a8（引用〈4〉）; a28; b34 ㉒発 735a3f; a12-14 ㉓発A巻19～22章 ㉔発 729b12-21; 730a24-30; 730b8-23; 形 1034a33f ㉕発 735a20f; 形 1034a21-25; a34-b4

■第二節…①聞 800a21-30; 誌 597b21-29 ②政 1340a23-28; 弁 1371a31-b10 ③自 199b28-30 ④自 194a21-27; 気 381b3-9 ⑤自 199a26-30

■第三節…①部 644b31-645a15 ②形 1017b10-13; 1042a7-11 ③宇 396a33-b25 ④詩 1454b8-14; 1460b7-11; b32-35; 1461b9-13 ⑤形 1016a4; 1023b34-36 ⑥形 1041b28-33; 1043b14-23

■第四節…①発 731b24-31 ②生 338b11-17; 魂 415b3-7（引用〈15〉）; 発 731b33ff ③自 267b2-6; 天 287a23-30; 288a13ff ④形 1072b4-7 ⑤形 1072b7-10 ⑥生 323a12-15 ⑦形 1072b28-30 ⑧天 279b21-31 ⑨天 277b27-29; 278b21-24; 279a6-11 ⑩倫 1178b20-22

■第五節…①自E巻3章 ②発 731b24-732a3; 倫 1177b26-34;1178b20-27

③自 194b13; 生 336a15-18; 338a17-b5; 形 1071a15-17 ④天 279a28-30; 292b1-25
⑤自 198b34-199a3; 気 346b35-347a6 ⑥哲 Iambl.Protr.10.54.22-55.14 (Pistelli)

■第六節・・・①政 1337a1-3

コラム⑧　組織のうるはしさを観ること

高橋幸平

組織（有機体）のうるはしさ——秩序・統一・全体——を観ることは快い【◆第七章第三節】。アリストテレスにおいて、観る（θεωρεῖν《テオーレイン》）こと・観想（θεωρία《テオーリア》）とは、組織のうるはしさを感じとり、全体を把握する、人の知覚活動だといえる。

ところで、観想はしばしば思惟（νόησις《ノエーシス》）といいかえられ、「神」の活動でもあるとされる。しかし、神の思惟を主題とする『形而上学』Λ巻7・9章の内容は、きわめて難解である。『ニコマコス倫理学』K巻8章［1178b7-23］では、人の活動のなかから制作や実践を除外してゆき、残った観想が神のあり方に最も近いと推測されている。とはいえ、神のあり方を人の観想からすべて理解しようとするのは、誤読であろう。なぜなら、神の観想と人の観想は同一ではなく、神の方がはるかに優れていると、アリストテレスは述べているからだ。おさえるべきは、「神が思惟・観想する」とは「神がこの世界の原因として永遠にある」ということである。それは人には決してありえない、ただ神のみのあり方である。

これに対して、人の観想はずっとわかりやすい。本文引用〈11〉の直前［644b22-645a22］でアリストテレスは次のようなことを述べている。動物の有機体としてのうるはしさは、観る者に驚きや悦びを与える。それは天体を観ることから得られる悦びと相似である。なぜなら、どちらも自然の組織だからである。生物と比べて天体から得られるデータは少ないが、それでも、天体が生物よりも神の永遠性に近いがゆえに、いっそうの悦びを観る者に与える。だから逆に、天体より劣るとしても、同じく永遠性を模倣する組織である動物の各部分の観想（観察・探求）は我々にとって重要だというのが、そこでのアリストテレスの論旨である。

このように、観想とは、組織の全体性・秩序を把握することであるとともに、永遠性を把握することでもある。観想が捉える「うるはしさ」とは、したがって、永遠にあることであり、また、複雑で相反する諸要素の統一・秩序、つまり、それら諸要素からなる組織全体のあり方である。そして、全体を把握するとは、ただ諸要素を把握するのではなく、それらが一つである原因を把握することである。こうして人の観想は「この世界」とその内部の多様な組織、そして、その原因・根拠（はじめ）へと向けられているのである。神のあり方が観想であるとされる理由も、このあたりにあるのだろう。

第八章
現状を批判的に捉え直し改善していくために

横田理博

●本章のキーワード
想定外、計算する（想定する）、計算可能性、驚く、「形式的な法」と「実質的な正義」、規律、「力の節約」、適応、「プロクルステスの寝台」、ドイツの脱原発、「市民の科学」、専門家と市民、「木を見て森を見ず」、「自己内省的な近代化」、「心意倫理」と「責任倫理」

序

二〇一一年三月一一日に発生した東日本大震災、そしてそれに伴う東京電力福島第一原子力発電所のメルトダウン（炉心溶融）――以下「原発事故」と略記する――は、科学技術の現状を見つめ直すことへと我々をいざなった。科学技術について倫理学的な考察が求められるようになったということは、科学技術がある程度進展し、それが様々な問題をひきおこし、反省され、その制御・方向づけが社会的に要請されるようになったということである。科学技術の問題をもはや専門家任せにするべきではなく、生活者一人一人が科学技術のあり方について批判的な視点をもって検討することが求められている。

本章では、まず第一節で、ウェーバーとヤスパースの見解に依りながら、近代自然科学ないし科学技術の成立・進展を人間の歴史の中で俯瞰し、第二節では、ウェーバーの「計算する」という言葉を手懸かりとして、近代社会の諸相について考え、第三節では、福島の原発事故をうけてドイツが脱原発に踏み切ったことをめぐって、その背景としての思想にも踏み込みながら考察してみる。これらを通じて、現状を批判的に捉え直して改善していく生き方は、いかに確保されがたいのか、いかにすれば確保できるのか、という問題を探っていきたい。

第一節　科学技術の歴史的位相

(1) 近代自然科学の草創期についてのウェーバーの見解

比較宗教社会学や政治論や学問論など多岐にわたる研究成果を残したマックス・ウェーバーというドイツの思想家（一八六四～一九二〇年）は、『儒教と道教』という著作の中で、近代西洋の自然科学の由来を、ギリシア哲学以来の「合理的」な考え方と、ルネサンスで生まれた「実験」という営みに見出している。そしてこのルネサンスの「実験」は、芸術の分野から成立したものであり、手工業で培われた技能と、芸術家たちの名誉欲との結合から生まれたのだと指摘している（MWG I/19 S. 343, 木全訳二五四頁）。

思考パターンないし思考の枠組みとしてそのような「自然科学」の態勢が生まれた。ではその自然科学の営みを熱烈に突き動かしていった動機は何だったのだろうか。現代人はそこに、伝統的・宗教的世界から解放されたいという動機をとかく想定しがちだが、むしろ宗教的情熱に駆り立てられて自然科学に熱中するということが草創期の自然科学にはあったのだ、とウェーバーは主張した。彼は『ベルーフとしての学問』の中で、オランダの博物学者スワンメルダム（一六三七～一六八〇年）の「シラミの解剖学的構造において、あなたがたに神の摂理の証拠を示す」という言葉を引いて、プロテスタンティズムにおいては、神の創造の意志を理解したいという宗教的情熱が精密自然科学を促す力として作用した、と指摘した（MWG I/17 S. 91-92, 尾高訳四〇頁）。聖書の世界観によれば、人間も含めて自然の全体が神の創造の産物なのであるから、自然の仕組みを探れば、それを創った神の意志が明らかになると考えられたのである。宗教から解放されたいという動機から近代自然科学が展開したのではなく、反対に、宗教的情熱が近代自然科学を促進したということである。

『プロテスタンティズムの倫理と資本主義の精神』というウェーバーの代表作は、禁欲的プロテスタンティズム（カルヴィニズムなど）のもとで信者は「神のため」に社会的な活動に励み、結果的に近代資本主義を促す力が産み出されたという命題を示したことで有名な書である。宗教的情熱と近代資本主義という二つのものは一見あい反するものなのだが、実は前者が後者を促進した。これは、宗教的情熱が近代自然科学を促進したという命題とアナロジーをなしている。

資本主義と自然科学とのアナロジーはこのように草創期にそれらが宗教的な原動力に突き動かされていたということだけにとどまらない。やがて「資本主義の精神」が消えても資本主義システムは残ったように、神の秩序を解明したいという近代科学の或る時期の精神が消えても科学のシステムは残った。今日の人間は、神とは無縁に資本主義を遂行し、神とは無縁に近代科学を遂行する。さらに言えば、残存する資本主義のシステムが「殻（Gehäuse）」として人間を支配しているのと同様に、残存する科学技術のシステムもまた、一種の「殻」として人間を拘束しているのである。

(2) ヤスパースの科学技術論

ハイデルベルクのマックス・ウェーバー邸のサロンに出入りしてウェーバーと親交を結んでいたカール・ヤスパース（一八八三〜一九六九年）は一九四九年に『歴史の起源と目標について』という著作を発表している。この著作によれば、一五〇〇年頃まではアジアもヨーロッパも類似性をもっていた。しかし、十七世紀以降、ヨーロッパは他の文化とは異なったものとなる。それをもたらしたのは近代の科学・技術だとヤスパースは言う。

もともと技術に期待されていたのは、人間の苦しみを取り除いてくれることだった。その目的のために技術は自然に働きかけ、自然を変化させた。ところが、技術はそれとともに人間をも変化させることになった。しかも「圧倒」する形で。大量生産という労働方式のもとで人間は「地盤」・「故郷」・「伝統」を喪失する。

自然支配が強力に推進されたことによって、近代技術は人間自身を、以前には予期されなかった仕方で、今にも圧倒しそうである。（S. 129, 重田訳一八三頁）

技術は、環境における人間の日々の生活を徹底的に変化させ、労働方式や社会に新たな軌道をとることを強制してきた。すなわち、大量経営をとらせ、全生活を技術的に遂行される機械装置（Maschinerie）へと変え、この惑星を唯一の工場に変えた。それとともに、人間の各自の地盤（Boden）からの遊離が起こったし、今も現に起こっている。人間は故郷を喪失した（ohne Heimat）地上の住人となる。人間は伝統の連続性を喪失する。精神の働きは、習得することと、有用な機能への調教（Abrichtung）になりさがる。（S. 129, 重田訳一八四頁）

このような今日の時代に台頭してきたのが「大衆（Masse）」である。視野が狭く、自分の労働の意義を知らず、自己自身を尊敬できず、地盤をもたず、取り替え可能で、計算される量的な存在、これが「大衆」である。大衆の登場は「技術の結果」だと言われている。人の如何《いかん》を問わず一律に動く機械・技術の性質は、大衆の「取り替え可能」な「量的」存在という性質と対応している。

技術はあくまでも手段にすぎない。善にも悪にも仕えうる中立的なものである。だからこそ、技術は人間によって制御・指導されることを必須とする。

技術の限界は、技術が独立してそれだけでは存立しえず、あくまで手段（Mittel）にとどまるということである。したがって、技術は両義的（zweideutig）である。すなわち、技術自身は何らの目標も含んでいないから、技術はすべての善悪の彼岸ないし以前にある。技術は、幸福のためにも不幸のためにも仕えることができる。技術は両者に対してそれ自体は中立なのである。だからこそ技術にはそれを指導することが必要になるのである。（S. 153-154, 重田訳二一八〜二一九頁）

技術への支配を、技術が達成することはできないし、技術の克服を、技術万能主義（Technokratie）が達成することはできない。技術万能主義が意味するのは、むしろ、まさに、決定的に水平にすること（Nivellierung）、麻

痺させること（Lähmung）、奴隷にすること（Versklavung）であろう。（S. 233, 重田訳二三九頁）

このヤスパースの『歴史の起源と目標について』という著作が書かれてからすでに六十年以上が経過しているが、ここには今なお色褪せないメッセージがある。科学技術は、何かに奉仕するもの、使われるものである。いったい何に使うべきなのか。何に使ってはいけないのか。それは結局、そもそも我々がいかに生きるべきかと問うことになる。我々自身が、どういう人生を送りたいのか、あるいは送るべきなのか、どういう社会・政治・国際関係があるべきなのか、そのようなヴィジョンを養うことが、結局は科学技術の問題を考える上での最終的な課題となるだろう。

第二節「計算する」ということ——マックス・ウェーバーを手懸かりとして

二〇一一年三月一一日の東日本大震災のあと、「想定外」という言葉が世間でとびかった。東京電力による原発事故の原因説明の中で使われたのが端緒だった。たとえば、何メートルまでの津波しか想定していなかったので、それを超える大きな津波には対応できなかった、といった報道を目にした。その想定が甘かったという非難もあった。いずれにせよ、我々の社会は、いろいろなことを「想定」して、少なくともその想定内では安全な暮らしができるように配慮されている。そしてその「想定」を超える事態が生じたときには、我々の暮らしも生命も、もろくもこわれ去ってしまう。このことが露呈された。

「想定する」こと、「先を読む」こと、「予測する」こと、「計算する」こと、これは社会の保全のためにも個人の生活のためにも要請されている。いつの時代でもそうなのかもしれない。だが、とりわけ近代社会においてはその重要性が増しているように思われる。「計算する」こと、「先を読む」こと、そして「計算可能にする」こと、「先が見通せるようになる」ことが求められている。

マックス・ウェーバーは、「計算する (rechnen, berechnen, kalkulieren)」という言葉や「計算可能性 (Berechenbarkeit, Kalkulierbarkeit)」という言葉を、いくつかの場面でキーワードとして使っている。「計算する」ことについて彼が主題的に論じているわけではないが、散見する彼の「計算する」という言葉の使用例に着目することで、「計算する」ということについての洞察が、なにがしか見えてくるのではないだろうか。

(1) 電車の動きを「計算する」

ウェーバーの『ベルーフとしての学問』の中に次のような文章がある。我々現代日本人にも考えさせるところのある文章である。

学問の進歩 (Fortschritt) は、かの知性主義化［感情や意志よりも知性を働かせることを尊重するようになること……引用者］の過程 (Intellektualisierungsprozess) ——我々は数千年の間そのもとにあるのだが、今日ではそれに対して通常きわめてネガティヴな態度がとられている——の一部分、しかも、その最も重要な一部分である。我々はまず、そもそも学問および学問に準拠する技術によるこの知性主義的合理化が、実際にはどのようなことを意味するかを明らかにしよう。たとえば、今日の我々、つまりこの会場に臨席の皆さんは、その誰もが、自分がそのもとで暮らしている生活条件について、アメリカ・インディアンやホッテントットよりもよく知っていると言えるだろうか。そうとも言えないだろう。路面電車に乗る我々は、——専門の物理学者でなければ——それが動く仕組みを知らない。それを知る必要もない。路面電車の動きを「計算する［予測する］（rechnen）」ことができて、それに自分の行動を対応させることで十分である。市街電車はどのように製造すれば動くのかについては何も知らない。ところが、未開人は、彼らの道具について、これとは比較にならないほどよく知っている。また、我々が今日、貨幣を支払っているとき、ある時は多くの貨幣、ある時は少ない貨幣で人が或る物を買うことができるということを、貨幣はどのようにしてもたらすのか。たとえこの会場に国民経済学の専門家がいらっしゃるとしても、その問いに対する答えはそれぞれ違うだろう。そのことを私は賭けてもいい。ところが、毎日の食糧を得るにはどうすればいいか、またその場合にどういう情報が役に立つのか、未開人なら知っている。それゆえ、知性主義化（Intellektualisierung）と合理化（Rationalisierung）とが進んでいるということは、それだけたくさん自分の生活条件に関する一般的知識をもっているということではない。それは、ほかのことを意味する。つまり、それを欲しさえすれば、つねに学び知ることができるということ、したがって原理的にそこになにか秘密の、予測しえない力が関与していることはないということ、むしろすべての物事を——原則上——予測すること（*Berechnen*）によって制御する（*beherrschen*）ことができるということ、これらのことを知っている、あるいは信じていることを意味している。これは、世界の脱呪術化（Entzauberung der Welt）にほかならない。人はもはや、未開人——彼らにとっては、そのような［予測しえない］力が存在した——のように、精霊（Geister）を制御したりそれに懇願したりするために魔術的な手段に向かう必要はない。技術的手段と予測とがその代わりに機能する。とりわけこのことが、知性主義化の意味にほかならない。

（MWG I/17 S. 86-87, 尾高訳三二〜三三頁）

電車が動く仕組みを我々は知らない。我々に求められるのは、その仕組みを理解することではなく、どうすれば電車に乗り降りできるのかというノウハウである。それは乗客だけではない。電車を操縦している運転手に求められるのも、仕組みを知ることではなく、どうすれば発車し、速度が上がり、ブレーキがかかり、停車できるかというノウハウである。

知ろうとすれば知ることができると信じている、とウェーバーは言う。しかし、たいていの人間はそもそも知ろうとも思わない。それは、周りの世界でアタリマエと思われているものには我々は疑問を抱かず、「驚く」ことがないからである。ウェーバーは『古代ユダヤ教』という著作の中で、

> 世界の動向について驚く（*Erstaunen*）という能力こそは、この動向の意味を問うことを可能にする前提条件である。（MWG I/21-1 S. 529, 内田訳五〇九頁）

と書いている。

最近の例で言えば、原発事故で我々は「驚いた」。そもそも原発の仕組みはどうなっているのかと関心をもった。関心をもつのが遅すぎたと多くの人が考えているが、我々は驚かないことには関心をもたないという性《さが》をもっている。原発以外にも我々の意識にのぼらない危険なことはあるにちがいない。これが一つの盲点、落とし穴である。

ところで、人は機械の仕組みを知ろうと思えば知ることができる、とウェーバーが言っているわけではない。ウェーバーが言っているのは、〝知ろうと思えば知ることができる、と人は信じている〟ということである。ここにもう一つの落とし穴がある。知ろうとすれば知ることができると信じている。では、いざ知ろうとすれば、本当に知

ることができるのか。実際のところは、すべてのことが知られるわけではない。科学で解明されえないこともたくさんあるし、解明されていることであっても、それを理解するためには何年間も専門的な勉強をしなければならないのかもしれない。あるいは、凡人には見込めない高度な能力を要するのかもしれない。それにもかかわらず、知ろうとすれば何でも知ることができると思い込んでいるところには、やはり陥穽があると言わざるをえない。

このように、〝知ろうとすれば知ることができると信じている〟という思いの中には少なくとも二つの落とし穴がひそんでいる。科学技術への無批判的・無条件的な信頼・依存としての〝科学信仰〟は〝非科学的〟な脆さを伴っている。

まだ文明化されていない「未開」の人々は、願い事を叶えてもらうために不可思議な力に「魔術」を通じて働きかけていた。これに対して、文明化された現代人においては、不可思議な力を認めてそれに依存することがもはやない。これが「脱呪術化」ということである。未開人と現代人とを比べて、たしかに現代人のほうが「進歩」しているにちがいないのだが、現代人は未開人ほど「自分の生活条件」について知らない、とウェーバーは言う。たとえば、ジャングルの中に一人とりのこされたとき、食糧を自前で調達して自力で生きていけるような「知識」は現代人にはないだろう。つまり、衣食住の原始的・基本的な生活能力において現代人は未開人に劣っている。現代人は、自力ではなく、自分以外の科学技術や社会制度に依存しきっていて、それらへの適応を強制されている。それによって、個人個人の原始的な生活能力の低さをカバーしているのだが、いざそれらが破綻したときにはもはや対応できない。これらの「殻（Gehäuse）」の中で生きることは快適だが、そこから脱却できないという弱みを伴う。そこに現代人のひ弱さがある。

（2）法による「計算可能性」

「合法的支配」の典型としての「官僚制」、そして近代の「形式的な法」のもとでは、「人物のいかんを問うことなく」そして「怒りも興奮もなく」、すなわち、個人的な（「即人的（persönlich）」な）事情や感情にとらわれずに物事が「即事的（sachlich）」に処理される。それゆえに人間の行動を予測することができ、それは合理的資本主義の前提となる。人の行動が予測できる、先が読める、というのが「計算可能性」である。

ウェーバーの『法社会学』によれば、近代資本主義の勃興の時代、市民層は、市場での活動を支障なく進行させるために法による保障を求めた。新たな商売は、それへの保障のシステムがないとすればたいへん危険である。冒険的に巨利を獲得することもあるかもしれないが、大きな損失をだして破滅することもある。いちかばちかである。こちらが金を払っても相手が金を受け取ったきりトンズラしたり居直って暴力をふるったりする状況では新しい商売は進展しない。商売のスムーズな進行を保障してくれるような「法」の整備が求められる。これだけの金を支払えば、一定量の品物が届けられる、それは法によって保障されているから間違いはない、これが「計算可能」ということである。市民層の活動にとって不可欠なのは、権力者の恣意に左右されることなく、「機械」のように一律に機能する法によって「計算可能性」が保証されることであった（MWG I/22-3 S. 511, 517, 法三七七、三八二頁）。

> 彼ら［市民的な利害関係者］は、非合理的な行政上の恣意による影響も、具体的な特権による非合理的な攪乱の影響も受けることのないような、とりわけ契約の法的拘束力を確実に保障するような、一義的で明確な法を、すなわち、これらすべての性質を備えることによって計算可能な形で（*berechenbar*）機能するような法を、要求せざるをえない。
>
> （MWG I/22-3 S. 567, 法四四八頁）

ところで、ウェーバーは、「契約の自由」が保障されるに至った今日の「契約社会」において、果たして個人の「自由」は増大しているのかと問う。彼の答えは、必ずしもそうとも言えない、というものである。

「契約の自由」が形式的に認められていても、それを利用できる人間は限られている。労働者は自分の労働内容について任意の企業者との間に自由に契約を取り結ぶことができる。しかし、その自由が働くのは、企業者側から提示された労働条件を受諾するというかぎりにおいてにすぎない。「経済的緊迫性」ゆえに実際のところは労働条件は労働者に一方的に「指令」される。経済活動を保障する諸範型は、「たしかに万人がそれを利用する形式的な自由をもってはいるが、しかし、事実上は、有産者だけがそれを利用でき、したがって、結果においては、有産者たちの――しかも彼らだけの――自律と勢力地位とを支えるものになっている」（MWG Ⅰ/22-3 S. 426, 法二六五頁）。整備された法規範は、有産者がますます豊かになろうとする経済活動を保障するのみである。もともと貧しい人間にとっては地位向上の役に立たないばかりかその地位に安住することをずっと強制されることになる。「事実上の財産分配の不等性（Differenzierung）が法によって保障されている」（MWG Ⅰ/22-3 S. 425, 法二六四頁）。

実は、「契約の自由」の法的保障に基づく資本主義経済システムの中で「強制」されているのは、労働者だけではなく企業者の側もまた同様である。今日、労働者も企業者も一律に、市場闘争の経済法則に従わざるをえないという「非即人的（unpersönlich）」な「強制」のもとにある。それに従わなければ生存できない。資本主義経済は「規律（Disziplin）」に基づいていて、そこからの逸脱は許されない。形式的な「自由」が実質的には「強制」を増大させるかもしれない、というのがウェーバーの考えである。

形式的な裁判においては、明らかな不正・不当性を目の前にしていても、法がむしろその不平等を正当化して問題化させないという事態があった。

> 形式的な（formal）裁判に認められた、利害関係者たちの形式的には合法的な利益を擁護するための最大の自由は、すでに経済的な力の配分の不平等性（Ungleichheit）――この不平等性は形式的な裁判によって合法化される――ということだけからしても、宗教的倫理やあるいはまた政治的理性の実質的（material）要請が破られたと思われるような結果を、くりかえし生み出さざるをえない。
>
> （MWG I/22-3 S. 516, 法三八一頁）

「計算可能性」を保証する形式的な法とは対照的な事態が、個々の場合ごとに「実質的な正義（materiale Gerechtigkeit）」を求める心意を働かせようとする事態である。それは具体的な「衡平の観点（Billigkeitsgesichtspunkt）」に従って判断するものであり、ウェーバーはこの種の裁判を「カーディー裁判（Kadijustiz）」と呼んでいる。「カーディー裁判」について、『法社会学』には定義らしきものはないが、『支配の社会学』の中に定義と言ってもよいものがある（MWG I/22-4 S. 188, 支配九四頁）。それによれば、「具体的な、倫理的またはその他の実践的価値判断にしたがって、非形式的に（unformal）解決する」ような法発見が「カーディー裁判」である。「形式的な法」と「実質的な正義」との緊張関係は、ウェーバーの『法社会学』を貫くテーマである。

（3）人間を「計算する」

ところで、近代資本主義あるいは官僚制のもとでは、「規律」が重んじられ、物事と同じく人間もまた「管理」され、「規律」化され、「計算」されるようになる。人間の労働力が一律のものとして量的に計算され、労働のための「力の節約」が追求される。

『支配の社会学』によれば、「規律」は、与えられた命令のみに集中して画一的に服従し、個人の思いというような余計なものはすべて排除することを意味する（MWG I/22-4 S. 542, 支配五〇三頁）。「規律」の社会学上の特性は、第一に、たとえば石炭の産出量を計算するのと同じようにすべてが「計算（kalkulieren）」されるということ、第二に、規律という形の献身は、「即人的（persönlich）」な性質のものではなく、共同の「事（Sache）」・合理的に追求される「成果（Erfolg）」への献身という意味で「即事的（sachlich）」なものだということである。規律は、「『練習（Einübung）』によって機械化された技能への『調教（Abrichtung）』」を求める。ウェーバーは「官僚制」を「規律の最も合理的な子」と表現している（MWG I/22-4 S. 543-545, 支配五〇四～五〇五頁）。

歴史的に規律が重んじられてきた場は、とりわけ戦争であった。たとえば、古代ローマでは、隊列を離れて英雄的な一騎打ちをした自分の息子を或る執政官が処刑したと伝えられている。そして、火薬というような科学技術上の契機よりも、規律という社会構成上の契機の方が軍事技術の変化にとっては本質的だったとウェーバーは考えている。軍隊において規律が求められてきたのと全く同様に、経済上の大経営という場でも規律が求められた。

古代のプランテーション［単一の特産的農作物の大量生産……引用者］にとってと全く同様に、近代的・資本主義的な作業場経営にとっても、「軍事規律」が理想的な模範であることは、改めて証明するまでもない。ただし、ここでは、プランテーションの場合とは異なって、経営規律は完全に合理的な基礎に基づいており、最高の収益をあげるにはどうすればよいかという見地から、何らかの物的生産手段と同様に個々の労働者をも、ますます、適当な測定手段を利用することによって、計算する（kalkuliert）ようになっている。この原則に基づいた、労働給付の合理的な調教と練習とが最高の勝利を収めているのは、周知のように、アメリカの「科学的管理」システムにおいてであり、このシステムは、この点で経営の機械化と規律化との最終的帰結を実現している。ここでは、人間の精神物理的（psychophysisch）な装置［感覚など……引用者］は、外界、すなわち道具や機械、つまり機能が、人間に呈示する諸要求に完全に適応させられ（angepaßt）、自分自身の有機的連関によって与えられるリズムは剥奪され、個々の筋肉の機能への計画的な分解と最高の力の節約（Kräfteökonomie）とを達成することによって、労働諸条件に適合するように、新たにリズムをつけられる（rhythmisiert）。

（MWG Ⅰ/22-4 S. 557-558, 支配五一二頁）

近代資本主義は、収益を上げるという目標のもとに、生産手段とともに労働者についても「計算」して調達する。それとともに、軍隊という場で典型的に必要とされてきた「規律」というものを近代資本主義はわがものとする。人間は機械に「適応」させられ、「力の節約」を要求される。

『ベルーフとしての政治』には、「『規律』のための空疎化（Entleerung）・即事化（Versachlichung）、つまり心を無産化すること（seelische Proletarisierung）は、［革命の］成功の条件の一つである」という見解が示されている（MWG Ⅰ/17 S. 246, 脇訳九九頁）。主体的に思考しなくなることと「規律」との結び付きはウェーバーがしばしば注意を喚起する問題であった（Vgl. MWG Ⅰ/17 S. 223-224, 脇訳七四頁）。「『規律』のための空疎化・即事化、つまり心を無産化すること」は、ナチスが六百万人のユダヤ人を計画的・機械的に虐殺することの条件でもあったに違いない。

「力の節約」とは効率性を表現するものだが、人間自身の筋肉運動をコントロールしたり、規律のもとで外からリズムを与えられたり、世界の意味を考えるというような余計なことはさせない、というように、人間が自然を効率的に制御するということよりもむしろ、人間自身が効率的に制御される、つまり、人間が或る型にはめられて本来の動きが制限されていくことを意味している。効率的な世界にしようとすれば、我が身もまた拘束される、ということである。

本節のまとめ

「計算する」という言葉に着目して、ウェーバーの近代社会論を眺めてきた。多岐にわたる近代社会の諸相を「計算する」という一つの概念を軸に考えてみた。少しまとめておこう。

科学技術の一つである電車というものを人はどう意識しそれと関わっているのか。ウェーバーによれば、たいていの人間はその仕組みを知らないが、その乗り降りの仕方、つまり使い方・操作方法なら知っている。したがって電車の動きを「計算」できる。その仕組みをいざ知ろうと思えば知ることができると信じている。科学技術への人間の対し方をウェーバーはそのように描いていた。既述のように、そもそも普通の人は、仕組みを知ろうと思わないだろうし、いざ知ろうとしてもそう簡単にはわからないかもしれない。そういう危うさ・不確定性を伴って、我々は科学技術に接している。

近代の資本主義の発展の過程で、商売を安全に確実におこなえるように、つまり「計算可能性」があるように、「形式的な法」が整備された。しかし、そこでは、資産をもつ人々の商売が安全に保障される半面で、資産をもたない人々にとっては、その貧しい境遇を固定化・正当化する装置として形式的な法は機能した。「形式的な法」の整備が進むにつれて、「実質的な正義」（たとえば社会主義）への期待が高まっていく。

また、近代資本主義のもとでは、人間自身も労働力として「計算」される存在、規律のもとに強制される存在として位置づけられるようになった。

ウェーバーの「計算する」という表現を追ってきた本節で明らかになったことは、「計算する」こと――ひいては

「計算する」ことを至上命題とする近代社会——に伴う危うさ・歪みであったと言ってよい。人間も社会も自然も、本来「計算」し尽くせるものではない。それを無理やり「計算可能」にしようとするとき、それは何かをおおいかくしたり、過剰な強制を人間に課したりすることになる。

「プロクルステスの寝台」という言葉がある。ギリシアの伝説で、盗賊プロクルステスは、旅人に寝台を提供するが、身長が寝台より小さかったら無理やり体をひきのばし、身長が寝台より大きかったら体を切断して寝台に合わせる。本来、人に合わせてベッドが作られるはずなのに、ベッドに合わせて人が加工される、そういう倒錯を表現した言葉である。自分達で作り上げたルールの世界に収まり切らないもの、「想定外」のものは「ない」と考えてしまう、あるいは排除してしまう。そういう傾向を、プロクルステスならずとも、人はもっている。このことを警戒し、自分達の「計算可能性」で処理しえないものへの目配りを怠らないことが我々の務めである。

「計算する」ことができるのは、不可知の局面を排除しているからである。異他的なものを排除しているからこそ一律の固定化された世界の中で一応の安定が保てる。しかし、排除していることをいつしか忘却し、排除によって作られた人為的な世界を自明視して疑わなくなるとき、人間は危うい存在となる。

そのような人間の危うさを露呈した一つの場面が原発事故だったのかもしれない。次節では福島の原発事故のあとのドイツの対応を日本の対応との違いに着目しながら見ていきたい。ドイツ人を脱原発（エネルギー源として原子力を使用することを放棄し、再生可能エネルギーへと切り換えていくこと）へと駆り立てた思想的背景についてもとりあげたい。

第三節　ドイツの脱原発への決断とその思想的背景

(1) 高木仁三郎と「市民の科学」

ドイツの反原発運動にさきがけて、いちはやく原発の問題性を告発し、日本に「市民の科学」を根付かせようと努めていた科学者がいた。高木仁三郎（一九三八〜二〇〇〇年）である。日本の原子力産業の黎明期に、東芝・三井系の原子力会社「日本原子力事業」で高木は大学卒業後四年あまり勤務する。そのとき企業内部で抱いた違和感を次のように書いている。

私が興味をもってやった仕事は、放射性物質の放出や汚染に関するものが多く、しかもその結果は、「放射性物質の挙動は複雑で分っていないことが多い。もっともっと基礎の研究を固めなくては」というものだった。しかし、会社で期待されていた放射能の専門家としての役割は、一口に言えば、「放射能は安全に閉じこめられる」とか、「こうすれば放射能はうまく利用できる」ということを、外に向かって保障するというものだった。

（『市民科学者として生きる』、八五頁）

「上が言ったことには逆らい難い雰囲気」は日本企業一般の問題点かもしれない。「戦後の民主教育の基本精神は、企業というシステムの中に入ったとたんにその教育効果によって、漂白され、失われてしまうのではないだろうか。」（同書、八七頁）その企業の中でも原子力産業は、そもそも「軍事開発から始まり」、「産業が技術の成熟を待たずに強引に政治的に形成されてきた」という特殊な分野であった。「この世界では、最初から推進・反対の色分けが重要で、推進者はインサイダー、反対者はアウトサイダーとして締め出されていく。」（同書、八七頁）

日本の原子力産業の閉鎖性と構成する個々人の判で押したような均一性は世界的にもとくに異常である。思うに、日本型企業の前近代的性質と、先端的な原子力産業とが、閉鎖性と没個性という点で、奇妙な一致点を見出し、ムラ社会的とよく表現される独特な体質をもった原子力産業が形成されていったのではないだろうか。

（同書、八八頁）

つまり、日本型企業一般の閉鎖的な性格が、とりわけ原子力産業という最先端の産業においてその性格を強めた。その結果、「ムラ社会的」な原子力産業が形成されることになった。

大学闘争がくりひろげられていた一九六九年七月に東京都立大学理学部化学科の助教授となった高木は、「あいまいな意思決定過程と、個の自立を好まない共同体的意識」（同書、一一五頁）において企業と大学は似ていると感じ、いつしか「造反教官」となっていた。そのころ、三里塚闘争で、成田国際空港の建設のために土地を強制収容しようとする国家権力に抵抗して自分達の農地を守ろうとする農民たちの姿に感動し、また、宮澤賢治の「われわれはどんな方法でわれわれに必要な科学をわれわれのものにできるか」という言葉に衝撃を受ける。

ハイデルベルクでの研究ののち、一九七三年八月に都立大学を退職し、それ以後は「大学や企業のシステムのひきずる利害性を離れ、市民の中に入りこんで、エスタブリッシュメントから独立した一市民として『自前（市民）の科学』をする」（同書、一三四頁）。高木の「自前の科学」、「市民の科学」への取り組みが始まる。一九七五年に「原子力資料情報室」を設立、一九八八年には日比谷での集会「原発とめよう一万人行動」の事務局長を務める。「反原発」の世論をリードした。また、青森県六ケ所村における核燃料サイクル基地の建設計画を批判する。

六ケ所村という〝辺境〟に全国の核のゴミを押しつける差別主義が、原子力産業の基底にあることも痛感した。……巨大な権力と資本に対する無力な辺境の漁民や農民、三里塚で出会い、私の第二の原風景となった対峙の構造が再びここにあった。これと立ち向かわないわけにはいかない。それは専門家と市民という対峙の構造でもあった。（同書、一七六〜一七七頁）

そして、日本の原発の使用済み燃料をフランスのラアーグ再処理工場で処理して取り出したプルトニウム一トン余りが「もんじゅ」の燃料としてフランスから日本へ船で運ばれてくること、しかも機密裏に強行的に運ばれてくることの問題性を摘発する。一九九三年、プルトニウムの陸揚げに抗議してハンガーストライキをした。

「プルトニウム」は、アメリカのグレン・シーボーグとその同僚たちが一九四〇年に合成に成功した人工の元素である。原爆開発を賛美するシーボーグの文章に違和感を抱いた高木は、「プルトニウムをバラ色の元素とだけみるのでなく、そのネガの部分にもメスを入れる」（同書、一四四頁）。冷戦後、アメリカとロシアは、核兵器を削減していくことになったが、核兵器の解体に伴うプルトニウムの処分には、高度な科学技術とその管理体制と莫大な予算が必要となる。そういう処分の厄介なプルトニウムを日本は原子炉の中で作り出してきたし、ウランからプルトニウムを「増殖」することも計画されてきた（高速増殖炉「もんじゅ」）。プルトニウムは、それが発癌性物質だという健康上の問題のほかにも、「容易に核兵器に用いられる材料物質」（『市民の科学』、八七頁）であるから、軍事利用性という問題もかかえている。テロリズムの脅威に対して厳重な警備と機密性が要請され、結果的に極端な管理社会をもたらし、市民の自由を制限することにもなっていく(同書、一六七頁)。高木はこのようにプルトニウムの危険性を説いた。「市民の科学」の後継者を育成する「高木学校」を一九九八年に創設したが、二〇〇〇年に志なかばで病死する。自らが生涯を賭けて追求した「市民の科学」について高木は次のように書いている。

たとえば、「原発の取水口から重油が入りこんだらどうなるか」といった問題について、自らが市民としてその疑問を抱き、あるいは一般市民からの質問を受けて立ち、科学者としての専門性を保持しつつ問題に答えていけるような科学者ないしその営みのことを「市民の科学」と言えるだろう。このような「市民の科学」は、市民社会が実際に直面する問題から出発し、その営みの成果も市民の評価によって問われることになるから、市民と科学の間には、たえず密接な相互作用が必要だ。その意味で、市民の「ための」科学よりは、市民の「手による」科学と表現したいところで、もし、それがほんとうに実体として成立するのならば、専門的機関の内側で閉じて(市民との相互作用を欠いて)行なわれる既存の科学に対して、ひとつのオルターナティブ(現在支配的なものごとのあり方とは根本的に別のあり方をめざす選択肢)を提起するものだろう。(同書、二一一～二一二頁)

今日の科学技術の推進は、官・産・学を貫く巨大な利害集団を形成し、外からの批判に閉鎖的になり、内部からは批判者を締め出そうとする。それゆえに、科学技術を維持・推進する利害集団の利害から「独立」して「対等」な立場から批判することが重要性をもつ。「市民の立場に立ちつつ十分に専門的な検証に耐えられるような知を市民の側から組織していく」ことが求められる(同書、三三二～三四頁)。

西ドイツでは、高木が指摘したような問題意識が市民に広がり、一九七〇年代後半から一九八〇年代にかけて、ヴィール原発反対運動を通じて、市民運動による独立の研究機関（フライブルクのエコ研究所など）が設立された。政策決定に際して、政府や自治体がこれらの研究グループに批判的研究を委託して、その言い分を聞いた上で判断するというやり方が今や習慣化しつつある。そのようなドイツの動向を高木が紹介している（同書、三五〜五四頁）。「市民の科学」が実現され定着していくドイツのこのような動きが、やがて脱原発路線へと実を結んでいく。ただ、最終的にその決断の引き金を引いたのは、皮肉にも、高木の活動にもかかわらず「市民の科学」がいまだ未成熟な日本で起きた原発事故であった。ドイツの脱原発への歩みを改めて見てみよう。

(2) ドイツのエネルギー政策の転換

福島の原発事故を受けて、当事国である日本はまだ脱原発に踏み切っていないが、ドイツはいちはやく脱原発路線に切り換えた。ドイツのエネルギー政策の変遷や、日独の原発意識の違いなどを踏まえて、ドイツがなぜ脱原発に踏み切ったのかについて考えてみよう。

脱原発化へのプロセス

戦後の或る時期から原発を推進してきたプロセスにおいてドイツはほとんど日本と並行している。一九五五年に西ドイツに「連邦原子力省」が発足した。一九七三年の石油危機による原油価格の高騰は原子力エネルギーの拡大に追い風となった。しかし、反原発運動が起こり、シュレーダー政権（社会民主党ＳＰＤと緑の党との左派連立政権）は二〇〇二年、脱原子力を法制化し、原発や再処理施設の新設は禁止された。

その後、メルケル政権（キリスト教民主同盟CDUとキリスト教社会同盟CSUと自由民主党FDPとの保守中道連立政権）は、地球温暖化による気候変動への懸念のたかまりを受けて、二〇一〇年の「長期エネルギー計画」では、「二〇五〇年までに二酸化炭素などの温室効果ガスの排出量を、一九九〇年に比べて八〇％減らす」ために再生可能エネルギー（風力・太陽光・地熱など）を拡大することを表明した。しかし、再生可能エネルギーが普及するまでの架け橋として、原子力を使用することが必要だとし、原子炉の稼働年数を延長させた。事実上、原発の温存にもどろうとしていたとも言える。

この方向をひっくり返したのが二〇一一年三月一一日の福島の原発事故だった。原発問題について二つの委員会に助言が求められた。

ひとつは原子力の専門家から成る原子炉安全委員会RSKで、二〇一一年三月一七日、連邦環境省は、RSKに対して、国内の十七基の原子炉についてのストレステスト（耐性検査）の実施を要請した。地震・洪水・その他の自然現象（気候変動など）・停電・冷却システムの停止・航空機の墜落・ガスの放出・ガス爆発・テロ攻撃による重要なシステムの破壊・サイバー攻撃、これらが分析対象とされた。二〇一一年五月一四日、RSKは政府に鑑定書「日本の福島第一原発の事故を考慮に入れた、ドイツの原子力発電所の安全検査に関する見解」を提出する。それは、「ドイツの原発は、航空機の墜落を除けば、比較的高い耐久性を持っている」という安全宣言だった。

政府はもうひとつの委員会にも助言を求めていた。それは、社会学者・哲学者・宗教関係者などから成る「安全なエネルギー供給に関する倫理委員会」である。後述の社会学者ウルリッヒ・ベックもそのメンバーだった。彼らは、五月三〇日、「ドイツのエネルギー革命・未来のための共同作業」という提言書をまとめ、二〇二一年までに原発を全廃するよう提案した。提言の一部を挙げてみる。

福島事故は、原発の安全性について、専門家の判断に対する国民の信頼を揺るがした。このため市民は、「制御不可能な大事故の可能性とどう取り組むか」という問題への解答を、もはや専門家に任せることはできない。……

キリスト教の伝統とヨーロッパ文化の特性に基づき、我々は自然環境を自分の目的のために破壊せず、将来の世代のために保護するという特別な義務と責任を持っている。……

福島事故の原因となった自然災害の規模は、この発電所が設計された時に想定されていなかった。この事実は、技術的なリスク評価に限界があることをはっきり示した。現実の被害は、地震や津波についての想定を超え得ることもわかった。……

原子力の平和利用が始まったとき、人々は、「この技術が進歩と繁栄をもたらし、限られたリスクで無限のエネルギーを約束する」と考えた。しかし、その約束は当時の知識水準に基づく桃源郷であり、少なくとも今日のドイツには通用しない。

二つの委員会からの提言のうち、メルケル政権が重要視したのは専門家ＲＳＫの提言よりも、非専門家「倫理委員会」の提言だった。その内容が受け入れられ、六月六日に、二〇二二年までに原発を全廃することが閣議決定され、六月三〇日に連邦議会でその法案が可決された。きわめて迅速な方向転換であった。

脱原発化の理由

隣国フランスも、事故を起こした日本も、原発推進の方針をくずしていないにもかかわらず、いったいなぜドイツは脱原発に踏み切ったのだろうか。様々な要因が考えられる。

まず第一に、「冷戦」下で西ドイツは東西対立の最前線で、核ミサイルの配備計画もあり、原子力というものの脅威を肌で感じていたということがある。原発反対運動と核武装反対運動とが当初から一体であった。日本のように核兵器には反対しても「核の平和利用」には賛成するという世論はなかった。

ドイツ人は、心の安らぎの場としての「森」に対する愛着が強いと言われる。一九七〇年代、この大切な森が酸性雨によって全国的に枯れ始めているという事態が起こった。ドイツ人はこれまでの経済成長優先・環境軽視の政治を批判するようになる。環境意識が高まる。そのような動きを背景にして誕生し、躍進したのが「緑の党」という政党である。それまでのデモなどの反対運動の形式ではなく議会で議席を獲得して政策に影響力をもつことを目指して一九八〇年に誕生したこの党は、核兵器全面廃止と原発反対を掲げ、環境を破壊する従来型の経済成長主義と大量生産・大量消費システムに反対するエコロジー政党である。

また、ドイツ人にとって、一九八六年、ソ連ウクライナ共和国のチェルノブイリ原発で起こった爆発事故による危機意識の強烈さは、日本などとは比べものにならなかった。放射性物質（「死の灰」）はヨーロッパに飛来し、とくに南ドイツで汚染が確認された。

日本とドイツの原発への対応の仕方の違いの背景として、両国の国民性・メンタリティーの違いも指摘されている。熊谷徹は次のように言う。

二〇一一年三月一一日に福島第一原子力発電所で発生した大事故は、ドイツと日本のリスクと安全に対する考え方の違いを白日の下に曝した。原発擁護派だったアンゲラ・メルケル首相が事故を機に反対派に転向し、全世界を驚かせた。さらに福島事故は、日本人とドイツ人の人生に対する考え方の違いも浮き彫りにした。

今日のドイツ人は世界で最も悲観的で、リスクを最小限にするための努力を惜しまない民族である。彼らは自己の安全を最も重視し、冒険や「見込み発車」を好まない。そして社会で起こるさまざまな現象に不安を抱き、批判的にとらえる傾向が強い。しかも、単に不安を抱くだけではなく、具体的な対策を取る。あらゆる手立てを講じてリスクを減らし、人命と健康を守り、安全を確保しようとする。リスクの全容がつかめない場合には、大事をとって日本人の目には大げさと思えるほどの「予防措置」を取る。福島事故後の彼らの行動は、そのことをはっきりと示した。……

われわれ日本人は、ドイツ人とは違う意味で完全主義者である。仕事を細部まで完璧に達成しようとする日本人のこだわりは、ドイツ人をはるかに上回る。しかし、目先の課題を処理する際、細部の完璧さを追求するあまり、「人命・安全」という根本をときどき見失ってしまう。人命、安全、健康は人生において一番大事なものだ。つまり日本人は「木を見て森を見ない」民族なのである。

原子力では、電力の安定供給や経済性を重視するあまり、地震や津波が原子炉の安全性に与える影響を十分考慮しなかった。ここでもわれわれは、木ばかり見ていて森を見なかった。

日本人は、物事を前向きに考える傾向が強い楽観主義者である。不幸な事態が起きても、その原因を徹底的に分析して政府や企業の責任を追及するよりは、不快な過去は水に流して将来に希望をつなごうとする。悲観主義者が多く、何事にも批判的な態度を取るドイツ人とは対照的だ。


（熊谷徹『なぜメルケルは「転向」したのか』、一〜四頁）

日本人は「木を見て森を見ない」、つまり、目先のことにこだわって大局を見ていない、具体的に言えば、「『エネルギーの必要性』や『経済性』という『木』は見ていたが、より大局的な『健康と安全』という『森』を見ていなかった」、「安全という『森』を見ずに、コストや効率性、潤沢なエネルギーという『木』を見てきた」と熊谷は言う（同書、二五〇〜二五一頁）。我々日本人の生き方を反省してみる上で傾聴に値するメッセージだと思う。

日本人がドイツ人を見習えばそれでよいというわけではない。一般に、異文化を丸ごと崇拝して模倣することなど、できないことだし、するべきでもない。しかし、自分達の文化の中ばかりを見て暮らしていると、自分達の文化が正しいのがアタリマエだという気持ちになってくる。ここに危険性がある。異文化を鏡として自分達の文化を批判的・反省的に吟味・検討することは重要である。その意味で、原発についてのドイツ人の考え方・人生観・自然観には日本人が学ぶべきものが少なくない。経済的・国際政治的な観点から考えたときに現時点で「脱原発」が日本がとるべき望ましい選択肢なのかどうかについては今尚議論されているところである。当面我々がドイツの現状から学ぶべきなのは、「脱原発」という結論よりもむしろ、一般市民の環境意識や政治意識の高さ、市民全体が社会のあり方を真剣に議論していく姿勢、そして市民感覚が政策へと反映されていく政治文化なのではなかろうか。

(3)「自己内省的な近代化」（ベック）

ドイツの「安全なエネルギー供給に関する倫理委員会」のメンバーの一人、社会学者ウルリッヒ・ベック（一九四四〜二〇一五年）の考えをここで見ておこう。ベックは、一九八六年（チェルノブイリの原発事故の年）、『リスク社会――もう一つの近代への途上にて』という著作を発表し、現代社会の歴史的位相を示すとともに、科学技術がもつ「リスク」の問題をクローズアップした。

彼の議論の大前提は、十九世紀に確立した社会の構造——これを彼は「産業社会」とか「階級社会」と呼ぶ——が、二十世紀後半にはもはやそのままの形では存続していないという認識、そして、この「産業社会」を形成したのも「近代化」であったが、この近代化は自分がつくりだした産業社会をくつがえして別の社会のあり方へと向かっているという認識である。

ベックによれば、かつての産業社会（階級社会）には、「プロレタリア的無産者」という階級の団結があったが、今や社会は「個人化」し、そういうまとまりはなくなった。「個人化」は従来の伝統的束縛からの解放ではあるのだが、それまで個人を保護してきた団体がなくなることでもあり、個人が生身のまま国家的制度と対峙することになるということでもある。これまで以上に個人は国家的制度に拘束され依存するようになる。そして、職場では、フルタイムの標準化された既存の産業システムから、パートタイマーなどの多様で柔軟で脱中心化された部分就業のシステムへの転換が進んでいる。職業労働のそもそもの形態が変わりつつある。

また、産業社会において、男性が収入を得るために労働することは、家庭内で女性が家事・育児を担当するという「不平等」に依存していた。家庭内は「身分社会（Ständegesellschaft）」だった。そこでは「対照的な組織化原理と価値体系とをもつ二つの時代——近代（Moderne）と近代的な反近代（moderne Gegenmoderne）——とが一緒に溶接されている」（S. 178, 東ほか訳二一八頁）。「十九世紀に近代化は反近代化（*Gegenmodernisierung*）とともに現れた」とベックは言う（S. 179, 東ほか訳二二〇頁）。しかし今や、教育を受ける程度や法律上の地位において、男女は対等になった。若い女性は、職業上の男女平等や家庭内の対等なパートナーシップを期待している。

このように、近代社会は変わりつつある。「産業社会」はそれ自体「近代化」の産物ではあるが、それは当の「近代化」によって乗り越えられる。産業社会が「自己内省的な［反省的な・再帰的な］近代化（reflexive

Modernisierung）」をたどる、とベックは主張する。「産業社会はそもそも半近代的な社会であり」（S. 19, 東ほか訳一六頁）、「近代化」によって「人々は近代のうちの産業社会的時代の生活様式と自明性から解き放たれる」（S. 20, 東ほか訳一七頁）。

産業社会と「自己内省的な近代化」という区分に対応させて、ベックは科学の分野でも「単純な科学化」の段階と、「自己内省的な（reflexiv）科学化」の段階とを区別する。

第一の単純な科学化段階の発展論理は半分の（halbiert）科学化に基づいている。認識と解明とを求める科学的合理性の要求が、そこではまだ、科学的懐疑を体系的に自己に適用することからは免れている。……第一段階における科学化は、伝統と近代とを対置し、また素人と専門家とを対置することによってその原動力を獲得する。このように境界線を引くことによってのみ、懐疑というものを、科学の内部において一般化することができる。同時に科学の外部において、科学的成果の適用が権威主義的に促進される。（S. 254-255, 東ほか訳三一八頁）

第一段階では、科学と進歩に対する信仰のもと、「素人」とは区別された「専門家」によって、科学が権威をもって推進された。科学的懐疑が科学自身に向けられることはなかった。しかし第二段階になると、科学自身が懐疑の対象となる。「自己内省」である。科学が産み出した諸問題が批判される。「科学文明は、たんに自然と人間と社会を科学化の対象にするだけではなく、さらに、科学文明それ自体、科学文明の産物、影響、欠陥をも科学化の対象とする展開に入っている。」（S. 259, 東ほか訳三二三頁）「科学化（Verwissenschaftlichung）が、問題として科学化の対象となる。」（S. 261, 東ほか訳三二六頁）

本章第二節で言及したウェーバーの「脱呪術化」という表現を使ってベックは次のようにも述べている。「脱呪術化（Entzauberung）は、脱呪術化の担い手（Entzauberer）に波及し、それによって脱呪術化の前提条件を変化させる。」（S. 256, 東ほか訳三二〇頁）つまり、かつて自明視・絶対化されていた宗教的世界観を科学的精神が葬り去り「脱呪術化」を達成した。しかし、今やこの科学それ自体が「進歩信仰」のもとに絶対化される恐れがある。それを警戒し、科学そのものを批判的に検討対象としなければならない。「脱呪術化」としての科学が「脱呪術化」される。

結

本章は、〝現状を批判的に捉え直し改善していくために〟というテーマのもとに、いくつかの素材をめぐって考察してきた。このテーマに即して改めて本章全体をふりかえってみよう。

第一節では、神の世界創造の跡を追跡するという宗教的情熱のもとで近代自然科学が推進されていたというウェーバーの見解、また、人類史の総体の中で、科学技術が顕著で優勢なものとして位置づけられる時代に我々は今生きており、この科学技術をいかに制御すべきかという課題を背負っているのだというヤスパースの見解を見てきた。これらを通じて、巨視的な俯瞰のもとで、我々の置かれた現状の歴史的な位置づけを学んだ。

第二節では、ウェーバーが現代人の科学技術への関わり方を、その仕組みがわからなくてもその使い方を知ってさえいれば適応できる、仕組みを知ろうと思えば知ることができると信じている、しかし、知ろうとも思わないし、知ろうとしたら知ることができるのかもおぼつかない、という或る脆さを伴った関わり方として描いている点に着目した。このような態度は、なぜ人は現状を批判的に捉え直さないのかを説明してくれる。我々は日々そのような暮らしを続けている。たまに「驚いて」これまでの自分の無関心さを反省したりするのである。現状を批判的に捉え直さないで現実の中に埋没している姿をそのように示したウェーバーの分析は、現状批判の一つの表現である。そして、「形式的な法」によって「実質的な正義」が損なわれるという視点にも、人間が機械に合わせて適応させられ規律化されるという視点にも、ウェーバーの現状批判的な眼差しがある。

第三節はドイツの脱原発を素材とした。まず、現状を批判的に捉え直し改善していく生き方を身を以て示した高木仁三郎の活動と思想に着目した。企業や大学という組織の中では、その組織の利害関心に抵触するような批判的態度は醸成されにくいこと、〝市民・対・専門家（国家・企業）〟という枠組みでは市民の側が抑圧されるだけだから、市民の側に立ち市民の力に基づく専門的科学としての「市民の科学」が社会にとって必須であることを学んだ。ドイツの脱原発へ向けて貢献したのは、このような「市民の科学」の立場であったし、「安全なエネルギー供給に関する倫理委員会」による提言書は、その立場に支えられている。日本人は「木を見て森を見ない」という熊谷徹の見解は、日本人はなぜ現状をしっかりと批判的に捉え直さないのかという問題提起と言える。ベックの言う「自己内省的な近代化」は、今やまさに社会や科学の現状を批判的に捉え直すべき時代になっているのだという時代認識を示していた。ドイツの脱原発化への歩みを学ぶことは、日本人が現状を批判的に捉え直していくための端緒となるだろう。

文化や社会の現にあるあり方に我々はついつい埋没してしまいがちである。それに適応できればよいと思ってしまう。しかし、適応しているだけでは世の中はよくならない。自分はいったいどのような生き方をしたいのか。自分の理想は何なのか。そのためには何をすればよいのか。自分は今どんな生き方をしているのか。それは何を犠牲にしているのか。現状を批判的に捉え直す姿勢を失わないためには、まずは自分に向かってこのように問いかけてみるしかない。

自分の理想を見つけることは大事なことである。しかし、理想はもっているだけではなく、それを実現できるように行動しなければならない。どのように行動すればよいのだろうか。そのためのひとつの導きとなるウェーバーの提言を最後に挙げておこう。

マックス・ウェーバーは『ベルーフとしての政治』で、〝「心意倫理」と「責任倫理」との相互補完〟という生き方を説いた。自分が正しいと信じる信念に断固として忠実に生きる生き方（「心意倫理」）と、物事から帰結する結果をよくわきまえて行動する生き方（「責任倫理」）、この双方を尊重してお互いに補い合いながら生きるという生き方である（MWG I/17 S. 226-252, 脇訳七六～一〇六頁）。自分の理想・信念を大事にしなければならない。しかし、理想を掲げるだけで、その理想に近づくためにはどうすればよいのかという現実を考えなければ、理想は破綻するだけである。かといって現実を見ているだけでは現実の中にのみこまれ埋没してしまう。理想を伴わない「現実主義」などというものは何の主義でもない。たんなる現状への「適応」である。なんらかの理想を追求するときに初めて、それを現実に活かすためにはどうすればよいのかという考慮が役に立つ。理想を棄てず、現実をも棄てず、という生き方が今日我々に求められている。

参考図書

- Max Weber, *Wissenschaft als Beruf*, in: *Max Weber Gesamtausgabe*, Abteilung I, Band 17, 1992, Tübingen: J.C.B.Mohr（Paul Siebeck）. 尾高邦雄（訳）『職業としての学問』（一九三六年、一九八〇年改訳、岩波文庫）
- Max Weber, *Politik als Beruf*, in: *Max Weber Gesamtausgabe*, Abteilung I, Band 17, 1992, Tübingen: J.C.B.Mohr（Paul Siebeck）. 脇圭平（訳）『職業としての政治』（一九八〇年、岩波文庫）

「ベルーフ」という言葉について注記しておく。ウェーバーの『プロテスタンティズムの倫理と資本主義の精神』によれば、「ベルーフ（Beruf）」というドイツ語は、本来は神から人間に与えられた使命という意味であったが、宗教改革以後、各自の世俗的職業労働に励むことが神から与えられた使命なのだと考えられるようになり、その結果、「ベルーフ」は職業という意味をもつようになった（ちなみに、現在のドイツ語では、使命という意味ではほとんど使われなくなり、もっぱら職業という意味である）。ウェーバーが「ベルーフ」という言葉を使うときには、「職業」の意味の場合と「使命」の意味の場合とがある。

▪ Max Weber, *Die protestantische Ethik und der Geist des Kapitalismus, in: Max Weber Gesamtausgabe,* Abteilung I, Band 18, 2016, Tübingen: J.C.B.Mohr (Paul Siebeck). 大塚久雄（訳）『プロテスタンティズムの倫理と資本主義の精神』（一九八九年、岩波文庫）

▪ Max Weber, *Konfuzianismus und Taoismus*, in: *Max Weber Gesamtausgabe*, Abteilung I, Band 19, 1989, Tübingen: J.C.B.Mohr（Paul Siebeck）. 木全徳雄（訳）『儒教と道教』（一九七一年、創文社）

▪ Max Weber, *Das antike Judentum*, in: *Max Weber Gesamtausgabe*, Abteilung I, Band 21, 1. Halbband, 2. Halbband, 2005, Tübingen: J.C.B.Mohr（Paul Siebeck）. 内田芳明（訳）『古代ユダヤ教（上・中・下）』（一九九六年、岩波文庫）

▪ Max Weber, Die Entwicklungsbedingungen des Rechts, in: *Max Weber Gesamtausgabe*, Abteilung I, Band 22-3, 2010, Tübingen: J.C.B.Mohr（Paul Siebeck）. 世良晃志郎（訳）『法社会学』（一九七四年、創文社、「法」と略記する）

▪ Max Weber, Bürokratismus, Erhaltung des Charisma, in: *Max Weber Gesamtausgabe*, Abteilung I, Band 22-4, 2005, Tübingen: J.C.B.Mohr（Paul Siebeck）. 世良晃志郎（訳）『支配の社会学（Ⅰ・Ⅱ）』（一九六〇年・一九六二年、創文社、「支配」と略記する）

■Karl Jaspers, *Vom Ursprung und Ziel der Geschichte*, 1949, München: Piper. 重田英世（訳）『歴史の起源と目標（ヤスパース選集9）』（一九六四年、理想社）

■高木仁三郎『市民科学者として生きる』（一九九九年、岩波新書）

■高木仁三郎『市民の科学』（二〇一四年、講談社学術文庫）

■ミランダ・A・シュラーズ『ドイツは脱原発を選んだ』（二〇一一年、岩波ブックレット）

■熊谷徹『なぜメルケルは「転向」したのか――ドイツ原子力四十年戦争の真実』（二〇一二年、日経BP社）

■川名英之『なぜドイツは脱原発を選んだのか――巨大事故・市民運動・国家』（二〇一三年、合同出版）

■Ulrich Beck, *Risikogesellschaft: Auf dem Weg in eine andere Moderne*, 1986, Frankfurt am Main: Suhrkamp Verlag. 東廉・伊藤美登里（訳）『危険社会――新しい近代への道』（一九九八年、法政大学出版局）

■横田理博『ウェーバーの倫理思想――比較宗教社会学に込められた倫理観』（二〇一一年、未來社）

関心があれば、近代自然科学の原動力については一五九～一六二、一七二～一七三頁、「殻」という概念については三一九～三二〇頁、三五二頁、「脱呪術化」のもうひとつの意味については一五六～一六三頁、「力の節約」という概念については一八七～一八九頁、「心意倫理」と「責任倫理」との相互補完については七〇～九四頁を参照していただきたい。

■横田理博「ウェーバーのいう『エントツァウベルンク』とは何か」（江川純一・久保田浩編『宗教史学論叢一九　「呪術」の呪縛　上巻』、二〇一五年、リトン社、九九～一四二頁）

引用にあたって、訳文は必ずしも既存の邦訳には従っていない。［　］内は引用者による挿入である。*Max Weber Gesamtausgabe* をMWGと略記した。

第九章
「人間の科学」のかたちを探して
ファシリテーションとは何をすることか

勢力尚雅

●本章のキーワード

アプライド・サイエンス、プロフェッショナル・コンサルタンシー、ポスト・ノーマルサイエンス、ピア・コミュニティ、熟議、対話、学習Ⅲ、冗長性、インヴェンション、活動、人間的自然、人間の科学、混合の弁証法、レトリック的思考

第一節　ポスト・ノーマルサイエンスとは何か

アプライド・サイエンスとプロフェッショナル・コンサルタンシー

ジェローム・ラベッツが分類する科学の三類型のうち、「アプライド・サイエンス」と「プロフェッショナル・コ

ンサルタンシー」は、近代以後の科学者と科学技術者の典型的な仕事である。（二六四頁、図表参照）

アプライド・サイエンスは、ラベッツによれば、「実践の世界と科学の世界はきわめて類似しており、その結果として専門家の演繹が正しい」ということを仮定して進められてきた企てで、複雑な現象を要素に分解し、要素間の関係についての仮説モデルをつくり、それを現実世界に適用して、現実世界を理解、操作改変する企てである。「人々や環境をモニターし、環境因子の生物への影響に関するデータベースをつくるような日常的な仕事」であるとされる。つまり、第一章でみた、要素還元主義の手法に基づいて仮説モデルづくりに専心する科学と考えてよい。

プロフェッショナル・コンサルタンシーとは、アプライド・サイエンスの知見に基づいて仮説モデルを個別事例に適応する際、個別事例の特殊性に応じた判断や工夫と、それを実践するための経験と学習が求められる科学である。たとえば、土木技師は、測量では事前に見つかっていなかったことへの対応など、工事の進行につれて臨機応変に計画を変更しなければならない。科学的知見や技術を投下することによって生じる想定外のできごとに直面しても、さしせまったリスクを適切に解釈し、合理的かつ最善の処置を実行するための技能や判断を行使する仕事である。

専門家が直面する困難への無理解と、それが生むもの――銘記すべき二つのこと

私たちは、科学者や科学技術者が、この二つの仕事を合理的かつ正確にやり遂げる能力を発揮することを期待し、失敗した場合には、彼らの責任を厳しく追及する。このとき、彼らが直面する困難は次のようなものである。

第一に、要素還元主義的手法の専門家である科学者に、実験室で得た仮説モデルを洗練して、複雑な現実の現象に適切に適用できる科学的知見を速やかに披露するよう求める、過大な要求に直面するという困難である。この要求は、過去における参照可能なデータが十分に蓄積されていない「想定外」の事態が起こった際にも、たんに狭い専門知で

ないトータルな観点から正しい知見をすみやかに述べよという要求のように、要素還元主義の専門家にとっては過酷な要求にエスカレートすることもある。たとえば原発事故発生直後、市民は当然の要求として、放射性物質の飛散とそれが人体に及ぼす影響についてすみやかな情報開示と適切な知見を公開するよう、専門科学者に期待した。しかし、市民のこのような要求が切実で重要なものであればあるほど、不正確な知見を提示して混乱を招いたり、その知見を後から訂正して信頼を失うくらいなら、不十分な科学的知見を性急に公表すること自体を差し控えることが科学的な誠実さだと、アプライド・サイエンスの専門家は考えるかもしれない。アプライド・サイエンスの方法論から得られる蓋然的な知見を正確に伝えようとしても、「〜という前提において……という理論に基づいて判断すると、かなりの蓋然性をもって――と考えられる」といった応答しかできない。これは、要素還元主義という方法の特性からくる応答の仕方であり、専門家がごまかしたり、あいまいに応えているからではないことを銘記すべきだろう。

第二に、マニュアルどおりでない状況に対応するプロフェッショナル・コンサルタンシーは、しばしば倫理的問題への適切な判断を迫られる。たとえば、科学技術者は、クライアント、株主、上司、業界、行政、マスコミ、一般市民など、誰のほうを向いて、どのように対応すれば適切な対応になるかという倫理的問題にしばしば直面する。しかも、専門分化した分業体制になればなるほど責任は分散し【◆第三章第二節を参照】、業務効率化のためにマニュアルとシステム化が進めば進むほど、失敗から学ぶ機会や、想定外に備える訓練機会は減少し、想定外の事態に臨機応変に対応する権限も奪われがちとなる。「失敗は伝わりにくい」うえ、責任追及を恐れるあまり、当事者にはなりたくない、目立った失敗さえしなければよいといった心理が蔓延し、マニュアルを疑うことなく、マニュアルを奉って淡々と業務をこなすだけの偽ベテランが増えがちとなる【◆第一章第五節を参照】。つまり、アプライド・サイエンスやプロフェッショナル・コンサルタンシーだけでは十分にカバーできない領域がすでに専門家たちを取り囲んでおり、その領域について専門家に過大な要求をすると、各種の専門家は沈黙を決め込んだり、偽べテラン化してしまい、その結果、専門家不信と「責任のコミュニケーション」【◆第四章第二節を参照】が過熱し、それがますます専門家を委縮させ、偽べテラン化を助長してしまうという負の連鎖が起きかねないということを銘記すべきだろう。

では、アプライド・サイエンスやプロフェッショナル・コンサルタンシーだけでは、状況の全体像や多様なリスクについて評価を下すことが不可能な領域があることを認めたうえで、私たちはどのように対応すべきなのだろうか。

ポスト・ノーマルサイエンスと参加型民主主義の困難

ラベッツは、そのような領域を取りあつかう科学を「**ポスト・ノーマルサイエンス**」と呼び、それは、従来の専門的知識によっては「事実が不確実で、価値が論争的であり、ステークスが高く、決定が急がれる、通常は問題が主導する研究」であると指摘する。たとえば、原子力発電の問題や、地球環境問題のように、そのシステムが複雑で、アプライド・サイエンスやプロフェッショナル・コンサルタンシーといった従来の専門知や専門家だけでは、問題の全体像を理解することも、多様な価値観やリスク評価をめぐる論争を調停することもできないが、決定に緊急性がある領域についての探求である。ラベッツによれば、ポスト・ノーマルサイエンスは、通常の科学者や専門家の知だけでは不確実性の残る対象について、多様な価値観や、多様な観点からの知見を生かしながら、適切な対応を探求するための科学となる。したがって、従来の科学知や専門知だけでなく、他のさまざまな知見を取り入れるための**対話**に参加するコミュニティ（**ピア・コミュニティ**）を拡大しようとする科学となる。言いかえれば、ピア・コミュニティの末端から生まれた知見であっても、それを聴き取り、それから学び、不確実な知と多様な価値観の多様な表現が飛び交う中で、相互に学習してイノベーティブな知見が生成することを促そうとする科学、といってもよいだろう。

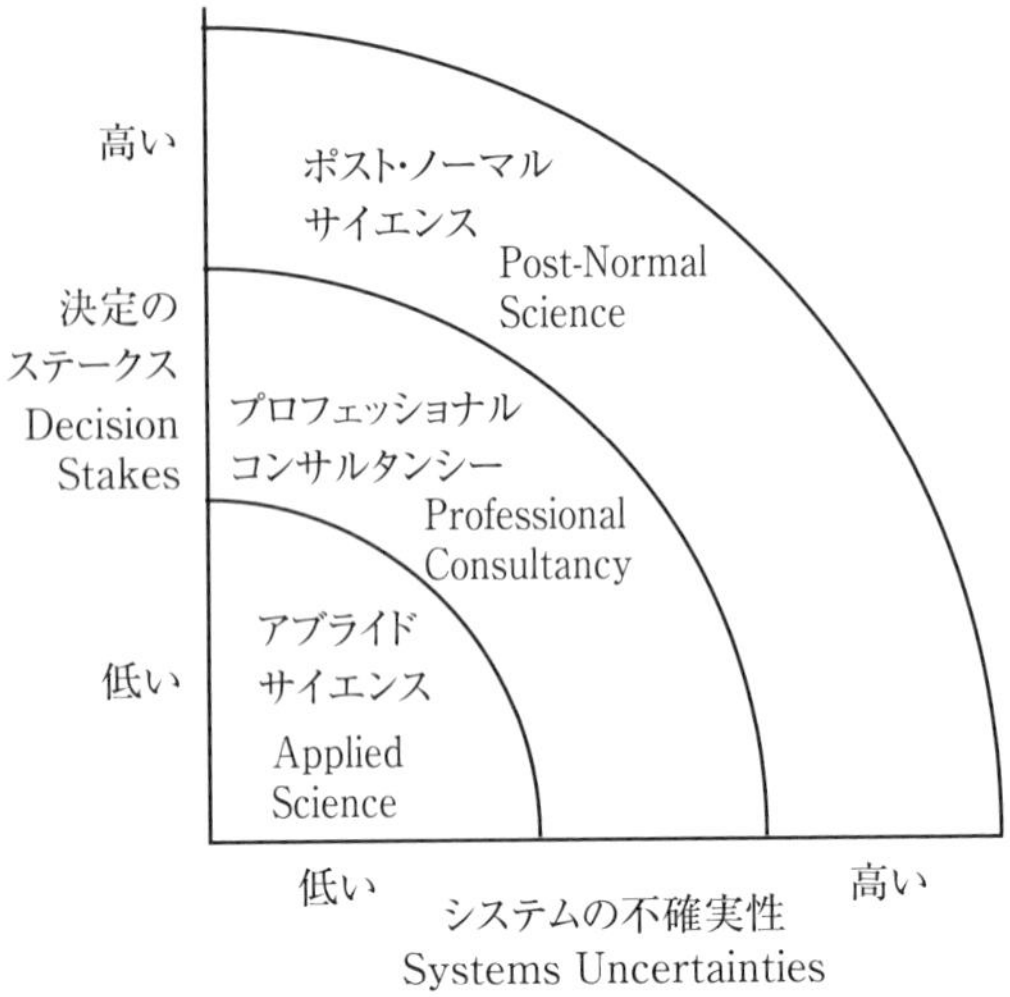

「ポスト・ノーマルサイエンス（PNS）」

ジェローム・ラベッツ著（御代川貴久夫訳）
『ラベッツ博士の科学論　科学神話の終焉とポスト・ノーマルサイエンス』p. 29

「ポスト・ノーマルサイエンス」の領域に入る科学技術の一例

ゲノミクス	ゲノム解読などを通じて、生命を研究、操作する技術
ロボット工学	ロボットの設計、操作、応用などに関する技術
人工知能	人間の知性と同等かそれ以上の知的活動をする知能を開発する技術
神経科学	神経システム（たとえば脳）を操作する技術
ナノテクノロジー	物質や生命を、分子や原子のスケールで操作する技術

ただし、判断を下す際に視野に入れる情報とその情報を解釈する際の準拠枠の相違によって、安全性と有害性についての判断は大きく異なってくるため、論争と対立は容易には調停され難い。対話の拡大継続のために市民参加や**参加型民主主義**といった政治的手法を取り入れようとしても、対話の発展を阻害する次のような要因は強力で根深い。

①　科学技術の専門家が、従来の科学知や専門知の用語や知見に執着し、実験室の中で確証された教科書的な知見を現実世界に適用した場合の話を教え諭すことで、科学的知識を持たない人々の無知を修正しようとする。
②　科学技術の研究開発はやってみないと進歩しにくいものであり、科学技術の進歩は何よりも価値がある。あるいは、経済的、政治的な力を高めていくためにそれは有用なので、むやみに規制すべきでないと考える。
③　科学技術の専門家は、わからないことや、都合の悪い情報を隠すことで、科学技術の研究開発、運用に伴う危険性を過小評価しようとしているのではないか。根深い不信感をぬぐえない。

科学者や科学技術者はしばしば①や②をゆずらず、不信感を抱く市民は③を譲らない。ポスト・ノーマルサイエンスの理念に共感しても、それを実践する方法に人々は幻滅し、参加型民主主義は、言いたいことを、用いたい言葉で制限時間まで一方的に主張しあうことで不満をガス抜きする場、互いの不信感を高めあう場、せいぜい互いの人柄に慣れ親しみ打ち解けるための場に終始し、最終的には、多数決や、トップダウンでの妥協策や懐柔策などで、事柄を前進させるところで「合意」が形成されたと納得させるための儀式や政治的演出にとどまってしまう。

第二節　「学習 Ⅲ」を生成する対話とはどういう活動か

対話と熟議

そもそも「対話」とは、参加者間の合意をめざし、合意に基づいて決定を下し、世界を操作する共同行為（これを「熟議」あるいは「公共的討議」と呼んでおこう）ではない。では、「熟議」と「対話」は、どのような関係なのだろ

うか。ギャスティルやレヴィーンらの区別を要約すると、次のようになる。【◆第三章第三節の考察も参照のこと】

熟議（公共的討議）

・さまざまな小グループから構成される問題解決型の言説で、政策上の選択に焦点をあてる。
・問題の分析、評価基準の設定、新たな解決策の特定と比較検討をする。
・他者に敬意を払い、平等主義的で良心的なプロセスを通して、理性に基づいた合意（コンセンサス）をめざす。

対話（ダイアローグ）

・問題を解決することよりも、それぞれのグループがもつ文化（言語、社会関係、認識の仕方といった規範）の溝を橋渡しする。それぞれの小グループが、「他のグループはどのように考え、話し合い、推論するのか」を学びあい、互いの相違を理解しようとする。この**文化の調停**によって、考え方の食い違いや、自分たちの価値や信念を表す表現をめぐる戦い、認識の仕方における錯綜を避けることが容易になる。人々は、互いの違いにもかかわらず共通の決定をするという、困難なプロセスに入る準備をしている。文化の調停から生まれるものは、

(a) 互いの判断の奥にある文化の相違についての、ある程度の相互理解。
(b) 実利の精神に基づく、他の文化への寛容。
(c) 政策を議論するための枠組みをゆるやかに決めつつ共有することの価値を認め、熟議に参加することへの合意。
(d) 戦略的なレトリックを用いることが、他方の側の人たちを説得するのに効果がないという共通理解。

・対話の結果、各々のグループが一貫した価値やスタイルをもっていることが承認され、それらの違いは、議論の対象とはならないことが控えめに承認される。各々のグループが不合意の深さを認めつつ、文化をめぐる抗争から、政策についての熟議へと移行する長所を認めるようになる。

このように、ギャスティルらは、対話が文化の調停を目的とする点を強調し、文化が調停されることによって、理性的な合意に基づく選択決定をめざす熟議への道が拓かれるという。

しかし、たとえば、環境問題や科学技術とのつきあいかたなどをめぐる対話の目的は、文化の調停ではあるまい。対話が文化の調停という結果をある程度もたらしうるとすれば、対話による相互学習が、相手に対するそれまでの無理解に気づかせ、互いに理解できる範囲を少しばかり広げることによって生じる副産物であろう。対話は、互いの拠って立つ思考基盤の一面性を指摘しあい、学びあうことを可能にする点で、思考を継続していくために不可欠なプロセスである。それは、ある程度、文化の調停を果たすかもしれないが、調停されない領域について確定してその領域についての対話をやめるのではなく、何がなぜ調停され難いのかを探り合う対話を通じて、自分とは異なる知見をもつ相手から学習する機会を得ようとする活動である。合意できる領域を確定することばかり急ぎ、合意が得難い領域についての対話を停止してしまうと、意見の異なる相手と共同で思考し、相互から学びあう機会は失われてしまう。

そうであるとすれば、「対話→熟議」というギャスティルらの図式も、一面的であるといわざるを得ない。対話は、「文化をめぐる抗争から、政策についての熟議へと移行する」ためでなく、むしろ、「そもそも実利とは何か。そして、何についてどのような方法で、どのような言葉を用いて熟議すべきなのか」についても、結論を急がず、共同で探求し続ける活動である。合意をめざす熟議が、まさに熟すためには、表面的な相互理解を安易に信じず、ありがたがらず、わからないことや言葉にうまくならない違和感を糧として、対話を拡大持続する工夫をする必要がある。さもなければ、せっかく知恵ある人々が集まっても、知恵の少ない共謀を理性的合意と勘違いして政策決定してしまうという、ありがちな貧しい結末に至ってしまうからだ。対話と学習の関係について、もう少し詳しく見てみよう。

学習Ⅲ――コミュニケーションが生む呪縛を解くためのコミュニケーション

ここで参照したいのは、コミュニケーションと学習の関係性についてのグレゴリー・ベイトソンの考え方である。ベイトソンによれば、「コミュニケートするとは、**冗長性**（redundancy）とパターンを生み出すことと同義」とされる。そして、冗長性とは「出来事の集団の中である特定の出来事が起こる予測の容易さの度」とされる。さらにベイトソンはいう。「パターン化を強め、予測可能性を増すことこそが、コミュニケーションの本質であり、その存在理由」（『精神の生態学』五四一－五四二頁）であると。「パターン化を強める」とは、偏見を強めるということではない。むしろ逆である。ベイトソンにとって、コミュニケートするとは、Aさんの考えがBさんに小包のようにそのまま届き、AさんとBさんが同じ考えになるという事態ではない。そうではなく、Aさんの言葉や行為を「メッセージ」として読むBさんが、その言葉や行為の欠落部分を予測・修復し、文脈（出来事のつながり方のパターン）を新たに創ることを通してメッセージに反応する技量を高め、出来事のつながり方への予測の容易さの度を高めていくという事態である。コミュニケーションがこのような冗長性を生むからこそ、コミュニケーションは、学習Ⅰ→学習Ⅱ→学習Ⅲという階層差のある学習を創発するとベイトソンは考える。「コンテクストをつくり出すのは、メッセージの受信者である。適切なコンテクストを備えておくことこそが、受信者の側の技量にほかならない。……ランダムさに対応する備えの有無、その違いが、組織形成－進化－成熟－学習を包み込む広大な領域を二分する」（『精神と自然』六一頁）

というのである。このときベイトソンが考えている階層差のある学習とは次のようなものである。

ゼロ学習……反応が一定しているケース。失敗を認識せず、試行錯誤もせず、一定の反応を反復する。

学習　Ⅰ……慣れ、反復、習慣づけなどによって〈ある一定の文脈〉が繰り返し起こることを予測する学習。

学習　Ⅱ……〈学習Ⅰにおける文脈の区切り方、束ね方の正しいルール〉についての学習。

専門家になるということは、しばしばこの学習Ⅱを正確に実践し、非専門家の直観や想像よりも信頼性の高い仮説や予測をつくり、それに基づいて非専門家の信頼に応える役割を果たすことであろう。ピアニストであれば、楽譜を正確かつ適切に演奏する技能を身につけ演奏するための学習であり、科学技術者であれば、マニュアルに沿って要素還元主義的手法を実践し、複雑で想定外のことが生じる現実に対して、可能なかぎり合理的に対応していくための学習である。したがって、学習Ⅱは、汎用性が高いと専門家共同体で認められてきたシステム（教育制度、マニュアル、パラダイムと、それらが含みもつ価値観など）を受け入れ、実践することによって身につく学習である。

しかし、学習Ⅱで身につけた文脈の区切り方だけが唯一無二の真実であると信じ込んでしまうと、専門家共同体が重視しているパラダイムや価値観に呪縛されかねない。そこで必要となるのが、学習Ⅱそのものを疑い、それが含む価値観やパラダイムを破壊し、乗り越えるよう促すコミュニケーションと、それが生む、**学習Ⅲ**である。

学習　Ⅲ……学習Ⅱで身につけた「正しく区切り、正しく束ねる」という行為自体を問いなおす学習。専門家共同体の間で共有されているパラダイムをあえて疑い、代替可能な選択肢群からなるシステムを探求する学習。

芸術作品を創作したり鑑賞することは、しばしばこの学習Ⅲへの誘いとなる。ピアニストのグレン・グールドは、作曲家と演奏家と聴衆の階層的関係をゆさぶる冒険に誘うような演奏を試みる。神のごとき作曲家が意図した世界観やメッセージを正確に解釈し、正確に聴衆に伝達するための媒介としての演奏家という役割に自らを縛りつけず、作曲家と演奏家と聴衆がそれぞれのアイデンティティーに固執せず、多様な表現を試しあい、互いの表現を糧として、「ほんとうの美」や「ほんとうの豊かさ」を再探求しあう対等な関係を拡大持続しあうことへの誘いである。グールドにとって、重要なことは、独創性ではなく、**「インヴェンション」**であるという。グールドは近代的な制度である音楽院の卒業生に贈る祝辞を次のように締めている。「諸君はシステムとドグマ、つまりポジティブな行為のために教育されてきました。想像力にできることは、これを前景とし、限りない可能性、つまりネガティブの広大な後景を背に、両者にはさまれた一種の無人地帯として役に立つことだけです。このネガティブの後景をこそ、諸君は不断に考察し、あらゆる創造的思考が生まれる源泉として、これに敬意をあらわすことを決して忘れてはなりません」と（『グレン・グールド著作集1』一九－二〇頁より）。また、別の箇所では、創造行為について次のように述べている。

創造行為の根本でひとりでにメカニカルに働く特質とは何でしょうか――。それは、再編成と再配列のプロセスにほかなりません。そして、かつて同じ文脈で一緒に呈示されることのなかった細かなことの組み合わせに新しく焦点を当てるプロセスであり、その文化において長らく無変化であった特徴を再検証し、装飾するプロセスなのです。創造の中心的なプロセスがそうしたものなのですから、独創性の探究といった劇的な態度はここには

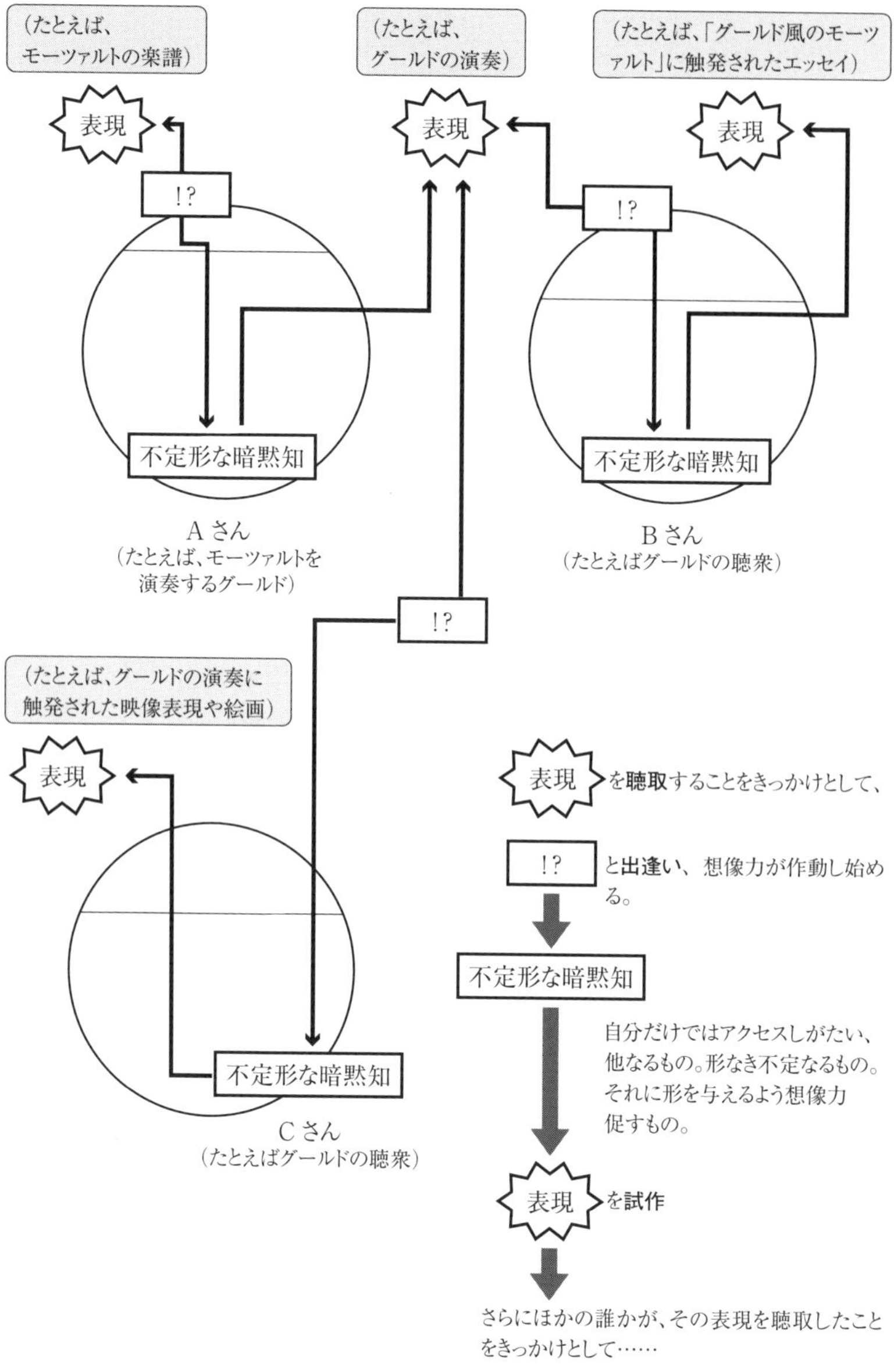
（たとえば、
モーツァルトの楽譜）
（たとえば、
グールドの演奏）
（たとえば、「グールド風のモーツァルト」に触発されたエッセイ）
表現
表現
表現
!?
!?
不定形な暗黙知
不定形な暗黙知
Aさん
（たとえば、モーツァルトを演奏するグールド）
Bさん
（たとえばグールドの聴衆）
!?
（たとえば、グールドの演奏に触発された映像表現や絵画）
表現
不定形な暗黙知
Cさん
（たとえばグールドの聴衆）
表現 を聴取することをきっかけとして、
!? と出逢い、想像力が作動し始める。
不定形な暗黙知
自分だけではアクセスしがたい、他なるもの。形なき不定なるもの。それに形を与えるよう想像力促すもの。
表現 を試作
さらにほかの誰かが、その表現を聴取したことをきっかけとして……

図　学習Ⅲを生む対話

まったく含まれません……。ここに含まれるのは、贋造（forgery）と独創性（originality）という二つの起こりにくいもののあいだに広がる領域であり、それは模倣（imitation）と創意（invention）の領域と呼べるかもしれません。

（グレン・グールド『グレン・グールド発言集』二二五頁より）

つまり、インヴェンションこそ、想像力による創造行為の本領であるという。インヴェンションとは、多くのデータベースを総合的に概観し、相互に離れたところにある異なった働きの関連を見つけたり、結合する創意である。文脈をつくる技術の「伝達」に近い学習Ⅱは、学習においては必須のプロセスであるが、お手本やマニュアルばかりを鵜呑みにする偽ベテランを量産するおそれがある。そこで、あえて、ふつうの専門家が問いなおそうとしないこと、試そうとしないことを試すリスクを冒すことによって、まだ見ぬ冗長性を探求し続けることへの誘いとしてのコミュニケーションを仕掛けることで、聴衆のインヴェンションを刺激し、対話を拡大継続しようというのである。

「活動」としての対話――アーレントの憂鬱

既成のシステム内で重視されている既成概念を用いて、現実を慣れ親しんだモデルで理解し構築しようとする「合理的構築」を一時停止し、システム内でのパターン化された意味処理の外に出て、安易には言葉になりにくい感情や思考と戯れる。このような、いわば「遊び」のなかで一般的定説を疑い、あえてそれを揺さぶるような問いかけや、多くの人が想定していない冗長な文脈をあえて探ってみるコミュニケーションを始め、それが生む波紋を担う活動が、それを見聞きする人のネットワークの中で、さらなるインヴェンションを誘発し、新たなネットワークを紡いでいく。学習Ⅲを誘発する対話が、以上のような、事態の新たな展開を仕掛けるパフォーマンスを糧にするとすれば、このようなパフォーマンスは、ハンナ・アーレントが「活動」と呼んだものを想起させる。

アーレントがその著書『人間の条件』の中で述べているところによれば、人間だけが、他と自分との差異を表明し、自分が誰であるかを暴露し、伝えることができるという。つまり、「言葉と行為によって自分自身を人間世界の中に挿入する」という「活動」によって自分が誰であるかを確証し、引き受けるということを自発的になす。この活動の自発性は、生命活動のために強制される「労働」とも、有用な人工物をつくるよう促される「制作」とも異なり、「私たちが仲間に加わろうと思う他人の存在によって刺激されたもの」であるという。このような活動によって「自らが誰であるかをリアルでしかも交換不可能な仕方で示す」表現が世界に「始まり」をもたらし、他の誰かに引き継がれ応答されるという活動の連鎖、「人間関係の網の目」のなかで、私たちは刺激を受け、理解しがたい他者の行為や言葉を見聞きしようという関心をもち、自分や自分の価値観を変容させることができる。しかし、私たちの多くは、このような「活動」を拡大持続することをせず、他者や、場の空気にまかせてしまい、「活動」することによって始まる網の目を担うことを怠りがちである。では、科学者はどうだろうか。アーレントは次のように述べている。

> 科学者たちの活動は、宇宙の立場から自然の中へと活動するものであり、人間関係の網の目の中へと活動するものではない以上、活動の暴露的性格を欠いており、さらに物語を生みだして、それを歴史とする能力をも欠いている。本来これらの性格や能力こそ、人間存在に意味を与え、それを照らす源泉そのものを形成するのである。この実存的に最も重要な側面においても、活動は特権的な少数者の経験となっている。そして当然のことながら、活動することの意味をまだ知っているこれらの少数者は、芸術家よりも数が少なく、その経験は、世界の本当の経験、世界にたいする本当の愛よりもさらにまれである。
>
> （ハンナ・アーレント『人間の条件』五〇三頁より）

このようにアーレントによれば、科学者たちの活動は、科学者集団の外に位置する「人間関係の網の目」の中へと自分が何者であるかを表現するという意味での「活動」ではない。もちろんアーレントのいう「活動」が私たちをよりよく変容させ、世界をよくするという保証は何もないが、それが紡ぎ出す「網の目」の膨張自体を制御しようとする制度設計によるのであれ、「活動」に関わることへの無関心の増大によるのであれ、「活動」の失敗が全体主義につながる可能性を銘記すべきだというのが、アーレントのまなざしである。そして、同時に、どこに通じているかわからない個々の自発的な「活動」よりも、効率重視の「労働」や「制作」に意義を見出して、それに専心する「工作人」に徹すれば徹するほど、「活動」が生む世界が縮小していくという憂鬱なまなざしも、アーレントの特徴である。

アーレントのこのような憂鬱は、残念ながら、三・一一以後を生きる私たちの多くの実感に近い。私たちは、自分とは価値観や知見の異なる人々に向けて自分自身が誰であるかを暴露する「活動」の努力をせず、それを肩書などで代弁させ、「労働」や「制作」に追われる日々を送っている。そして、そのような状況から生まれる効率と生産性重視の社会システムに疑問を呈するよりも、それに適応することを優先している。適応できず置き去りにされる人々については、誰かが何とかしてくれると考え、世界の急激な変化に取り残されないよう労働と制作に追われている。

では、楽観的見通しはまったく想像不能なのだろうか。いや、そうではあるまい。ふただび、第一章で言及したデイヴィッド・ヒュームの所論に目を転じてみよう。ヒュームとアーレントを分かつのは、ヒュームが生きた一八世紀の資本主義勃興期と、アーレントが生きた世界大戦の時代という、時代の違いだけではない。ヒュームには、自然科学と人文社会科学を隔てず包括する「人間の科学」という企てと、それを担う中流市民階級を育て、閉塞しがちな知的交流の場を拡大する役割の実践という抱負があった。ヒュームのこの抱負をやや詳しく検討してみよう。

第三節 「人間の科学」としての対話――ヒュームの懐疑と希望

「人間的自然」とは何か

あきらかに、あらゆる学（sciences）は、多かれ少なかれ**人間的自然（human nature）**に関係をもち、人間的自然からどれほど遠く隔たるように見える学でも、何らかの道を通って、やはり人間的自然に結びつく。数学、自然哲学、そして自然宗教でさえ、ある程度、**人間の科学（the science of Man）**に依存している。というのも、それらは、人間の認識能力の及ぶ範囲にある事柄であり、人間の諸能力によって判断される事柄であるからである。

（デイヴィッド・ヒューム『人間的自然論』第一巻序論より）

あらゆる学が関係をもつとされる「人間的自然」とは何か。それは、物体の運動に因果的法則性を感じるだけでなく、人間の行為にも因果的法則性を感じずにはいられない私たちのあり方である。ふつう、自然は因果法則にしたがうが、人間には理性を用いる能力があるのだから、人間には自由の余地があり、人間の行為は因果必然的に規定されていないと考えられることが多い。ヒューム自身も、行為者として何かを行為する際には、私たちが自由に選択、行為しているという実感をもっていることを否定しない。しかし、観察者として、自分自身や、他の人々の行為を眺める私たちは、人間の動機と行為、行為とその行為がもたらす帰結との間に因果的必然性があると信じてしまう、想像力の習慣的な推移に抵抗することはできない。自然の物体であれ、人間の動機や行為であれ、二つの事象が前後関係で現れること（「恒常的連接」）を繰り返し観察すると、前者を「原因」、それに伴い生じる後者を「結果」と呼び、因果必然的な関係で事態を図式化して捉え、それを信じてしまう自然（あるいは本能）を私たちは捨て去ることができない。このような私たちの傾向性をヒュームは「人間的自然」と呼ぶ。「人間的自然」の働き自体を因果的に描写するならば、諸情念を満たそうとして作動してしまう想像力の習慣的働きに抗えない自然ということになる。

このような自然傾向性によって、私たちは、物体の運動に因果関係を期待するだけでなく、あらゆることに因果関係があると信じることができる。何かしらの行為について考察するときも、その行為の原因を、何かしらの動機のせいにしたり、そのような動機のさらなる原因を、何かしらの社会的、歴史的状況などのせいにしたりする。このような私たちの傾向性が、私たちに、自分の幸不幸の究極原因として「神」を想像させたり、不正義の原因として「悪徳」を想像させたりする。つまり、私たちは、物事は原因なしに偶然生じるにすぎないとは信じず、何ごとにも原因があるにちがいないと信じる傾向性をもっている。そして、この傾向性をもつがゆえに、この世界のさまざまな出来事を因果規則的に整理するだけでなく、未来にも同様の因果規則性が当てはまるにちがいないと自然に想像し、不安や恐怖といった情念に翻弄されにくい安定的世界観を形成して出来事を予測し、この世界に適応しているのである。

この意味で、諸情念の要求に応じて作動する想像力という抗いがたい自然は、私たちの現実認識を構成する諸信念の束を、たえず部分的に微修正しながら全体としては破綻なく形成している。このように因果的な信念を形成し、束ねるという一連のプロセスは、私たちが理性によって自覚的かつ能動的に構築しているのではなく、諸情念に促され諸情念をよりよく満たすための因果的信念の束を想像力が形成してしまうといったほうが正確な事態である。言いかえれば、情念と想像力の有機的なパートナーシップによって、生きていくために役立つ諸信念のネットワークをつくってしまう自然こそが、human nature（人間的自然）であるということである。では、このような自然傾向性を

宿す私たちにできる「人間の科学」とはどのようなものだろうか。【◆コラム⑤の「倫理の科学」についての論考も参照のこと】

ヒュームの懐疑と「人間の科学」

人間社会のさまざまな出来事に必ず原因があると信じるだけでなく、自分は因果的な事実を知ることができると信じる態度からは、独断や偏見や迷信が生まれやすい。なぜなら、様々な人々の情念、思惑、行為、選択が重なって起こる、きわめて複雑な人間世界の因果の網の目の錯綜を考えず、「〜のせいだ」と原因を単純化した因果物語にして想像してしまうばかりか、そのような因果物語が偏見や迷信であると気づかないよう、その物語の真実味を補強するような情報を、私たちの想像力は次々と収集してくるからである。

たとえば、「〜という組織の……のせいでこうなった」とか、「フランス人の〜のような特徴のせいでこうなった」とか、「……のような神が〜の思惑をもってこのようにされた」など、十分なデータを集めることもないままに空想で補完・捏造して大胆な仮説を形成し、それを真実と信じて、その迷信に熱狂する学派や党派を形成し、仲間内で自分たちの信念をさらに頑強にし、学派間、党派間で、互いをののしりあうばかりで、建設的な対話が生まれにくいということになる。このような想像力の慣性的作動は、インターネットが普及しても、同じような信念や価値観をもつ人々が群がるムラばかりつくられやすい現代においても同様である。

自分にとって都合のよい情報だけを寄せ集めて因果関係についての知識（信念の束）をつくってしまう私たちの傾向性自体が、このような偏見や、迷信を量産する原因となるのだとすれば、そのような傾向性を駆動させる情念や想像力の働きに誤りや偏見が混入する可能性を完璧に調べ上げ続ける理性を発動し続けることが賢明なのだろうか。

結論から言えば、ヒュームは、そのような理性は非力であり、また、非力でよかったと考える。というのも、諸情念と想像力が準備してしまう諸信念の束の誤りを潔癖に探し続ける理性が単独で強力に働くとすれば、私たちはどんな信念の束に対しても誤りの可能性を考え続けるほかなく、理性は最終的には自らの能力すらも疑い、ついには自己破綻してしまうに相違ないというのである。つまり、私たち人間は、偏見や迷信の可能性をもつ信念の束をつくってしまう自然であり、それを疑い続ける懐疑に留まり続ける誠実さや潔癖さを完璧に実行し続けることもできない自然でもある。ヒュームは、ここまで考察して、「どうすべきであるのか知らない」としながらも、自分自身のあり方をふりかえりながら、次のようなことが「通常行われている」と述べる。「極度に洗練された反省」をあてどなく続けることよりも社交の場で気晴らしをすることへと向かう傾向性をもつと同時に、一人になるとさまざまな知的な諸問題について考察することも好む傾向性ももっている。彼の好奇心が向かう諸問題として例示されるものは、「道徳的善悪の原理」、「政府の本性と基礎」、「私を動かし支配する情念と傾向の原因」などである。それらについて無知なまに美醜や善悪や真偽の判断をすることに不安を感じ、「人類の利益のために、あるいは私個人の利益のために」それらを探求したいと自然に思うようになる。「もし私が、何か他の仕事や気晴らしに自分を縛りつけることによって、これらの気持ちを追い払うように努めるならば、私は自分が快楽の点で損をすると感じる。これが私の哲学の起源である」と。（『人間的自然論』第一巻末「この本の結論」より）

出来事の因果関係を虚構する想像力と、その誤りを精査する理性の両者に対する懐疑を経たうえでヒュームが再度の参加を呼びかけるのが「人間の科学」である。何ごとにも因果関係があると信じ、しかも単純な因果関係を捏造して停止しがちな私たちの想像力を全否定せずに作動し続けるには、自らの想像力が虚構する因果物語の一面性や誤りを気づかせてくれる他の人々との交流の拡大によって持続する対話＝哲学＝科学の実践が役に立つ。そして、実際、人間は理性的であるだけでなく、社交的で、行動的でもあるよう促されている。ヒュームはいう。「自然はこう語っている。学に対する汝の情念を思う存分満たすがよい。ただし、汝の学を人間的に、そして行動と社会とに直接関係しうるものにせよ。晦渋な思想と深遠な探求を私は禁ずる。そしてそれらが持ち込むもの思わしげな憂愁、それらが汝を包み込む果てしない不安定、汝の発見と称するものが伝わるときに出会う冷ややかな応接によって厳しく罰しよう。哲学者（a philosopher）であれ、ただし、汝の哲学の真中にあって、なおも人間（a man）であれ、と」（デイヴィッド・ヒューム『人間知性研究』第一章より）。ヒュームの奨める「人間の科学」の特徴をまとめてみよう。

①　自然科学も、人文社会科学も、複雑にからみあう現象の中に、繰り返しの連接関係で現れる事象を見つけ出すまで、丹念に観察し、因果法則にまでたえず洗練していくことを志向する「人間的自然」の産物である。

②　複雑に因果関係がからみあい実験室で容易には再現できないような現象についての科学的探求は、しばしば不十分なデータを乱暴に束ねたり、データ自体を捏造することを、気づかぬうちに行ってしまいがちである。

③　複雑な現象の全体についての「真実」を把握できないからといって、自分や仲間内にだけ通用するような言葉やものの見方に閉じこもることなく、自分の知見を語り、試し、その誤りや一面性を気づかせてくれる他者との交流を活用して、「人間の科学」のさらなる生成に参加することをよろこびなさい。

狩猟としての対話のよろこび

右の③で「よろこび」という表現を用いた理由については、さらに補足説明しなければない。信じるに足る知見を探し、他者に表現して試すことに伴う「よろこび」こそ、「労働」と「制作」と「活動」の分断を憂慮したアーレントと、この三者の結合をもくろむヒュームの立場を分ける契機である。ヒュームは、『人間的自然論』第二巻末の「好奇心、すなわち真実への愛について」という箇所で、「真実をつくり出し発見することに使われる才能と努力」あるいは、「真実を発見したり理解したりするのに才能と知性を使うこと」が、「真実を快いものにする」という。例証として、数学者のなした証明をたどるという知的活動に私たちがよろこびを感じるという点を指摘している。

さらに、ヒュームは、狩猟をすることから得られるよろこびと、哲学することから得られるよろこびが極めて似ているという。狩猟は獲物を、哲学は真実を求めて精神や身体を活動させる。有用性や重要性を感じさせる獲物ほど、私たちの想像力を支えてくれる。別のことに時間を費やせば得られるであろう「十倍もの利益を無視して、何時間も費やして、半ダースのヤマシギやチドリを家に持ち帰るのをよろこぶのである。狩猟と哲学、どちらも……われわれの活動の目的それ自体は蔑まれることがあるかもしれない。しかし、この活動に集中しているときには、われわれはこの目的にたいへん集中していて、予期していたものが得られないときには非常に不快になる。つまり、獲物を逃がしたり、推論において誤りに陥ったりすれば、われわれは残念に思うのである」と。

哲学することからよろこびが得られるなんて、よほどの変人や知識人だけだと思われるかもしれない。学問が細分化し、気晴らしと娯楽のための道具にあふれた現代からすると、当然の疑念である。しかし、科学技術の問題にかぎらず、それをどう考えればよいのかわからない複雑な諸問題と、それらがはらむ不気味なリスクに取り囲まれている時代においては、考えないことから得られるよろこびは、払いのけようとしても払えない**「不安」**と背中合わせものにすぎないのではないだろうか。ヒュームによれば、私たちは「不安」を「よろこび」に変えるために哲学に向かうのが自然なのだという。その不安とは、自分たちが根拠や原理を知らずに、さまざまな複雑な事柄に善悪や美醜や真偽の判断を下さずにはいられない状況をかえりみたときに感じる不安である。では、どうすべきか。再び『人間的自然論』第一巻末に示されたヒュームのアドバイスを引いてみよう。「人間の精神が、野獣の精神のように日常の会話や行為の主題である狭い対象領域に留まることが、ほとんど不可能であるので、私たちがなすべきことはただ、私たちのガイドの選択について熟慮し、もっとも安全で快適なガイドを選ぶことである」とヒュームはいう。

日々複雑化する機能システムに取り囲まれた現代においては、特定の専門家団体の知見や判断に全面的に依存するエートスは、さらなる混乱を生みかねない。一方、この不安に導かれて私たちが参加に誘われる**「人間の科学」**としての哲学は、私たちに、狩猟に似たよろこびを体験させる。「真実」は望めないとしても、うまくいけば「穏やかで節度ある意見」に達し「最も批判的な吟味によるテストを耐える意見の集まりを確立」させ、「確信や安心」といった満足を与えてくれ、失敗したとしても「滑稽」と思われるだけだ、とヒュームは考えるのである。

知識人の任務――学識の国から会話の国へつかわされた外交官

「人間の科学」が、以上のような対話＝哲学の実践であり、それがよろこびをもたらすとしても、誰がそれにつきあってくれるのか。生きるためのお金を稼ぐ「労働」と、その意味は問わずともただただ楽しい人工物の「制作」に追われる日々の中に明け暮れていれば「不安」をある程度忘れることができるかもしれない。また、自分と異なる考え方をする人々に自分の知見を披露して試し、自らの知見の誤りや一面性を学ぶ「人間の科学」の拡大持続は、よほどの賢者か知的好奇心の旺盛な人でなければ現代においては実践困難なのではないか、と疑う向きもあろう。

一八世紀に生きたヒューム自身、そのような問題意識をもっていた。彼は「エッセイ著述について」という文章の冒頭で述べている。「人類の上品な部分は動物的生活に埋没しておらず、精神の働きに従事しているが、それは学識人と社交人に分けられよう」と。したがって、ヒュームの戦略は、分業化、専門化、階層化しがちな社会において、分断閉塞しがちな知を交流させることによって実践可能な「人間の科学」というコンセプトを明らかにすることと、そのコンセプトを実現するために学識人と社交人をつなげるネットワーカーとしての役割を果たすことであった。

このとき、ヒュームが学識人よりむしろ社交人の果たす役割に大きく期待していることは注目に値する。「中流身分について」という文章の中では、社交人は中流身分として描かれている。彼らは、快楽に溺れる上流階級や、生活に追われる貧乏人と違い、上流階級の持つ徳（寛大・博愛）と、貧しい人々の持つ徳（忍耐・勤勉）をあわせもち、現実の人間生活についての観察の機会も多く、勤勉によってしか立身出世できないので野心的であるとされる。「技芸の洗練について」という文章の中では、彼らの野心とぜいたくへの欲求は、精神の卑屈さや隷従に甘んじることなく、専制的に支配しようとする欲望とも無縁とされる。「人間の科学」を実践する基盤としての対話のネットワークに、学識人だけが参加するのではなく、新興の商工業者に現れ始めた中流の社交人を育て、招き入れ、その対話において自身は「外交官あるいは大使」としての任務を果たすという抱負を、ヒュームは次のように述べている。

現代の学識者たち（men of letters）は、彼らを一般の人々から隔ててきたあの内気でおどおどとした気性を大部分失っており、そして世慣れた人々（men of the world）は、会話の最も快適な話題を書物から借りることを誇らしく思っているということを観察できて、私はとてもよろこばしく思う。学識界と社交界との、かくもよろこばしく始まった連帯（league）は、両者の相互的な利益（mutual advantage）へとさらに改善されることが望まれる。そして、その目的のためには、私が公衆を楽しませようとして書いているこのようなエッセイ以上に有利なものを私は知らない。この観点において、私は自分自身を、学識の国から会話の国へつかわされる外交官あるいは大使とみなさないではいられない。そして、相互にかくも大きく依存しているこれら二つの国家間によい通信を促進する（promote a good correspondence）ことを私の恒常的な義務と考えよう。私は学識界に、社交において通用するあらゆることについての知識を与えよう。そして、社交界に、私の本国の中に彼らの使用と娯楽にとって適切と私が見出すあらゆる有用なものを持ち込むように努めよう。……この交流の素材は、会話と日常生活によって主に提供されねばならず、その素材を加工することのみが学識界の仕事となるのである。大使が駐在を任された国家の主権者に対して尊敬を払わないことは、大使の許されない怠慢であろう。同様に、会話界の主権者である女性たちに対して特別の尊敬をもって話しかけないことも、許されないことだろう。私は彼女たちに崇敬の念（reverence）をもって近づく。そして、もし私の同国人である学識者、すなわち、頑固な独立人が、彼女たちの自由を警戒し、服従することに不慣れであるならば、私は女性たちの公正な手に、学問の共和国の主権を託そう。このように、私の任務は、私たちの共通の敵、すなわち、理性と美の敵、鈍い頭と冷たい心をもつ人々に対抗して攻撃し防衛する連帯を欲すること以上にまでは拡大しない。この瞬間から、彼らをもっとも厳格な激しさをもって追及しよう。しっかりとした知性（sound understanding）と繊細な感情（delicate affections）をもつ人々以外には、いかなる慈悲も与えまい。私たちはこれらの性格が不可分であると常に気づくと推定できるからである。

（デイヴィッド・ヒューム「エッセイ著述について」『道徳・政治・文学論集』所収より）

第四節　ポスト・ノーマルサイエンスの適切な形を探し続ける「対話」をファシリテートする構想力

ヒュームの抱負は次のように要約できよう。つまり、「しっかりとした知性と繊細な感情」は分かちがたく結ばれた性格であるが、専門知を誇る学識界と、日常生活の多様な話題について多様な人々と会話を交わす社交界との相互交流なしには、この性格は得がたい。だから、自分がこの二つの世界の交流を「促進する」役割を引き受けようという抱負である。このような抱負は、あまりに楽天的すぎると感じる人もいるだろう。たしかにカリスマ的なファシリテーターが視野も用語も異なる多様な人々の間の対話を促進させるうちは、知のネットワークを拓く晴朗さと困難さが両立できるかもしれない。しかし、そのようなファシリテーターが欠ければ、仲間内だけに通じる言葉や感覚を固守する党派となるか、無責任な批評家気取りの人々の烏合の衆になるにちがいない。このような印象が生まれる根拠のひとつには、人々を対話の拡大に促す「よろこび」の弱さと、人々をとりまく状況への「不安」の強さがある。

そこで、第一章のコラムでヒュームと比較した三木清の洞察を再び検討することによって、対話を拡大持続させるファシリテーションとは何をすることかについての検討を試みてみよう。三木こそ、「虚無」と「不安」に揺れ動く現代人を観察してもなお、想像力の働きが秘めた可能性を評価し、探求した人だからである。

第一章のコラムで見たように、三木の構想力論は、ヒュームの想像力論と類似するところが多い。ヒュームは、情念が想像力をガイドし、想像力が情念に奉仕しようとするなかで数々の制度やマナーが生成し、個人の現実認識や社会における深刻な無秩序の克服と、腐敗の自己修正を果たしていく様子を、「情念の奴隷」たる想像力の働きとして描いた。一方、三木は、神話や制度のみならず経験すらも、構想力の「技術」によって制作される産物であるとする。三木によれば、人間のパトスは「デモーニッシュなもの」、「無限性の、超越性の性格を帯びた感性的なもの」とされる。それ故に、人間は安らぐことなく、「環境に対して主観的に乖離している」という。しかし、「形無きものの形を見ようとする」構想力が「パトスからイデーを引き出す」ことによって、「ロゴスとパトスの統一」を探求する点に、三木は注目する。このとき構想力がたずさわる問題を、「形のないものから如何にして形をつくるか」という問題と解釈する点が、三木の洞察の興味深いところである。三木によれば、その統一は、古代の哲学のように実体概念によって思考して得られる世界の観照（観想）でも、近代科学のように関係概念による思考にもとづく世界の再構築でもなく、その両者を綜合する形を形成する行為によって得られるというのである。三木によれば、「以前の人間は限定された世界のうちに生活していた」ため、道具、報道、知識が「何処の何某から出たもの」か、わかっており、周囲の人々の精神、表情、風貌も「形の見えるもの」であったため、どれほど信用できるかわかっていた。それに対して、私たちが生きる現実は、もはや形のないものと、形のない性格に取り囲まれ、私たち自身もそうなっている。しかし、この混乱のなかでこそ、構想力が「新しい形」を形成するというのである。

現代人は無限定な世界に住んでいる。私は私の使っている道具が何処の何某が作ったものであるかを知らないし、私が拠り所にしている報道や知識も何処の何某から出たものであるかを知らない。すべてがアノニム（無名）のものであるというのみでない。すべてがアモルフ（無定形）のものである。かような生活条件のうちに生きるものとして現代人自身も無名な、無定形なものとなり、無性格なものとなっている。ところで現代人の世界がかように無限定なものであるのは、実は、それが最も限定された結果として生じたことである。……孤立したものは無数の関係に入ることによって極めてよく限定されたものとなった。実体的なものは関係に分解されることによってもっとも厳密に限定されたものとなった。……関係ないし函数的には限定されているにしても、或はむしろそのように限定され尽くした結果、形としては却って無限定なものになっている。この無限定が実は特定の限定の仕方の発達した結果生じたものであるところに、現代人の無性格といわれるものの特殊な複雑さがある。……今日の人間の最大の問題は、かように形のないものから如何にして形をつくるかということである。……この無定形な状態は限定の発達し尽くした結果生じたものであるから。……形成は虚無からの形成、科学を超えた芸術的ともいうべき形成でなければならぬ。一種芸術的な世界観、しかも観照的でなくて形成的な世界観が支配的になるに至るまでは、現代には救済がないといえるかもしれない。現代の混乱といわれるものにおいて、あらゆるものが混合しつつある。対立するものが綜合されてゆくというよりもむしろ対立するものが混合されてゆくというのが実際に近い。この混合から新しい形が出てくるであろう。形の生成は綜合の弁証法であるよりも混合の弁証法である。私のいう構想力の論理は混合の弁証法として特徴附けられねばならぬであろう。混合は不定なものの結合であり、その不定なものの不定性の根拠は虚無の存在である。あらゆるものは虚無においてあり、且つそれぞれ特殊的に虚無を抱いているところから混合が考えられる。虚無は……それぞれにおいて特殊な存在を有する。混合の弁証法は虚無からの形成でなければならない。（三木清「人間の条件について」『人生論ノート』所収より）

私たち自身も私たちをとりまくものも、もろもろの関係項に限定されることによって、形としてはかえって無名で無定形で無性格な「不定なもの」と化してしまっている。それらを混合し、「科学を超えた芸術的とでもいうべき」形を新たに生成する構想力の働きによって形成的な世界観を制作する行為が支配的にならないかぎりは、「救済がない」というのである。【◆三木の技術論についての検討は、第六章とコラム⑦も参照されたい。】

この文脈で三木が重視するのが、レトリック的思考である。ここでいう「レトリック」とは、文章を装飾したり、美化したりして相手を説得するテクニックの類ではない。レトリック的思考とは、「各人のエートス（性格）にしたがってそれぞれ異なるところの性格的な思考」とされる。しかも、「もろもろのパトスは、或は囁くもの、或は話すもの、或は叫ぶものである。思考は根源的には見ることではなく聴くことである」とされる。沈黙しがちなパトスの

「声なき声を聴く」、「受動的能動性」がレトリック的思考である。「芸術家の根本能力とされる想像力或は構想力はこのような思考を離れていない」とされ、「人間性の探求においては、科学の二本の松葉杖といわれる観察と帰納の方法も想像力のこのような生命的な力に生かされるのでないと前進することができない」とさえ三木はいう。

無名で無定形で無性格なものと化し虚無を抱く私たち自身が、内面の真実であるパトスの声なき声を聴き取りながら、私たちをとりまく無名で無定形で無性格なものを混合する構想力の働きを持続させることを通じて、「相手のパトスに訴え、相手の信（ピスティス）を得る」ために適切な表現の形を模索する。このような行為の連なりが、たんなる観照でない「生きた思想」を生み、形成的な世界観の制作活動の拡大持続を、自他の間で可能にするのである。構想力におけるこのようなレトリック的思考の持続の試みが、ポスト・ノーマルサイエンスの適切な形を探す活動の拡大持続に欠かせない「対話」と、それを促進させるファシリテーションに結実する。専門的な概念で表現される因果関係で切り取る要素還元主義的手法によって「形としては却って無限定なもの」となる科学的モデルと、生成変化をやめない人間的自然のもつあまりにも冗長な複雑さとの乖離を何度も問い直し、内面のパトスに耳を傾けながら、「科学を超えた芸術的とでもいうべき」形で自他が結びつく可能性をシミュレートし続ける思考。このような思考を可能性として説くだけでなく、持続的に試す活動が、今こそ、科学技術者のみならず、あらゆる人と、あらゆる場面に切実に求められているといえよう。【◆アリストテレスにおける「観想」については、第七章とコラム⑧を参照されたい。】

文献案内

■ジョン・ギャスティルほか『熟議民主主義ハンドブック』現代人文社、二〇一三年
■ジェローム・ラベッツ『ラベッツ博士の科学論』こぶし書房、二〇一〇年
■グレゴリー・ベイトソン『精神の生態学』新思索社、二〇〇〇年『精神と自然』新思索社、二〇〇一年

■グレン・グールド　『グレン・グールド著作集』みすず書房、一九九〇年、『グレン・グールド発言集』みすず書房、二〇〇五年

■ハンナ・アーレント　『人間の条件』ちくま学芸文庫、一九九四年

■デイヴィッド・ヒューム　『人間的自然論』（邦訳名『人間本性論』）、『人間知性研究』、どちらも法政大学出版局、二〇一一年

■『道徳・政治・文学論集』名古屋大学出版会、二〇一一年　ただし、ヒュームの次の著書からの引用は、著主自身の訳出による。

■*A Treatise of Human Nature* ed. by D. F. Norton & M. J. Norton Oxford U.P. 2000

■*An Enquiry concerning Human Understanding* ed. by T. L. Beauchamp Oxford U.P. 1999

■*Essays Moral, . Political and Literary* ed. by .Eugene F. Miller Liberty Fund.. 1987

■三木清　『構想力の論理』『哲学ノート』『人生論ノート』（『三木清全集』に所収。この三冊は、二〇一四年現在、全集以外でも読める。三冊のうち前二著については、第一章のコラムを参照のこと。『人生論ノート』は新潮文庫からも出版されている。）

コラム⑨ 「人間的自然」とは何か
――萃点を探し、担うということ

勢力尚雅

本章ではhuman natureを「人間的自然」と訳した。通常、このタームは「人間本性」と訳されるので、疑問に思った読者がいるかもしれない。そこで、なぜ「人間的自然」という訳語を用いたのか付言しておこう。

ヒュームの論点の特徴は、現実認識や社会制度を、理性による能動的な構築体とみなさず、情念に促され、想像力（あるいは共感）が周囲の人々とともに、その適切なかたちを模索するプロセスの中で生成する暫定的な形成体とみなす点にある。それは、自らの適切なかたちをたえず模索している有機体の現象に似ている。有機体は、自らを構成する諸部分が腐敗したり消滅してもなお、諸部分を自己修正しつつ、かたちを整えながら、全体としての生命活動を持続しているからである。私たちが、「理性」と呼ぶものもまた、諸情念に導かれ、それらを満たすために、想像力が、諸知覚の束ね方を模索したり、言葉や社会的制度の適切なかたちを周囲の人々とともに模索する自然なプロセスにすぎない。「私は～と考える」といった「主語－述語」に基づく論理構造よりも、「（おのずから・自然と）～と思われる」といったかたちで主語を省く日本語の自発の構造こそが、ヒュームの洞察する認識のありように近いといってもよいだろう。もちろん、私たちの情念や想像力といった人間的自然の働きとまったく関係しない、いわばそれらに汚染されていない「自然そのもの」や「理性そのもの」といった言葉をつくることはできる。しかし、私たちは情念や想像力といった「人間的自然」の媒介なしに、それらに直接アクセスすることができない、というところがヒュームの懐疑主義のポイントとなる。

このように、ヒュームにおいては、情念と想像力という私たちの意のままにならない自然は、私たちがこの世界についての認識を立ち上げ、世界に不足しているつながりを言葉や制度の適切なかたちの共同制作で補っていくことを可能にする自然である。「理性そのもの」という能力が強力であれば、「人間的自然」は誤りや迷信の源泉として糾弾されることになるが、幸いにもそのような能力が非力であることによって、私たちの認識と社会生活は、無秩序や恐怖を減らすよう自然と導かれていく。私たちにできるのは、情念と想像力が共同体の中で自然と形成してしまう認識や言葉や制度のかたちの適切さを、それらについての過去の生成史を観察しながら、他の人々とともに、精査し、その適切なかたちを模索し続ける「人間の科学」という未完のプロジェクトを拡大持続することだけである。

以上のような洞察を特徴づけるために、私は「人間本性」という本質主義の権化のような実体を想像させる訳語を避け、「人間的自然」という耳慣れない訳語を用いた。したがって、「人間の科学」とは、「人間的自然」が生む言葉や制度などの複雑な生成史について、「人間的自然」の原理にしたがって探求する営みである。このコラムでは、この「人間の科学」という発想と共鳴する二つの発想を紹介し、読者の思考をさらに刺激することを試みてみよう。

一つは、マンガ版『風の谷のナウシカ』の作者、宮崎駿の発想である。宮崎は、あるインタビューの中で、理想の環境を「青き清浄の地」と呼び、それを「人間がいない場所」、「行けないんだけど行ってみたい」、「人が入り込んだらおしまいになってしまう世界」という。「青き清浄の地」に行ってみたいと思うのだが、皮肉にも私たちの知性がつくりだす科学技術や倫理は、財や宗教や正義をめぐる争いを増し、私たちを「青き清浄の地」から遠ざけてしまうというのである。そうであるとすれば、このような「青き清浄の地」という発想は、「人間的自然」に汚染されていない「自然そのもの」や「理性そのもの」という発想に近い。

マンガでは、科学技術を用いて人間を「青き清浄の地」の住人にふさわしいかたちに浄化し、人間に汚染された世界を再生させるという企てが描かれる。しかし、主人公ナウシカは、人類浄化と世界の再生という目的に向かう科学技術と倫理的思考の企てに真っ向から反対するのである。ナウシカの考えでは、「目的のある生態系……その存在そのものが生命の本来にそぐいません　私達の生命は風や音のようなもの…生まれひびきあい　消えていく　……個にして全　全にして個　……精神の偉大さは苦悩の深さによって決まるんです　粘菌の変異体にすら心があります　生命はどんなに小さくとも外なる宇宙を内なる宇宙にもつのです」とされる。

ナウシカがこのような思考をもつにいたるプロセスがこの作品を読む楽しみを増してもいるのだが、なかでも印象的なのは、ナウシカが粘菌など森の生命のありようを執拗に観察する、いわば生命科学者であるという点だ。彼女は、粘菌が「食べられながら自分も食べてまじりあって……あの後はすっかり落着いて食べたり食べられたりしていた」様子を観察する。あらゆる生命は、食べられながら食べる営みを、目的を知らずくり返しながら、変化していく。「私達は血を吐きつつ　くり返し　くり返し　その朝をこえて飛ぶ鳥だ　生きることは変わることだ　王蟲も粘菌も草木も人間も変わっていくだろう　腐海も共に生きるだろう」とナウシカはいう。苦悩を糧とし、苦悩をたずさえたまま、誰かを食べつつ、誰かに食べられ、周囲と共に変化していくという、自然の一部をなす自然としての人間の捉え方は、ヒュームの視点と共鳴する。というのも、究極的な目的はわからぬままに「誰かを食べつつ、誰かに食べられ、周囲とともに変化する人間のあり方」を、「さまざまな情念の奴隷として働く想像力がその適切なかたちを模索する人間の知識、技術、言葉、制度の生成史」と言い換えると、それはヒュームのいう人間的自然に基づき、人間的自然の生成を担おうとする「人間の科学」の企てと重なり合うからである。

さらに、もう一人、ナウシカの生命科学者としての視点を媒介にして、ヒュームの発想と比較したい科学者は、南方熊楠である。要素還元主義的な科学が生む狭い視野と、科学技術の巨大な影響力の乖離を見据えるこの科学者は、粘菌の観察者として高名であるだけでなく、多面的な思考の軌跡を残している。なかでもヒュームの論点から興味深いのが、「南方マンダラ」と呼ばれる図である。

南方マンダラとは、熊楠が、真言宗の僧侶、土岐法龍宛の書簡の中で記したいくつかのマンダラ図を指す。そのうちの一つで、熊楠は、錯綜しながら変容していく世界に「事理」を見出そうとする人間の観察と推理が求める事理の複雑な連関を図に描いている。

熊楠によれば、「事理」とは、「すじみち」で、「その数無尽」であるという。このコラムでの用語法で解釈するならば、「事理」とは、私たちの情念と想像力が、さまざまな現象の中に見出したり、加えたりしようとする多様な因果関係と考えてよいだろう。そして、このマンダラ図は、専門的知見に固執せず、分野横断的に多様な視点に立ち、複雑な因果関係を解き明かしたり、加えたりしようと「学習Ⅲ」を求めて対話を拡大持続する「人間の科学」を実践する人が書き込み中の地図のようなものと考えてもよいだろう。

実際、熊楠は、このマンダラを解説する際に、「萃点《すいてん》」という概念を用いている。熊楠によれば、萃点とは、多様な事理が交わる地点である。したがって、どの萃点から世界を見るかによって、多くの因果的脈略の関係性が見通せる場所と、そうでない場所とがある。どの萃点に立つかによって錯綜する事理の「敷衍追究」の「捗りに難易」があるという。萃点とは、現象の因果連関の交差点であり、それゆえ、探究者にとっては因果連関の見通しがよくなる交差点である。

鶴見和子は、萃点の移動性を強調する。つまり、萃点は固定的なものでなく、「いろいろな関係性の交点なので、プロセスのなかにある」とし、一人一人が移動する萃点たりえ、そこから社会が変化していくダイナミズムを、このマンダラから読みとっている。

もちろん、私たち人間は、世界の生成変化のダイナミズム全体を、神のごとく一望することはできない。しかし、狭い専門領域を超えて動き、より多くの萃点を探し、相互連関する非線形な複雑系に挑むことによって、偶然にしか見えないところにも、世界の豊かな連関の知恵を学ぶことができる。少数者の苦境を傍観せず、当事者として関わり、何かしらの萃点を担うこと、つまり、無数のリスクや社会問題を人まかせ（専門家まかせ）にせず、ほんとうに豊かな未来とは何かを構想して、それを自分たちでつくっていくための対話を拡大持続することが、世界をより冗長なネットワークで豊かにする。その豊かさが知恵のあるものか、知恵のないただの過剰であるかを判断するには、ただ目先のパトスに動かされる行為者であるばかりでなく、見えにくい複雑な連関全体の洞察を志向する透徹した観察者でなければなるまい。また、ロゴスとパトスの統一を探求する観察者として広い視座と多様な観点を学ぶためには社会のさまざまな立場にある人々と交流する行為者であらねばなるまい。「汝の科学を人間的に、そして行動と社会とに直接関係しうるものにせよ」というヒュームのアドバイスは、このマンダラと重ねると、さらなるリアリティを得るのではないだろうか。

本章では、要素還元主義とポスト・ノーマルサイエンスの交わり方の可能性を素描した。そして、この問題において、ヒューム、三木、宮崎、熊楠らの視座が、いかに交差するかを、このコラムで素描してきた。読者が、「人間の科学」のより適切なかたちの形成を他人事とせず、その形成に参与するプロセスにおいて無数の萃点を求め、さまざまな知見がそこで出逢い、新たなネットワークがそこから生まれる萃点を自ら担うことを祝福しつつ、本書を閉じることにしよう。

参考文献

- 稲葉振一郎『ナウシカ解読――ユートピアの臨界』窓社、一九九六年
- 宮崎駿『風の谷のナウシカ』徳間書店、一九八七年
- 南方熊楠『南方熊楠・土宜法竜往復書簡』八坂書房、一九九〇年
- 鶴見和子・川勝平太『「内発的発展」とは何か　新しい学問に向けて』藤原書店、二〇〇八年

矢島壮平（やじま　そうへい）【コラム⑤⑥を担当】
1978年生まれ
東京大学大学院人文社会系研究科基礎文化研究専攻倫理学専門分野博士課程満期退学
昭和の森看護学校非常勤講師
著書に『ダーウィンと進化論の哲学』（共著、勁草書房、2011年）、『近代哲学の名著』（共著、中公新書、2011年）、論文に「アダム・スミスと徳の実在性」（『倫理学年報』第58集、2009年）ほか

西塚俊太（にしづか　しゅんた）【第六章、コラム⑦を担当】
1980年生まれ
東京大学大学院人文社会系研究科基礎文化研究専攻倫理学専門分野博士課程修了　博士（文学）
日本大学理工学部・国際武道大学・和洋女子大学非常勤講師
論文に「三木清における社会の位置――「形成的世界の形成的要素」論をめぐって」（日本倫理学会編『倫理学年報』第57集、2008年）、「三木清における遺稿「親鸞」の位置付け」（日本思想史学会編『日本思想史学』第40号、2008年）、「「創造的世界の創造的要素」としての「人間的存在」――西田幾多郎の歴史論をめぐって」（西田哲学会編『西田哲学会年報』第9号、2012年）ほか

高橋幸平（たかはし　こうへい）【第七章、コラム⑧を担当】
1971年生まれ
東京大学大学院人文社会系研究科基礎文化研究専攻倫理学専門分野博士課程満期退学
株式会社宇津路屋代表取締役専務
日本大学理工学部非常勤講師、電気通信大学情報理工学部非常勤講師
論文に「アリストテレス倫理思想における二つの観想」（日本倫理学会編『倫理学年報』第55集、2006年）、「『ニコマコス倫理学』「philia」論における神と人との関係を巡って」（科学研究費補助金『倫理学の文化形態論的研究』研究成果報告書、2008年）、「アリストテレスの有機体論についての初歩的研究（一）」（西洋古典研究会編『西洋古典研究会論集』XXIII、2014年）

横田理博（よこた　みちひろ）【第八章を担当】
1963年生まれ
東京大学大学院人文社会系研究科基礎文化研究専攻博士課程修了　博士（文学）
九州大学大学院人文科学研究院倫理学講座教授
単著に『ウェーバーの倫理思想――比較宗教社会学に込められた倫理観』（未來社、2011年）、共著に、「ウェーバー宗教社会学の新しい読み方――近代西洋のエートスを相対化する三つの文化比較」（橋本努・矢野善郎編『日本マックス・ウェーバー論争――「プロ倫」読解の現在』ナカニシヤ出版、2008年、187～217頁）、「ニーチェからヴェーバーへ――『ルサンティマン』説をめぐって」（茨木竹二編『ドイツ社会学とマックス・ヴェーバー――草創期ドイツ社会学の固有性と現代的意義』時潮社、2012年、299～331頁）ほか

執筆者紹介（執筆順　＊は編者）

＊勢力尚雅（せいりき　のぶまさ）【まえがき、第一、九章、コラム①⑨を担当】
1969年生まれ
東京大学大学院人文社会系研究科基礎文化研究専攻倫理学専門分野博士課程修了　博士（文学）
日本大学理工学部教授
著書に『カント哲学のアクチュアリティ —— 哲学の原点を求めて』（共著、ナカニシヤ出版、2008年）、『近代哲学の名著』（共著、中央公論新社、2011年）、『経験論から言語哲学へ』（古田徹也氏との共著、放送大学教育振興会、2016年）ほか

田中基寛（たなか　もとひろ）【第二章、コラム②を担当】
1967年生まれ
東京大学教養学部教養学科科学史・科学哲学分科卒業、
筑波大学大学院修士環境科学研究科修了
三菱電機株式会社 伊丹製作所 生産システム部 環境施設課 専任
前職（環境推進本部）在職時、同社の環境関係広報を担当。三菱電機グループ環境報告（オフィシャルWebサイト内「環 境への取組」、環境行動レポート）を2004年から編集。三菱電機技報環境特集号取りまとめ委員（2005年、2007年、2009年、2011年、2014年）

古田徹也（ふるた　てつや）【第三章、コラム③を担当】
1979年生まれ
東京大学大学院人文社会系研究科基礎文化研究専攻倫理学専門分野博士課程修了　博士（文学）
専修大学文学部准教授
著書に『それは私がしたことなのか —— 行為の哲学入門』（新曜社、2013年）ほか。訳書に『ウィトゲンシュタインの講義　数学の基礎篇 —— ケンブリッジ1939年』（大谷弘との共訳、講談社学術文庫、2015年）ほか

佐々木慎吾（ささき　しんご）【第四章・コラム④を担当】
1976年生まれ
東京大学大学院人文社会系研究科基礎文化研究専攻倫理学専門分野博士課程満期退学
日本大学理工学部非常勤講師
著書に『現代哲学の名著』（共著、中央公論新社、2009年）、論文に「リスク社会論の倫理学的射程 —— 今日的諸事例への応用の試み」（『倫理学紀要』第13輯、2005年）、「生物学と宗教的世界観 —— 西田幾多郎とJ. S. ホールデーンとの『収斂』をめぐって」（比較思想学会編『比較思想研究』第32号、2006年）ほか

立花幸司（たちばな　こうじ）【第五章を担当】
1979年生まれ
東京大学大学院総合文化研究科広域科学専攻相関基礎科学系博士課程修了　博士（学術）
熊本大学大学院人文社会科学研究部准教授、オックスフォード大学哲学部客員研究員、リスボン大学科学哲学センター研究協力者
著書に『時間学の構築Ⅰ —— 防災と時間』（共著、恒星社厚生閣、2015年）ほか。論文に「宇宙行動科学の社会的意義と可能性 —— 有人宇宙開発と社会のよりよい関係のために」（共著、JAXA編『人文・社会科学研究活動報告集 —— 2015年までの歩みとこれから』、2016年）ほか。訳書に『ケンブリッジ・コンパニオン 徳倫理学』（立花幸司監訳、春秋社、2015年）、『ニコマコス倫理学』（上・下）（渡辺邦夫との共訳、光文社古典新訳文庫、2015年・2016年）ほか

科学技術の倫理学 II

2015年3月31日　第1刷発行　《検印省略》
2018年2月28日　第3刷発行

編著者© 勢 力 尚 雅
発行者 本 谷 高 哲
制　作 シ ナ ノ
東京都豊島区池袋4-32-8

発行所 梓 出 版 社
千葉県松戸市新松戸7-65
電話・FAX 047(344)8118

乱丁・落丁本はお取り替えいたします。

ISBN 978-4-87262-036-8 C1012